大石直正
七海雅人 編

南北朝遺文

東北編 第一巻

東京堂出版刊

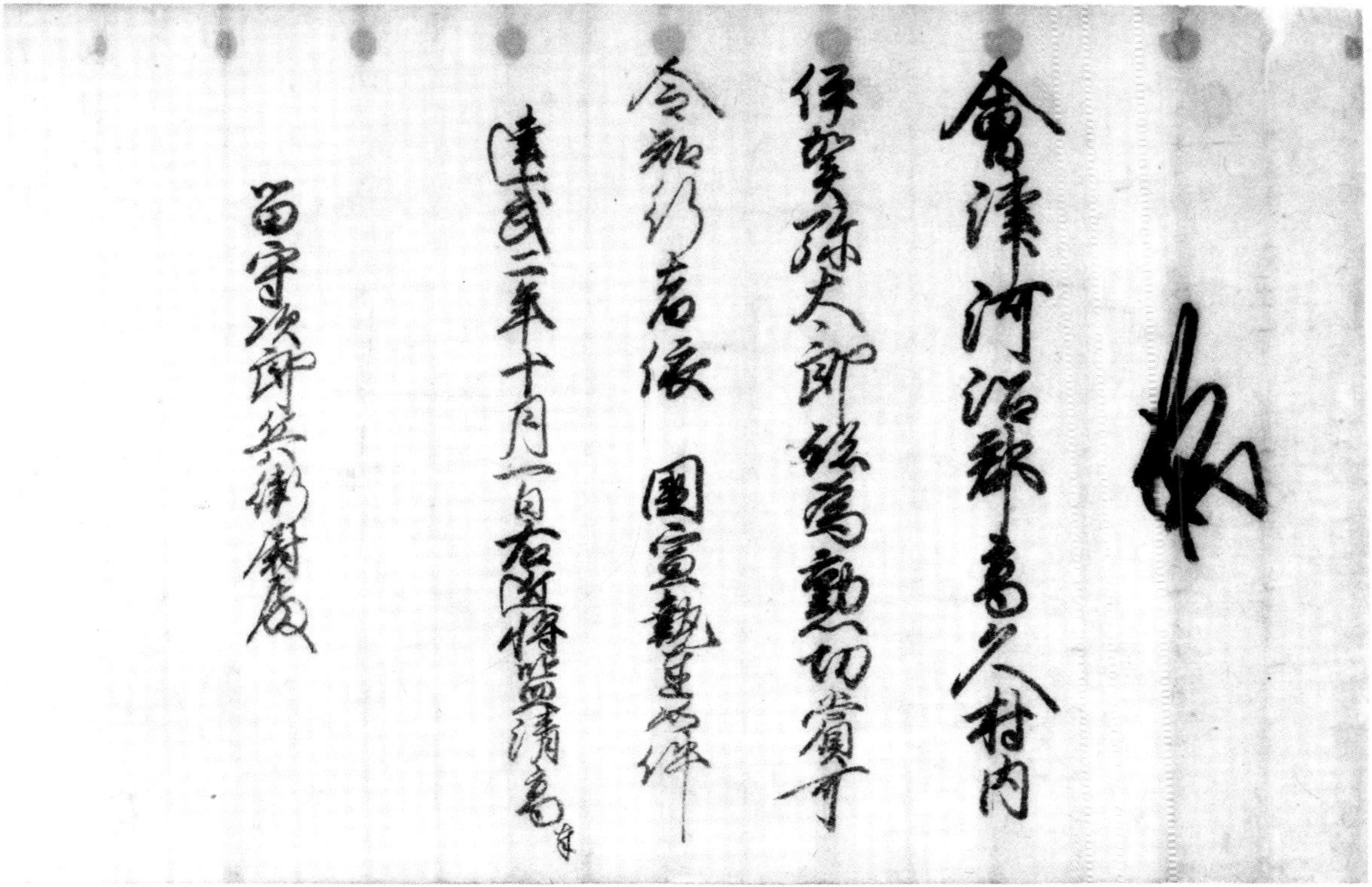
會津河沼郡高久村内
伊賀弥太郎跡、為勲功賞可
令知行者、国宣執達如件
建武二年十月一日　右近将監清高 奉
留守次郎兵衛尉殿

北畠顕家袖判陸奥国国宣（奥州市立水沢図書館所蔵留守文書、写真提供 仙台市博物館）本文 74 頁（174 号文書）

序

本書は、『南北朝遺文　九州編』『同　中国・四国編』『同　関東編』の刊行の後を受けて、東北地方（陸奥国・出羽国）の南北朝期の古文書・経典奥書などの遺文を集成し、刊行するものである。

東北地方の、といっても東北地方に存在する古文書などという意味ではない。南北朝期の東北地方の人々の動きを示す古文書などを意味する。他国の住人であるが、南北朝期の東北地方で活動していた人々がのこした文書などは、当然ふくまれるが、現在あるいは過去のある時期に東北地方にあった文書でも、そこに記述されていることが南北朝期の東北地方に関わりのないものは、ここにはふくまれない。

本巻の収録範囲はこのうちの、一三三三年（元弘三）、建武政府の陸奥国守北畠顕家と出羽国守葉室光顕の奥羽での活動開始から、一三四六年（北朝貞和二、南朝興国七・正平元）末までである。

内乱期は人の動きがはげしい。さまざまな人物が登場し、また消えていくが、本巻の前半期の中心人物は、何といっても北畠顕家であろう。一三三三年の陸奥守としての東北の地への赴任から、一三三八年（北朝建武五・暦応元、南朝延元三）の和泉国での敗死にいたるまで、彼の活動はわずか五年にすぎないが、のこされた文書はたいへん多い。それだけ彼の活動が東北地方の歴史に与えた影響は大きかったのであろう。

そこで本巻では前記の原則に例外をもうけて、顕家に限っては、その二度にわたる西上と敗死にいたる、西国での活動に関する文書をも収録することにした。他にも、たとえば斯波家長のように、東北地方で足利方の大将として活動し、その後、関東以西で戦っていたとみられる人がいる。しかしその東北地方以外の地域での活動を語る文書は、これを割愛することにし、東北地方に関わるものに限定して文書を採録することにした。

本書に収録した文書は一四年間で八八三点である。東北地方の前後の時期に比べたとき、その数はかなり多いといってよい。長大な文書も多い。これは、やはりこの時期が東北地方の人々にとって、大きい変動の時期であったことを物語っているのであろう。そうした南北朝内乱期の実相が、本書を手がかりとして、より深く描き出されることを期待したい。

本書をなすにあたっては、『大日本史料』、県史をはじめとする各自治体史、各種の調査報告書などの恩恵にあずかるところが大きかった。また遠藤巖氏には、原稿を読んでいただき、貴重なご意見をいただいた。あわせてあつく御礼申し上げる。

東京堂出版の松林孝至さんから大石に電話があり、『南北朝遺文』の東北編の編さんをやらないかという。竹内理三先生からのお話しだという。たいへん光栄なことだし、二つ返事でお引き受けした。しかしことはそう簡単ではなかった。生来の怠惰から、仕事は遅々として進まなかった。それが軌道に乗ったのは、七海が編さんに加わってからのことである。その間、松林さんからは定期的に督促の電話をいただき、辛抱強く原稿の完成をお待ちいただいた。深くお詫びと御礼を申し上げたい。松林さんが編集の第一線を退かれてからは、林謙介さんにお世話をいただいた。行き届いたお世話に、あつく御礼申し上げる。

二〇〇八年八月

大石直正
七海雅人

目次

凡例

一　本書は、南北朝遺文―東北編―第一巻として、元弘三年（一三三三）七月より、貞和二年・興国七（正平元）年に至る文書八八三通を収めた。

一　文書名には、原則として正文・案文・写などの別を示し、記録や編纂物から採録したものは写とした。

一　無年号文書のうち、年代比定可能なものは、その年代の所に挿入した。比定不可能なものであるが、内容・差出人・宛名・同収文書等により関連場所に適宜収めた場合は、文書名の下に※を附して、その旨を示した。

一　収録文書で検討の要ある文書は、文書名の下に△を附した。

一　原文には、原則として常用漢字体もしくは正字を用い、読点「、」、並列点「・」を加え、真仮名・変体仮名は、原則として現行仮名に改めた。

一　原文の摩滅・虫損等は字数を推定して□または［　　］で示し、また文書の首欠は「　　、尾欠は　　」で示した。

一　本文の異筆・追筆は、「　」、朱書は『　』で示し、朱の合点は‘……’で示した。原文の墨抹は■で示し、その文字を読むことが出来たものは、文字の左側にミミを加えて、右側に書き改めた文字を加えた。

一　文字の欠落部分や誤字の場合、推定可能の時は、（　）内に編者の案を示し、当て字などを元のまま示す必要があると認めた場合は（ママ）と注した。また本文中の人名・地名などの説明傍注も、ともに（　）内で示した。その他編者が加えた文字や文章には、その頭に必ず○を附して、本文と区別した。

南北朝遺文

東北編　第一巻

元弘三年・正慶二年（西暦一三三三）七月

○一　官宣旨案写　○秋田藩家蔵文書十岡本又太郎元朝家蔵文書

『ウハ書如此』

宣旨

『古写』

左弁官　下陸奥国

応除高時法師党類以下朝敵与同外、諸国輩当時知行地、
不可有依違事

右、大納言藤原朝臣（万里小路）宣房宣、奉　勅、兵革之後、士卒民庶未安堵、仍降糸綸、被（救脱）牢籠、而万機事繁、施行有煩、加之、諸国輩不論遠近、悉以京上、徒妨農業之条、還背撫民之義、自今以後、所被閣此法也、然者、除高時法師党類以下朝敵与同輩之外、当時知行之地、不可有依違之由、宜仰五畿七道諸国、勿敢違失、但於臨時　勅断者、非此限者、国宜承知、依宣行之、

元弘三年七月廿六日　大史小槻宿祢在判

小（少）弁藤原朝臣（中御門宣明）

（北畠顕家）（花押影）『此花押、書ノ裏ノ中ホトニアリ』

○二　後醍醐天皇綸旨写　○白河集古苑所蔵白河結城文書

可被仰含結城上野入道々忠（宗広）事、々書一通被遣之由、被仰下候也、仍上啓如件、

（元弘三年）八月十八日　式部少輔範国（岡崎）奉

謹上　陸奥守殿（北畠顕家）

○三　後醍醐天皇事書写　○白河集古苑所蔵白河結城文書

可仰含結城上野入道々忠（宗広）事

当国守源宰相中将（北畠顕家）可赴任也、毎事存合体之志、可致無弐之忠、宮（義良親王）御下向等事、随国司下知不可有緩怠、凡今度合戦之時、親光於京都、最前参御方、道忠一族又於東国、致忠之

由、聞食之間、所感思食也、向後弥可専忠節、其身雖遠方、奉公更不可相替于近習、兼又奉行諸郡事、不可違日来之沙汰、毎事応国司之命、無私可致其沙汰之由、別可仰含矣、

○前号の事書にあたる。

○四　下総門司親胤申状幷北畠顕家安堵外題　○豊前門司文書

(外題)「任　宣旨状、早可令安堵也、

(北畠顕家)(花押)　八月廿日　」

下総次郎三郎親胤謹言上

欲早下賜安堵　綸旨、致奉公、奥国会津内上荒田村田畠

在家等事

右、当村者、依蒙古人警固之忠、去正応年中令拝領之、当知行于今無相違者也、爰為非常御徳政、云本領、云武家給恩之地、皆以下賜安堵　綸旨上者、任諸人之例、被成下　綸旨、住安堵之思、欲致奉公、為一所之領上者、若不安堵者、忽令餓死之条、不便次第也、就中、於不下　綸旨所々者、不狼籍(藉)断絶歟、云彼云是、被撫民御沙汰者、尤所仰也、将又不知行所領当知行之由令言上、可被処其咎也、但於当所文書者、令置遠所之間、不持参、追可出帯也、仍言上如件、

元弘三年八月　日

○五　伊達道西貞綱申状幷北畠顕家安堵外題　○山城南禅寺文書

(外題)(任)「□宣旨状、早可令安堵也、　」

九月八日

(北畠顕家)(花押)

陸奥国伊達孫三郎(貞綱)入道々西言上

欲早任傍例、賜安堵　国宣、全所領知行間事

一所　(陸奥国伊達郡)小塚郷内田在家　一所　(伊達郡)船生郷内田在家

一所　(伊達郡)西大枝次郎□郎田在家　一所　(伊達郡)桑折郷内田在家

一所　(伊達郡)東大枝内山田村僧学房田在家

一所長井保内下須屋(世カ)田在家

一所 打(宇治)水村田在家

右、去自三月、馳参御方、致合戦、打死等種々忠節之間、申恩賞之上者、任傍例、下賜安堵□(国)宣、全所領知行、弥抽軍忠、為備向後亀鏡、粗言上如件、

元弘三年八月 日

○六 小早川性秋平宗申状幷葉室光顕安堵外題 ○長門小早川文書

(外題)「任 宣旨之状、可令安堵者也、

元弘三年八月廿四日

(葉室光顕)(花押)」

小早河左衛門五郎入道性秋(宗平)謹言上

欲早任 宣旨状、賜国司御証判、備後代亀鏡、当知行所領出羽国由利郡小友村由利孫五郎惟方跡事

副進 御下文案

右所領者、性秋知行無相違之条、国中無其隠、若又以不知行之地、称当知行者、可被処罪科也、然早申賜御証判、為備後代之亀鏡、仍言上如件、

元弘三年八月 日

(紙継目裏)(花押)(葉室光顕)

可令早小早河太郎左衛門尉定平法師法名仏心領知出羽国由利郡小友村由利孫五郎惟方跡事

右、為召進筥根山悪党人之賞、所被宛行也者、早守先例、可致沙汰之状、依仰下知如件、

永仁七年四月十日

陸奥守平朝臣(宣時)御判

相模守平朝臣(貞時)御判

○七 北畠顕家御教書写 ○白河集古苑所蔵白河結城文書

陸奥国吏務以下事、 綸旨之趣、以安威新左衛門尉資脩、被仰遣候、且又別被下 綸旨御事書候、抑本奉行諸郡事、不可違日来之由、被仰下候、国宣付留守三郎左衛門尉、可被遣候、可令存知給之由、国司源宰相中将殿(北畠顕家)所候也、仍執達如件、

元弘三年九月三日　前河内守朝重

結城（宗広）上野入道殿

○八　掃部助某等連署書下案　○岩手大学所蔵新渡戸文書

（端裏書）「治部衛門二郎殿　御書下安（案）文」

津軽四郡田数幷得分員数及給主交名事、帯文書者、可令写
進之、無其儀者、不日下国、急速可被進也、仍執達如件、

元弘三年九月廿四日　沙　弥有判

前賀（加）賀守同

掃　部　助同

工藤治郎右（衛脱カ）門二郎殿

○九　長沼宗実申状案　○陸前長沼文書

長沼安芸権守宗実謹言上
欲早被経御　奏聞、下賜安堵　綸旨、備向後亀鏡、陸奥
国長江庄内奈良原郷幷同庄内長田村、大豆綿村志那支、
美濃国石太郷、淡路国賀茂郷半分、以下地頭職等事

副進
二通外題安堵譲状正和元年四月廿二日、元亨二年五月廿五日、
右所々者、亡父淡路前司宗秀所領也、而譲与于宗実之間、
正和元年四月廿二日、元亨二年五月廿五日、申賜安堵外題、
宗実当知行于今無相違、然早下賜安堵　綸旨、為備向後亀
鏡、誠惶誠恐謹言、

元弘三年九月　日

○一〇　石河光隆着到状写　○秋田藩家蔵文書二十赤坂忠兵衛光康家蔵文書

（着到）□□

二階堂釘貫陳（陣）警固事
石河蒲田大炊助余四郎源光隆
右、自去七月廿二日至于今月、無懈怠令勤仕候、仍着到之
状如件、

元弘三年九月　日

（証判）「自去五月廿六日以来、三十三ケ日被勤仕了、

同十九日　泰政（花押）

親平（花押）

」

○一一　岡本重親申状并北畠顕家安堵外題写　○秋田藩家蔵文書十岡本又太郎元朝家蔵文書

「証判之旨言上書」

（外題）
「任　宣旨状、早可令安堵、

『如前ノ花押在于茲、キレテ慥ニ見ヘス』（北畠顕家）（花押影）　九月十五日」

陸奥国岡本孫四郎重親謹言上

欲早下賜安堵　国宣、備向後亀鏡、同国岩崎郡金成村内
田在家事

副進

一通　宣旨案

一通　下文案弘安八年四月廿三日

一通　譲状案正和四年六月十二日

右所者、亡父重円依重代相伝之私領、相副弘安八年四月廿
三日下文、譲得正和四年六月十二日、重親当知行無相違之
上者、下賜　国宣、欲備于万代亀鏡、若当知行所領之外仁、
以不知行所領、掠申安堵　国宣候者、可被処罪科候、恐々
言上如件、

元弘三年九月　日

○一二　源某奉書　○岩手大学所蔵新渡戸文書

国符（府）入見参候之条、悦入候、罷越候者、最前可啓案内之由、
乍承存候、自然懈怠無其儀候、□非本望候、抑何事も細々
□（可カ）申之由、自上御気色候之間、□□入事憑候、何様にも令
参候、□□少々便宜之時者、宜□如件、

（元弘三年）十月二日　源家□（花押）

□（師行）南部殿

○紙背を九〇号某跡水田所課馬等注文第一紙として再利用。

○一三　出羽国国宣写　○羽前立石寺文書

国宣

立石寺院主・別当両職、為譜代相伝所職之上者、管領不可
有相違之由、国宣所候也、仍執達如件、

元弘元（三）年十月三日　前長門守国統（カ）

立石寺識乗坊

○一四　陸奥国国宣幷事書写　○結城古文書写有造館本　坤

陸奥国郡々已下検断、可存知条々、御事書一通被遣候、得
此意、可被致沙汰之由、国宣候也、仍執達如件、

元弘三年十月五日　前河内守朝重

白河上野前司入道殿

一所々濫妨事、閣是非、先可沙汰居本知行之仁、有違犯輩
者、永可断訴訟事

一不帯　綸旨、致自由妨輩事
去六月十六日被下　宣旨了、近日或帯宮之令旨、或称国
司守護被官、或又地下沙汰人以下、任雅意、有濫妨事、
如此輩、任　此末切テ不見、

○一五　岡本隆広着到状写　○秋田藩家蔵文書十岡本又太郎元朝家蔵文書

『贈左大臣源尊氏公花押書』

陸奥国御家人岡本四郎隆広、馳参御方候、以此旨可有御披
露候、恐惶謹言、

元弘三年十月八日　藤原隆広上

進上　御奉行所　（花押影）

（証判）「承了（足利尊氏）（花押影）」

『其書ノ裏、藤原隆広トアル隆ノ字ノ辺ニ此判アリ』

○一六　政綱証状　○南部光徹氏所蔵遠野南部文書

二階堂三辻役所警固事、相共勤仕候畢、

元弘三年十月十日　政綱（花押）

曾我乙房丸

○一七　重泰奉書案　○南部光徹氏所蔵遠野南部文書

（包紙上書）「大宮大夫判宦（官）へ之状」

時長・師行・政長等申、甲斐国南部郷内之村以下地頭職事
召出資行、忩可被尋究之由、所候也、恐々謹言、

（元弘三年カ）十月廿六日　重泰

大宮大夫判官殿

○一八　妙教寺曼荼羅脇書　○陸前妙教寺文書

元弘三年十月十三日　授之、日目弟子大学民部阿闍梨日盛

○一九　石河義光軍忠状　○宮城県図書館所蔵角田石川文書

陸奥国石河七郎□□義光謹言上
□給御挙［　　］聞間事
右者、五月十七日（元弘三）馳参相模国世野原、同十八日稲村崎、致散々合戦之時、被射右膝畢、同時合戦之間、藤田左近五郎・同又四郎見知畢、同廿一日□日者、於前浜致忠節之条、岡部又四郎・藤田十郎三郎又以見知畢、然早給御判、為浴恩賞、恐々言上如件、
元弘三年十月　日
「（証判）一見候了、（大館幸氏）（花押）」

○二〇　大河戸隆行軍忠状　○東北大学日本史研究室所蔵朴沢文書

元弘三年・正慶二年十月

大河戸三郎左衛門尉隆行、［（崛須郷代官岩瀬五）］郎入道妙泉致合戦次第事
右隆行者、一族相共令上洛之処、去四月（元弘三）廿八日、忝下賜（護良親王）兵部卿親王家召　令旨之間、差進家子若□（党）等、於京都抽軍忠之者也、爰武州所領崛須郷代官岩瀬五郎入道妙泉、同五月十六日、於同国分倍馳参御方、致所々合戦、同十八日、於鎌倉前浜致合戦、妙泉甥岩瀬孫三郎通行令討死畢、同廿二日、葛西谷合戦之時、妙泉敵一人令分捕畢、仍同所合戦之間、武州箱田九郎三郎義氏・越州池七郎成清・佐藤兵衛太郎入道見阿・信州大嶋五郎兵衛尉高行等、依立申証人、有御尋、被召起請文、被載御注進之上者、給御判為備後代亀鏡、勒委細言上如件、
元弘三年十月　日　（大河戸）左衛門尉隆行
「（証判）一見了（大館幸氏）（花押）」

○事書の欠損部分の傍注は、朴沢文書中の写による。

〇二二　蓮生岡本隆親後家尼蓮心代隆広申状幷北畠顕家安堵外題写　〇秋田藩家蔵文書十岡本又太郎元朝家蔵文書

「任（外題）宣旨状早可令安堵、
（北畠顕家）（花押影）　十月七日」

奥州岡本又二郎入道法名蓮生後家尼蓮心代子息隆広謹言□（上）
欲早任相伝知行旨、且依諸国平均　宣旨、下賜安堵　国宣、備万代亀鏡、当国岩崎郡金成村内田在家事

副進
一通　宣旨案
一通　御下文案正応二年十二月一日祐親下文案
二通　譲状案徳治三年五月十五日祐親譲状案幷嘉暦四年正月廿日蓮生譲状案

右所者、蓮生重代相伝之私領也、而死去之時、子息等幼少之間、譲与尼蓮心、自一期之後者、為計男子等仁可分譲之旨、所定置也、所詮、譲状・等（御）下文分明也、随天当知行無相違之上者、欲下賜安堵　国宣、備于万代亀鏡、若以不知行地、掠申　国宣者、可被処罪科也、恐々言上如件、

元弘三年十月　日

〇二三　蓮生岡本隆親後家尼蓮心代隆広申状幷北畠顕家安堵外題写　〇秋田藩家蔵文書十岡本又太郎元朝家蔵文書

「（外題）（北畠顕家）（花押影）　十月七日」

奥州岡本又二郎入道法名蓮生後家尼蓮心代子息四郎隆広謹言上
欲早且任相伝当知行旨、且依諸国平均　宣旨、下賜安堵　国宣、備万代亀鏡、当国岩崎郡金成村内地頭職田在家事

副進
一通　宣旨案
一通　下文案正応二年十二月一日祐親下文案
二通　譲状案徳治三年五月十五日祐親譲状案幷嘉暦四年正月廿日『磨滅』状案

右所者、蓮生存命之時、自母空照方譲得之、申関東安堵、相伝知行之処也、而蓮生嘉暦四年正月廿日死去之時、依為子息等幼少、譲与尼蓮心、自一期之後者、為計男子共仁可分譲之旨、所定置也、所詮、代々譲状・御下文分明也、仍当知行無相違之上者、欲下賜安堵　国宣、備于万代亀鏡、

若以不知行之地、掠申　国宣者者（ママ）、可被処罪科也、恐々言
上如件、
元弘三年十月　日

○二三　後醍醐天皇綸旨　○長門小早川文書

小早川左衛門五郎宗平法師当知行地事、不可有相違者、天
気如此、悉之以状、
元弘三年十一月十二日　少納言（岡崎範国）（花押）

○二四　好嶋西庄預所伊賀盛光代盛清申状　○磐城飯野文書

陸奥国好嶋西庄預所伊賀三郎盛光代盛清謹言上
欲早下賜安堵国宣、備後代亀鏡、当庄預所職事
副進
一通　宝治元年御下文　一通　建長元年御下知
一通　文永六年荒野打引御下知　一通　同八年検注御下知
一通　正応三年好嶋山御下知　一通　元亨四年同山御下知
一通　嘉暦三年外題安堵光貞譲状
右所帯者、依為光貞重代相伝、相副代々証文等、譲与于盛
光間、当知行于今無相違、然早下賜安堵国宣、為備後代之
亀鏡、言上如件、
元弘三年十一月十六日

○二五　岩城郡八幡宮縁起注進状案※　○磐城飯野文書

（端裏書）「御宮縁起（注進脱カ）状八淡路房書之了」
注進　陸奥国岩城郡
八幡宮　縁起事
文治二年丙午七月十日、自本社捧御正体、
預所
矢藤五武者頼広治一年　同御使者源貞次、
八月十日好嶋郷仁下著畢、
御社所赤目崎見物岡仁ト、建立了、
神官人等定了、
別当二人、

元弘三年・正慶二年十一月

式部公　常林房　執行蓮乗房

預所

鹿嶋中三武者直景治一年　執行同人

預所

随行堂達治一年　執行同人

□

地□(頭岩城太郎カ)清隆

預所千葉介常胤

別当岩城太郎嫡男師隆治一年　執行同人

常胤代陸奥国平六真隆同代　清大夫有家

同代弥富四郎忠茂

同代白井右衛門尉忠光　執行同人

正治二年庚申

預所

常胤四男大須賀四郎胤信治八年

別当三人

江八守国・小尻入道・源平五

執行宝城房

元久元年甲子始造営、同三年造営了、

建永元年丙寅八月廿五日御遷宮了、

承元三年己巳経蔵造立了、

建暦元年四月十五日八幡宮御浜出、

承元二年戊辰好嶋御庄三ケ郷内

東二郷、胤信(大須賀)一男通信四郎太郎

西一郷、同四男胤村小四郎治三年

地頭

清隆三男高宗

預所

三浦左衛門尉平義村

代加藤次家重治二年同代大川戸太郎重隆

五郎左衛門尉資村(三浦)宝治元被打了、

式部入道光西(伊賀光宗)、宝治元始賜之、

次郎右衛門尉光泰(伊賀)

右衛門尉頼泰伊賀守

同子息伊賀二郎左衛門尉光貞
備州(ママ)国守護殿
左衛門三郎盛光(伊賀)

○本書は年未詳だが、伊賀盛光の好嶋荘預所職安堵に関わるものとみて、仮にここに収める。

○二六　岡本隆弘着到状写　○秋田藩家蔵文書十岡本又太郎元朝家蔵文書

着到
陸奥国岡本三郎四郎隆弘
右、于為御共馳参、自須賀河供奉仕候、仍着到如件、
元弘三年十一月卅日
「承了(証判)（花押影）」

○二七　小泉光隆着到状　○羽後岩城隆三氏所蔵岩城文書

陸奥国御家人小泉九郎三郎光隆馳参御方候、以此旨可有
御披露候、恐惶謹言、
元弘三年十一月　日　平光隆上（裏花押）

進上　御奉行所
「承了(証判)　(足利尊氏)(花押)」

○二八　後醍醐天皇綸旨写　○島原図書館所蔵松平文庫色々証文

『中御門殿宣明卿』
大和国鳥見・矢田両庄事、為陸奥国標葉庄替、被付東北院
門跡云々者、不可有改動之儀之処、庄官等廻縦横秘計、不
叙用下知云々、事実者、太以不可然、早(ママ)可改易所職、可令
致興行沙汰給旨、天気所候也、仍上啓如件、
元弘三年
十二月十七日　右中弁宣明
謹上　東北院僧正御房

○二九　北畠顕家下文　○伊勢結城神社所蔵白河結城文書

(北畠顕家)(花押)
下　糠部郡
可早令結城参河前司親朝領知、当郡内九戸右馬権頭茂時跡事

右件人、令領知彼戸、於貢馬以下者、無懈怠可致沙汰之状、
所仰如件、

元弘三年十二月十八日

〇三〇　時重書状　〇南部光徹氏所蔵遠野南部文書

曾我(光高)乙丸代羽鳥兵衛尉手討〔負〕事、承候了、可其旨注録申候、
恐惶謹言、

(元弘三年カ)十二月廿五日　時重（花押）

安藤五郎太郎(高季)殿

御返事

〇折紙。

〇三一　南部時長・師行・政長陳状案　〇南部光徹氏所蔵遠野南部文書

目安

甲斐国南部郷以下所領事

訴人南部三郎次郎今者刑部丞武行

論人南部五郎次郎時長

同又二郎師行但為宮(義良親王)供奉奥州下向、

同六郎政長

一　武行以先日奇(棄)破状、閣自身所帯後日配分状、掠申子細、
罪科難遁事

南部郷以下、武行親父孫三郎宗実掠給御下文之間、時長亡父二郎政行法師法名道行、就申子細、為備中入道々存(二階堂時藤)・壱岐入道妙恵于時在俗、奉行、十八ケ度被経其沙汰、為又二郎入道実(時実)願跡、去延慶三年五月十八日、得分親八人預御配分以来、云武行父子二代、云時長父子、得分親等、二十余年相互知行無相違之処、以先日奇(棄)破状、擬掠申自身帯持之後日御下文等之条、奸謀也、就中前後御下文、共以最勝園寺(北条貞時)禅門成敗也、爰依為先日沙汰無拠、後日再往有其沙汰、被直下之時、被賞翫後日下知・御下文者、政道之法也、而武行依存自身依怙、閣傍例、奉掠上聞之条、造意之企珍事也、此上猶及御不審者、道存・妙恵等当参之上者、有御尋、武行奸曲可露顕乎、是一、

一　延慶三年五月十八日御下文不可有御不審事
於道行所得御下文者、後家(尼了心)時長等継母資行実母、幷資行構謀書、抑留文書等之間、於関東番訴陳之上、於決断所、被経御沙汰最中也、仍武行・資行等、於対決之御座、正文出帯之上者、後日御配分状、更不可有御不審者也、是二、

一　武行不可遁告言咎事
如延慶三年御下文者、以亡父南部又二郎法師法名実願遺領所被配分也云々、而武行為実願孫子、閣親父、非父祖之跡、直恩沢之由、偽申之上者、如傍例者、難遁告言之咎者哉、是三、

一　武行不可遁朝敵重科事
武行者、為長崎三郎左衛門入道思元(高光)聟、属同四郎左衛門尉高貞、発向茅屋城(千早)、致合戦、去四月落下関東之刻、同五月十日、於三河国矢作宿、仁木・細河・武田十郎已下被留畢、有御尋、不可有其隠、可参御方者、京都合戦最中、依何事可落下関東哉、高時禅門与同之条、不可有御不審、而武行帯五宮(守良親王)令旨之由、自称之条、是又奸曲也、令帯　令旨者、尤於京都可致合戦歟、不然者、又於勢州・濃州・尾州可致軍忠之処、終無其儀、爰落下関東之時者、依隠密彼令旨歟、雖被留参河、不及披見、今致奸訴、始出帯之条、表裏私曲、弥朝敵之段、令露顕畢、其故者、以彼令旨、於関東為申子細、雖令下向、関東滅亡之間、立還参御方之由、構申者也、争可遁重科哉、結句浴　朝恩之条、言語道断之次第也、時長等忠節之条、云大将注進、云証人等、分明也、而武行恐自科、令参候近衛殿、剰及偽訴之条、奸謀之至、何事如之哉、是四、

一　時長・政長等於御方抽軍忠子細事
時長者、最前馳参御方、於関東致合戦之忠、親類中村三郎二郎常光、五月廿日討死之条、新田三河弥次郎(世良田満義)見知畢、同廿一日、霊山大将軍武田孫五郎(長高)相共、愚息行長懸先、若党数輩被疵畢、同廿二日、於高時禅門館、生捕海道弥三郎、取高時一族伊具土佐孫七頸畢、将又七月十二日、押寄三浦山口、三浦若狭判官(時明)相共、令退治悪党畢、次政長自奥州、最前馳参御方、自五月十五日至同廿二日、於

所々致合戦、若党守家討死畢、巨細披載注進歟、是五、

右、子細雖多、被召決之刻、一烈御下文承伏之上者、武行

不可依無窮奸訴、仍粗目安如件、

元弘三年十二月　日

○三二　濫妨放火軍勢交名人等注文 ○岩代三坂文書

陸奥国岩城郡鎌田弥次郎入道頼円宿所江押寄、令濫妨放

火軍勢交名人等事

（紙継目裏花押）

一　鎌田孫太郎入道・同子息彦太郎・同舎弟孫次郎・同家

人四郎次郎、同中間三郎太郎入道・同子息六郎三郎・八

郎・平七入道・六郎四郎・同厩者共、名字不知、

一　塩五郎三郎入道・同舎弟孫四郎・同七郎鎌田孫太郎入道従父兄弟、

名誉悪党等也、

一　藁萱孫六、一　竜沢小三郎入道・同子息小太郎・同又

次郎、

一　未曾有惣領亀岡又五郎・同家人六郎観妙房・与一三郎

入道、

一　同七郎・同大輔房・同舎弟弥八、一　穎谷三郎三位房子息・

同助房・同家人良性房之子息弥四郎・同与子四郎手負・大

室五郎三郎・同了賢房・五郎次郎・与一三郎・六郎太郎、

手負一人者、名字不知、

一　片寄小三郎搦手大将軍、被疵間、被揨（昇）入鯨岡孫太郎入道之許、経三日死去畢、同舎弟孫三郎、同家人与子太郎、手負、

一　泉崎五郎三郎入道・同舎弟孫十郎、一　沼迫十郎、

一　岩屋迫四郎三郎入道・同子息彦三郎・同舎弟与平三郎、

一　中山弥次郎入道、一　沼尻与五太郎、

一　国魂十郎入道・同子息三郎太郎・同舎弟与一三郎、

（紙継目裏花押）

一　菅波五郎太郎・同祗候人林太郎手負人・孫次郎手負・四郎

三郎入道手負・三郎太郎号小別当、

一　小泉弥三郎入道之子息五郎三郎手負・同助房・同弁房、

右、此外甲乙仁等数百人、雖在之、不知名字之間、不能

注進、所詮彼交名人内、若党中間等、召捕之、被経拷問

時、悉以可令露顕上者、急速被成御奉書、仰于守護人、

先被鎮狼藉、為被処罪科、注文如件、

元弘三年十二月　日

○三三　相馬長胤申状案　○相馬市教育委員会寄託相馬岡田文書

相馬小六郎長胤謹言上

欲早任亡父相馬小次郎胤盛後家尼□（母□）譲状、賜安堵　国
宣、備向後亀鏡、下総国相馬御厨内泉村内田畠在家、陸
奥国行方郡内岡田村内田在家等事

副進

一通　系図

一通　譲状案

右田在家等者、亡父胤盛重代相伝所領也、於然母堂令配分
数男女子□　□応（元カ）二□年三月八日、限永代譲与之□賜御○外
題、当知行于今無相違者也、早任□（譲状カ）□賜安堵　国宣、為
備永代亀鏡、恐々□（言上カ）□如件、

元弘三年十二月　日

○三四　相馬重胤代親胤申状幷北畠顕家安堵外題　○磐城相馬文書

「（外題）任　宣旨状、早可令領□　□
（北畠顕家）（花押）　（元弘三年）十二月廿二（日）□」

相馬孫五郎重胤代親胤謹言上

欲早給安堵　国宣、備後代亀鏡、陸奥□　□村・耳谷村・
目々須沢村・堤谷村・高村・□　□同田畠在家、（釘）針野田
畠在家、狩倉□　□等事

右村々者、為重胤重代相伝地、知行無相□　□日給安堵
綸旨訖、但於榛崎・（盤）鳩原両□　□相馬彦五郎胤門後家一期
之後、可知行□　□国宣、為備後証、恐々言上如件、

元弘三年十二月　日

○三五　足利尊氏・同直義所領目録写※　○東京大学史料編纂所所蔵比志島文書

（尊氏）足利殿

（伊勢）□□国（河曲郡）柳御厨（北条）泰家跡　　尾張国（中島郡）玉江（大仏）貞直跡

遠江国池田庄（豊田郡）泰家　駿河国泉庄（駿東郡）同
同国佐野庄（駿東郡）貞直　伊豆国仁科（那賀郡）同
伊豆国宇久須郷（那賀郡）同　相模国糟屋庄（大住郡）同
同国田村郷（大住郡）同　同国治須郷（沼浜カ）（三浦郡カ）同
武蔵久良郡　同国足立郡泰家
同国麻生郷（都筑郡）（甘縄）時顕　三河国重原庄（碧海郡）貞直
北山辺庄（上総国カ）（赤橋）守時　同二宮庄（上総国長柄郡）
常陸国田中庄（筑波郡）泰家　同国北郡大方禅尼
近江国池田庄　同国岸本御厨（愛知郡）泰家
信乃国小泉庄（小県郡）　奥州外浜同
同国糠部郡同　上田庄同
佐渡国六斗郷同　筑前国同
豊前国門司関（企救郡）同　肥後国健軍社（託麻郡）
日向国富庄同　同嶋津庄守時
左馬頭殿（足利直義）
相模国絃間郡（高座郡）貞直　同国懐島（高座郡）同
伊豆奈古谷□（田方郡）（郷カ）　武蔵国赤塚（豊島郡）

常陸国那河東（珂）（大仏）惟貞　遠江国谷和郷（各カ）（佐野郡）同
同国宇狩郷（周智郡）同　同国下西郷（佐野郡）
伊与国久米良郷同　近江国広瀬庄（高島郡）貞直
備後国高野　播磨国垂水郷（明石郡）
備後国城山　佐渡国羽持郡（茂）同
同国吉岡同跡

○本書はおよそ元弘三年六月以降、あまり時を経ないころのものか。仮にここに収める。

○三六　足利氏所領奉行番文※

○東北大学附属図書館所蔵倉持文書

御領奉行事

足利庄（下野国）　賀美郡（陸奥国）　田井庄
讃甘庄（美作国）　広沢郷（上野国）　垪和東郷（美作国）
垪和西郷　大佐貫郷（上野国）　久多・大見（山城国）
放光寺（上野国）　黒田保
南右衛門入道（頼基）　駿河六郎二郎　横瀬五郎入道
粟飯原十郎　醍醐三郎入道　堀松三郎二郎

寺岡太郎左衛門尉

一上総国　市東西両郡（上総国市原郡）　朝平郡（安房国朝夷郡）

愛（甲カ）田庄　宮津庄（丹後国）　友子庄

秋月庄（阿波国）　稲岡南庄（美作国）　公（土カ）田上村（能登国カ）

宮瀬村（相模国）　賀治山村

三戸八郎（師澄カ）左衛門入道　寺岡左衛門入道

彦部二郎左衛門尉　海老名七郎太郎

有木中務丞六郎　源民部七郎　村上助房

一参河国　額田郡（三河国）　設楽郡（同）

富永保（同）　八田郷（丹波国）　宇甘郷（備前国）

漢部郷（丹波国）　大田郷（同）　新野郷（美作国）

田中郷　田色（邑カ）郷（美作国）　戸栗・重富（筑前国）

阿土熊（安芸国カ）

上杉三郎（頼重）入道　倉持新左衛門尉（家行）

設楽大郎兵衛入道　梶原大郎左衛門尉

小嶋三郎　有富三郎

明石二郎左衛門尉　大炊助

元弘三年・正慶二年十二月

右、守此旨、可令奉行之状如件、

○本書は年未詳であるが、この前後の時期の足利氏の所領にかかわるものとみて、仮にここに収める。

元弘四年・建武元年（西暦一三三四）

〇三七　曾我乙房丸代沙弥道為合戦手負注文

〇南部光徹氏所蔵遠野南部文書

（端裏書）「□をいのちう文」

進上　於元弘三・四両年津軽平賀郡大光寺□□（楯御合戦）次第

曾我乙丸若党等所被疵交名注文事

一人　豊嶋三郎次郎時貞　左小うてお射抜候訖、正月一日
同右そりもゝ被射了、同日、

一人　曾我弥三郎光貞　左小うてより、脇下ゑうけとをされ候了、
長柄、同日、

一人　羽取次郎兵衛重泰　右うての上を射抜□、十二月十一日、
同正月八日、右目上を被射通了、半死半生、

一人　はたさし彦太郎　右そりもゝお被射通了、正月八日、

一人　矢木八郎　やりおもてとう中をつかれ、半死半生、
同正月八日、

一人　胤東小四郎光継　左膝口を被射了、同日、

右、此条々、一事一言も偽令申候物者、
奉始上梵天帝尺（釈）、惣日本国中大小神祇、□罰、於原
深可罷蒙候、仍起請文之状如件、

元弘二（四）年正月十日　乙丸（乙房）代沙弥道為（恵藤）（花押）

〇三八　曾我乙房丸代道為合戦手負注文案

〇南部光徹氏所蔵遠野南部文書

目安

注進

元弘三・四両年津軽平賀郡大光寺合戦手負交名人等事

一人　豊嶋三郎二郎時貞　左小腕被射抜候了、正月一日、
同右股又被射候了、同日、

一人　曾我弥三郎光貞　自左小腕脇下、以長柄被請
通候了、

一人　羽取二郎兵衛重泰　右腕上被射抜候了、十二月十一日、
正月八日、右目上被射通、半死半生、

一人　幡指彦太郎　右曾利股被射通候了、正月八日、

一人　矢木弥二郎　以矢利（鑓）被胸突、正月八日
半死半生了、

一人　印東小四郎光継　右膝口被射抜了、正月八日、

此外仁等余多雖被疵候、小事者不及注進候、

仍而手負注文如件、

元弘四年正月十日

曾我乙房丸代道為（恵藤）判

○三九　曾我乙丸代恵藤孫三郎為円申状土代※

○南部光徹氏所蔵遠野南部文書

曾我乙丸代恵藤孫三郎入道為円謹［　］

欲早同叔父余次経光掠給安堵［　］

津軽平賀郡内大平賀郷間事

右於乙丸者、相副重代手継証文等［　］

光信譲与亡乙丸父同太郎入道光称譲［　］後文□所行［　］

□□□未曾有次第□至于経光［　］

譲□□田弐丁在家三宇是也、西国［　］

剰自光称許経光仁、田一丁進給［　］

大平賀郷競望之条、頗奸謀也、所詮［　］

復光任亡父光称等譲状、如元帰賜（ママ）［　］

○本書は三七号文書の紙背にある。

○四〇　後醍醐天皇綸旨案

○白河集古苑所蔵白河結城文書

（為）□結城惣領、可令支配一族中之事者、

天気如此、悉之、以状、

元弘三（四カ）正月十八日　右少弁判

（結城道忠・宗広）上野入道館

○四一　北畠顕家カ下文案

○結城古文書写有造館本　坤

下

陸奥国金原保内羽尾村加神講田定地頭代職事

和知次郎重秀

右、依合戦之忠、所宛行也、於公事者、守先例、可領知之

状如件、

元弘四年正月廿日

○四二　閉伊光頼代親光申状幷北畠顕家安堵外題　○盛岡市中央公民館所蔵盛岡南部文書

(外題)「任　宣旨状、早可令領掌之状如件、

(元弘四年)正月廿一日

(北畠顕家)(花押)」

閉伊十郎左衛門尉光頼法師(法名覚実)代子息親光謹言上

欲早下賜安堵国宣、備亀鏡、陸奥国閉伊郡内呂木・閉河・多久佐利(田鎖)・小山田・閉崎・赤前以下地頭職間事

副進

一通　譲状

一巻　御下知

右、於彼所々者、為代々相伝地、覚実任譲状・御下知旨、当知行之上者、下賜安堵国宣、為備永代亀鏡、恐々言上如件、

○四三　岡本重親譲状写　○秋田藩家蔵文書十岡本又太郎元朝家蔵文書

□(か)つひ田の事

ゆつりわたす(譲渡)みちのくに(陸奥国)いわさき(岩崎)のこほり(郡)かなりのむら(金成村)のうちの田事、

右田のつほは、かつひ田四たん(段)、心さしあるによて、いとこ五郎殿にゑいたい(永代)ゆつりわたす(譲渡)ところしちしやう(実正)也、たゝし、御くうし(公事)にハ、まいねん(毎年)百五十文のようとう(用途)をさたせ(沙汰)らるへく候、もしこのむねをそむい(背)て、子々そん〳〵(孫々)にいたるまていらん(違乱)をなす事候ハヽ、ふけう(不孝)として、そのあとをかさね(重)てゑいたい(永代)ちきやう(知行)せらるへく候、よてのちのためにゆつりしやう(譲状)、くたんのこと(如件)し、

元弘二年正月廿三日　重親(岡本)(花押影)

○四四　奥州式評定衆・引付・諸奉行交名注文※　○建武記

奥州式評定衆

冷泉源少将家房　式部少輔(藤原)英房

内蔵権頭入道元覚　結城上野入道(宗広)

信濃入道(二階堂行朝)行珍　三河前司(結城)親脩(朝)

（二階堂）山城左衛門大夫顕行　伊達左近蔵人行朝

引付

一番

信濃入道　長井左衛門大夫貞宗

近江次郎左衛門入道　安威左衛門入道

五大院兵衛太郎　安威弥（三イ）太郎

合奉行（十イ）椙原七郎入道

二番

三河前司　常陸前司

伊賀左衛門二郎　薩摩掃部大夫入道

肥前法橋　丹後四郎

合豊前孫五郎

三番

山城左衛門大夫　伊達左近蔵人

武石二郎（胤顕）左衛門尉　安威左衛門尉

下山修理亮　飯尾次郎

合斎藤五郎

諸奉行

政所執事　山城左衛門大夫

評定奉行　信濃入道

寺社奉行　安威左衛門入道

薩摩掃部大夫入道

安堵奉行　肥前法橋

飯尾左衛門二郎

侍所　薩摩刑部左衛門入道以子息五郎左衛門尉親宗勤之、

○四五　南部師行寄進状　○南部光徹氏所蔵遠野南部文書

（包紙ウワ書）
「師行よりたてのひしりに
　あたふる判物」

わせたのみのくち（水口）のにたん（二段）そゝく、進候也、
ひしやもんたう（毘沙門堂）のうちの事、おほむかゐのうち、やすた二郎
か屋しき、をなしくそのまへに候はたけ、そへてまいらせ
候へく候、

（建武元年カ）二月二日　（南部）師行（花押）

たてのひしりの御房

○折紙。

○**四六**　陸奥国国宣　○南部光徹氏所蔵遠野南部文書

(北畠顕家)
(花押)

信濃前司入道行珍(二階堂)申久慈郡事、申状如此、子細見状、早可
被沙汰居代官於彼郡之由、国宣候也、仍執達如件、

元弘四年二月十八日　大蔵権少輔清高

南部又次郎(師行)殿

○**四七**　安倍祐季書状　○陸中新渡戸文書

御上洛之後、久不承候之間、無御心本相存候之処、先日
安東入道便宜にこそ御下之由、承候へ、無為に御下向候
へハ、一身之悦と存候、尤入御見参候(マヽ)、諸事可承候処、
兼令申候治部左衛門太郎等ニあたされ候て、一両年合戦
に候、于今無隙候之間、乍思無其儀候条、背本望候、世
間静謐候者、懸御目候て、此間事等承、又可令申候、

一雖乏少候、筋黒一疋、同保呂一鳥令進候、尚々少事之至、
不少其憚候、恐々謹言、

(建武元年)
二月廿日　安倍祐季（花押）

謹上　南部殿(師行カ)

○紙背を九〇号某跡水田所課馬等注文第四紙として再利用。

○**四八**　金頼清書状　○岩手大学所蔵宮崎文書

しらかわ(白河)のミかわハとの(三河殿)ゝ御状、しんせ(進)しめ候ところに、
いそきまいれとおほせかふり(仰蒙)候処ニ、当郡の地頭中嶋弥大
郎殿くたられて候間、くにのこさい(巨細)の事をも可被尋之由、
おほせ候ほとに、いそきまいらす候、弥次郎をまいらせ候
へハ、御代官をもて、かのところをうちわたし(打渡)して給候へく
候、ひまあき候ハヽ、いそきまいり候て、是躰のおそれを
も可申入候、恐惶謹言、

(建武元年)
二月廿一日　金頼清（花押）

進上　糠部御奉所(行脱カ)

○紙背を九〇号某跡水田所課馬等注文第二紙として再利用。

○四九　陸奥国国宣　○南部光徹氏所蔵遠野南部文書

（端裏書）「大田孫太郎　比内事」

（北畠顕家）（花押）

陸奥国比内南河内事、大田孫太郎行綱代行俊申状如此、子細見状、早可被沙汰付之由、国宣候也、仍執達如件、

元弘四年二月廿二日　大蔵権少輔清高

（師行）南部又次郎殿

○五〇　沙弥道覚書状　○岩手大学所蔵新渡戸文書

先度預御状候之条、恐悦存候之処、又加様承候、悦入候、如仰軍勢入事なんと候者、可蒙仰候、去年愚孫彦五郎冠者令進京都候之間、若党等相付之候畢、雖然承候者、かへ〳〵しからすと申、少々可令進候、又小鳥二預候、思食寄候、御志之至、悦存候、労身にて候之間、行歩不合期候、然ニ眼前ニこれをおき候て、自愛侍候間、労もなをり候と存候、恐々謹言、

（建武元年）二月廿六日　沙弥道覚

謹上　南部殿御返事

○紙背を九〇号某跡水田所課馬等注文第三紙として再利用。

○五一　陸奥国国宣　○奥州市立水沢図書館所蔵留守文書

（北畠顕家）（花押）

陸奥国二迫栗原郷内外栗原幷竹子沢内工藤右近入道跡事、為合戦勲功賞所宛行也、可被知行之由、国宣所候也、仍執達如件、

元弘四年二月晦日　大蔵権少輔清高奉

（家任）留守彦二郎殿

○五二　曾我光高申状案　○南部光徹氏所蔵遠野南部文書

曾我太郎光高童名乙房丸謹言上

欲早任重代相伝知行、被成下安堵国宣、備亀鏡、津軽平賀郡内岩楯・大平賀・沼楯村々、幷奥州名取郡四郎丸郷内若四郎名等、全所領、弥抽合戦忠勤事

副進
一巻　代々先御下文幷外題等
二通　譲状幷系図
右、岩楯・大平賀村々者、重代相伝所領、知行于今無相違、次沼楯村者、光高親父曾我左衛門太郎入道光称(光頼)、自子息余一資光許被譲与、多年知行無相違、次四郎丸郷内若四郎名者、令荒廃田地、雖為数ケ年畠地、光高曾祖父宝治合戦勲功所領随一也、而当知行于今無相違、爰津軽大光寺合戦時、光高家子若党等数輩、負手被疵、半死半生之間、奉行人阿井新左衛門尉方令備進手負交名処、如返答者、在国合戦奉行人令進覧注進之時、可令備進手負注文之由申、被返彼手負交名目安之了、随而朝敵余党人等、小鹿嶋幷秋田城今湊楯築所々、可乱入津軽中之由、有其聞之間、国中給主御家人令集会、大阿尓郷一口之為防戦、令相待凶徒之由、承及之上者、可然者、被成下安堵　国宣、全所領、弥為抽合戦忠勤、恐々粗言上如件、
元弘四年二月　日

○五三　曾我光高申状案　○南部光徹氏所蔵遠野南部文書

（端裏書）「おくのあんとの国せん申状あん」
曾我太郎光高童名乙房丸謹言上
欲早任重代相伝当知行旨、且依合戦忠勤、被成下安堵
国宣、津軽平賀郡内大平賀・岩楯・沼楯幷名取郡四郎丸郷内若四郎名等、全所領、弥抽合戦忠勤事
副進
一巻　代々先御下文幷外題等
二通　譲状幷系図
右、大平賀・岩楯村々者、重代相伝所領、当知行于今無相違、次沼楯村者、光高親父曾我左衛門太郎入道光称(光頼)、自子息余一資光許被譲与、多年知行無相違、次四郎丸郷内若四郎名者、令荒廃田地、雖為数ケ年畠地、光高曾祖父宝治合戦勲功所領随一也、而当知行于今相違、爰津軽大光寺合戦、光高家子若党等数輩負手被疵、半死半生之間、合戦奉行人早河禅門幷工藤中務右衛門尉尾張弾正左衛門尉相共、同所並陳(陣)室之間、記載注進之

状上、守護凶徒召人令参上之上者、仰上裁、可然者、於所
領者、重代当知行之上者、下賜安堵　国宣、為全所領、恐々
言上如件、

元弘四年二月　日

○五四　北畠顕家推挙状　○小西新右衛門氏所蔵文書

伊賀三郎盛光申、三条東洞院篝役事、申状如此、子細見状
候歟、於津軽致合戦之条、無異義候、於去年分者、可有御
免之由、頻歎申候、殊可有申御沙汰候乎、謹言、

（建武元年）三月一日　陸奥守顕家冂

蔵人中将殿（中御門宗兼）

○五五　陸奥国国宣　○南部光徹氏所蔵遠野南部文書

（花押）（北畠顕家）

閇伊郡内大沢村御牧馬幷殺害追捕以下狼藉事、石見左近大
夫有資申状二通副守常解状等如此、子細見状、山田六郎所行云々、
急速令尋沙汰、任実正可被注進之由、　国宣候也、仍執達
如件、

建武元年三月三日　大蔵権少輔清高奉

南部又次郎殿（師行）

○五六　北畠顕家下文　○陸中新渡戸文書

（花押）（北畠顕家）

下　津軽平賀郡

可令早安藤五郎太郎高季領知、当郡上柏木郷事

右、為勲功賞所被宛行也、任先例可致其沙汰之状、所仰如
件、

建武元年三月十二日

○五七　後醍醐天皇綸旨写　○秋田藩家蔵文書十岡本又太郎元朝家蔵文書

岩崎蓮生後家尼蓮心当知行地、不可有相違者、
天気如此、悉之、以状、

建武元年三月十七日　宮内卿（花押影）（中御門経季）

○五八　後醍醐天皇綸旨写　○白河集古苑所蔵白河結城文書

当国依上保令知行、御年貢無懈怠、可令致御沙汰者、依
天気上啓如件、
建武元年三月十八日　右少弁(甘露寺藤長)判
謹上上(ママ)　陸奥宰相中将(北畠顕家)殿

○五九　曾我光高申状　○陸前斎藤文書

(端裏書)「建武元三十九」
曾我太郎光高童名乙房丸謹言上
欲為曾我余二経光被致散々濫防(妨)上者、被差国御使、被糺
返損物銭賃(貨)已下財宝等、光高所領津軽平賀郡内大平賀村、
被追出経光、全所領事
件条、同当参跡隙、経光令乱入光高所領之、押入所務代官
広(摩)禰牛入道私宅、令奪取御年貢銭佰余貫文幷小袖帷已下物等、致
散々濫防(妨)之上者、所詮被差在国御使、云郷内百姓等物共、
云光高財宝等、令糺返之後、光高所領中、被追出経光已下
従類等、全所領、致(至)経光罪科者、為向後仰上裁、仍恐々言
上如件、
建武元年三月日
○裏花押一あり。広橋経泰か。

○六〇　陸奥国国宣　○南部光徹氏所蔵遠野南部文書

(花押)(北畠顕家)
鹿角郡闕所少々、所被宛行地頭等也、任御下文之旨、可被
沙汰居之由、依
国宣執達如件、
建武元年三月廿一日　大蔵権少輔清高奉
南部又次郎(師行)殿

○六一　沙弥某奉書写　○会津四家合考所収文書

新田兵衛大輔経家代寂心申、行方郡千倉庄事、同本阿弥
陀仏、其身者称在府、以代官構城郭、及合戦企候間、可
加治罰之由、就今月十九日国宣、相催庶子等、来三日令
発向彼庄、可致其沙汰之旨、検断岩城弾正左衛門尉隆胤

施行如此、急速被相催庶子、可被莅彼所候、不可有緩怠
之儀候、
一　朝敵与党人等、多以落下当国之由、就今月十六日国宣、
警固路次、於有其疑之輩者、可召捕其身之由、同所被施
行也、可被致其用意候、仍執達如件、
建武元年三月廿八日　　沙弥判
鯨岡孫太郎(乗隆)入道殿

〇六二　大般若経巻三百六十五奥書　〇羽後亀カ岡八幡神社所蔵東禅寺八幡神社文書

一校了、
建武元年甲戌卯月五日申時書写□
右意趣者、為天長地久、御願円満、当□
地頭御息災安穏、隆明往生仏土故□
聖　生年卅□

〇六三　北畠顕家カ下文案　〇白河集古苑所蔵白河結城文書

御判(北畠顕家カ)
下　石河庄
可令早結城上野入道々忠領知、当庄内鷹貫・坂地・矢沢
三ケ郷事
右人、令知行彼所、守先例、可致沙汰之状、所仰如件、
建武元年四月六日

〇六四　後醍醐天皇綸旨写　〇東京大学文学部所蔵由良文書

出羽国屋代庄地頭職事、被宛行正成(楠)畢、早可被沙汰居彼代
官於庄家者、
天気如此、仍執達如件、
(建武元年)四月九日　　左衛門権佐(岡崎)範国
新田兵部大輔(岩松経家)殿

〇六五　陸奥国国宣　〇南部光徹氏所蔵遠野南部文書

(北畠顕家)(花押)
多田木工助貞綱令下向津軽候、先打向糠部、使節等相共可

尋沙汰之由、被仰含候、惣令会合、令静謐郡内之様、可被
計沙汰者、依国宣執達如件、
建武元年四月十三日　大蔵権少輔清高奉
南部又次郎(師行)殿

○六六　陸奥国国宣案　○白河集古苑所蔵白河結城文書

(北畠顕家カ)
御判
依上保可有御知行事、綸旨如此、先退前給人代官、年貢
不散失之様、可被加下知之旨、国宣候也、仍執達如件、
建武元年四月十六日　大蔵権少輔清高奉
(結城宗広)
上野入道殿

○六七　多田貞綱書状　○南部光徹氏所蔵遠野南部文書

(包紙ウワ書)
「師行　建武元年四月晦日多田木工助 貞綱寄師行状」
糠部郡闕所事
一戸　工藤四郎左衛門入道跡
同子息左衛門次郎(義村)跡　八戸上尻打
八戸　工藤三郎兵衛尉跡
三戸　横溝新五郎入道跡
南部又二郎(師行)殿・戸貫出羽前司(中条時長)殿・河村又二郎入道殿、両三
人預申候、能々郡内可有御警固候、諸事御談合候者、可宜
候、恐々謹言、
建武元年四月晦日　源(多田)貞綱（花押）
南部又次郎(師行)殿

○六八　後醍醐天皇綸旨　○南部光徹氏所蔵遠野南部文書

甲斐国倉見山在家三宇・畠地・町屋等、南部六郎政長可令
知行者、
天気如此、悉之、以状、
建武元年五月三日　(岡崎範国)左衛門権佐（花押）

○六九　左衛門尉某施行状案　○南部光徹氏所蔵遠野南部文書

(包紙ウワ書)
「政長　政長建武元年五月三日有所拝戴之 綸旨、以此考之、此案文者、可為政長之時乎、」

当国倉見□□□（山在家）三宇・畠□（地）・町屋等事、任安堵綸旨、可被
存知状如件、
（建武元年）五月十三日　左衛門尉在判
甲斐国小目代殿

○七〇　沙弥光称（曾我光頼）譲状案　○南部光徹氏所蔵遠野南部文書

譲渡
奥州津軽平賀郡内大平賀・岩楯、幷なとりのこほり四郎
丸おたかせの村内に若四郎名之事
右かの所々者、光称（曾我光頼）重代相伝の所領、知行于今さをい（相違）なき
間、子息曾我乙房丸（光高）に段歩をのこさす、代々御下文をあい
そへて、譲渡ところなり、但岩楯村の内に女房のふんに田
壱町・やしき壱宇、幷女子くろ御前ニ田五段・やしき一宇
譲与訖、彼等一期後者、いつれも〳〵惣領乙房丸一円
に、なかく知行すへし、すへて（全）たの（他）さまたけ（妨）あるへからす、
仍譲状如件、
正慶三年五月十五日　沙弥光称在判
元弘四年・建武元年六月

○七一　北畠顕家下文※　○磐城熊野神社文書

（北畠顕家）（花押）
下　岩城・岩ケ崎郡
太□
右、神人□□之事者、守先例、可致其沙汰之状、所
仰如件、
□年六月五日
○本書は年紀を欠く。仮にここに収める。

○七二　北畠顕家御教書　○南部光徹氏所蔵遠野南部文書

（北畠顕家）（花押）
□（自カ）是態欲被仰之処、条々注進之趣、具披露畢、
一当郡内凶徒逃散輩、有其数歟、心苦敷被思食、先以静謐
之条、併奉行高名候、方々注進被取整、可被経御　奏聞
候、定可有　叡感歟、凡郡内事、如先々被仰、被憑思食
之上、弥可被致無弐之忠節候、凶徒余類等、心之所及、

可被加捜索也、

一工藤三郎兵衛尉間事、河村依聞出之、捜取之□(条カ)神妙候、(中条)時長未及委細注進、沙汰之時ハ、可得此御意候也、件三郎兵衛尉父子事、召進之条、有事煩、御辺相共可計沙汰之由、被仰中条畢、随而御辺ニも、其趣被仰候き、先日便宜不被申御返事、御不審之間、重欲被仰候つ、而時長申云、件三郎兵衛尉就謀叛、与同輩事有申旨、猶可召進国府之由、重雖申之、路次間も非無其煩、所詮両御使相共尋問、載起請詞可注進、於其身、両人相談、猶可計沙汰之由、被仰畢、得其意、可被加催促、御辺所被預之両人事、子細同前候也、

一闕所地事、注進披露畢、於土民等者、不可有罪科、先令安堵、不可荒地下之由、可被相触、設雖可被付給人、奉行器用猶可被廻御思案、且御辺も可被差申便宜之地、何村も当郡内有所望者、可申歟、

一当郡給主等中、参御方輩注進、同披露畢、一戸新給人横溝孫次郎浅野太郎跡・三戸新給人工藤三郎(景資)合田四郎三郎跡・八戸給主工藤孫四郎・同孫次郎等名字不見、何様振舞候乎、可被注進候、注進外三戸新給人岩沢大炊六郎入道大瀬二郎跡、津軽凶徒与同候也、可被得其意候、

一津軽事、石川楯無為責落候、目出候、持寄城(津軽鼻和郡)静謐無御心元候、尤被打向彼城之条、雖可宜、郡内事、無左右、又難被閣之間、未被仰候也、且可被随事体歟、中条ニハ早可向之由、被仰了、

一外浜明師状入見参畢、重々述懐申歟、式部卿宮と自称候し悪党人、最前相憑之由、載白状間、雖不能御抽賞、如今令申者、致忠節之所存候歟、然者争無別御沙汰哉、且云当時、云向後、可致忠之由、内々猶可被加教訓候、去春ハ、偏被任御使注進之間、実又参差御沙汰も候つらん、然而地下事、いかにとして委細ハ被知食候はんそ、一往者、被任御使注進て、有懇申之輩者、可被改、此上御使私曲露顕者、可被罪科ニて候、惣御沙汰之法也、更非公方之御私曲、可被察申歟、所詮向後殊存忠節者、尤以神妙候歟、

一安藤五郎二郎(家季)事、所存之趣、旁以非無疑胎(殆)候、所詮外浜ヲ押領之志候歟、足利方へハ自国方預由ヲ申、国方へハ自足利方預之由、構候歟、彼蜜(密)事、一箇条も旁不審無極候、京都へハ具被申畢、忠重間事、先度被仰畢、相構被失候はて、可被召進候、且自京都も被召事も候歟、猶々必可被進候也、就之、五郎二郎も別心候ハて、存報国之忠者、外浜等事も、　公家へも足利方へも被申談ハなと、一方ヲモ無御計之道候哉、而如当時いかさまニも有異心歟、然而湊孫次郎(祐季)幷明師等不同心合力者、家季一身無指事歟、内々得此意、可被廻方便歟と思食候也、多田(貞綱)ハ彼堺事、不知案内歟、平賀ハ多田ニも不和、結句又安藤五郎二郎とも、不和事出来歟之由、其聞候之間、被召返候也、所詮当時安藤一族、強無異心之色歟、而家季一身造意非無疑、国之御大事ニ候へは、能々可被廻思案歟、如何さまニも、明師・祐季ヲ能々可被誘仰歟之由、思食候也、忩以飛脚可被方便候、

条々猶被仰落事候歟、所詮悪党人等事、能々致沙汰、可被属静謐也、罪科露顕無異儀之輩事者、只速可計沙汰、国府へ召進之条、有事煩之上、難義多候也、

久慈郡幷東門事、当給人辞申候、仍未差遣代官歟、無沙汰之条、以外之次弟(第)也、当時有御問答之子細、猶辞申候者、忩可被付給人候、当郡内三浦介入道(時継)幷結城七郎(朝祐)等代官ハ不参候哉、注進之面ニ不見、御不審候、事々又追可被仰之由候也、恐々謹言、

(建武元年カ)六月十二日　　大蔵権少輔清高

○七三　後醍醐天皇綸旨案　○仙台市博物館所蔵伊達文書

(陸奥)□国長江庄内(奈良原カ)□郷長田・大豆□(錦)両村、美濃(国石カ)□太郷、淡路国賀茂(郷半分カ)□等地頭職、当知行(不可有相違者カ)□、天気如此、悉之、

建武元年六月十三日　　左□

永沼(長)前安芸権守(宗実)

○七四　大般若経巻三百七十五奥書　○羽後亀ヶ崎八幡神社所蔵東禅寺八幡神社文書

一校了

建武元年甲戌六月十七日申時書写畢、

右意趣者、為隆明往生仏土故也、

執筆隆明生年卌六戈也、

○七五　北畠顕家カ下文案　○結城古文書写有造館本　坤

下　陸奥国石河庄中畠郷内、大夫入道内、田畠在家事

和知次郎重秀

右、所宛行也、任先例、可領知之状如件、

建武元年六月廿五日

○七六　曾我光高申状案　○南部光徹氏所蔵遠野南部文書

曾我太郎光高謹言上

欲早仰御善政、重蒙御下知、先度下賜　国宣安堵地内所領、以津軽平賀郡内沼楯村、被奇(寄)附安保弥五郎入道間事

副進

一通　国宣安堵案

右、於沼楯村者、為重代相伝所領之間、依無当知行相違、下賜安堵　国宣上者、被付別人之条、不便次第也、凡光高者、云由緒相伝当知行、云大光寺・石河等軍忠、方々難被奇(棄)置理訴、於以(ママ)無御信用、於弓箭家失面目者也、然早重下賜安堵　国宣、弥為令致合戦(之忠脱カ)、恐惶言上如件、

建武元年六月　日

○七七　曾我光高申状案※　○南部光徹氏所蔵遠野南部文書

(端裏書)「ぬまたての申しやうのあんもん」

曾我太郎光高謹言上

欲早蒙御政仰(ママ)、下賜安堵綸旨・国宣上者、光高代々相伝知行分内沼楯村、難渡安保弥五郎入道方事、

副進

一通　国宣案文

右、津軽平賀郡於大平賀・岩楯・沼楯村々者、中代々相伝

当知行、申大光寺合戦忠勤、下賜安堵綸旨・国宣事明白也、然安保弥五郎入道、被行大光寺合戦忠賞時、光高当知行内沼楯村、号闕所申賜国宣事、無術次第也、所詮為（ママ）打渡御使上者、進覧国宣案者也、然者於当村者、難打渡之歟、且為蒙御裁許、仍恐々言上如件、

○折紙。本書は年月日を欠く。前号とのかかわりで、仮にここに収める。

○七八　曾我光高申状案※　○岩手大学所蔵新渡戸文書

目安

曾我太郎光高申条々

一　津軽平賀郡岩楯村内野于森田一丁并在家一宇事

右、彼田在家者、為光高曾祖父曾我弥二郎入道光信跡之処、光信女子相加（嫁）金田次郎兵衛入道之間、令各別畢、爰彼女子跡、于今他国居住、無奉公之上者、以由緒篇欲宛給之矣、

一　同郡内大平賀郷牧士田一町事

右、彼牧士田者、至光信代令知行之処、先御代依土肥三郎左衛門入道妙禅非勘、被没倒之間、奉行人非勘之段、申立覆勘、欲蒙御成敗之刻、御合戦興盛、先代御滅亡之間、不及是非沙汰、所詮津軽中牧士田、所々皆同不被没倒之処、限彼所、被没倒之条、併為先奉行人非勘之上者、令因准所々一同之例、可返給彼牧士田者哉、条々為被経御沙汰、急速蒙御成敗、粗日安言上如件、

○本書は年紀を記さないが、建武元年のものと推定し、前号、前々号に併せて、仮にここに収める。

○七九　曾我光高合戦注文　○南部光徹氏所蔵遠野南部文書

曾我太郎光高五月廿一日石河合戦事

分取頭（ママ、以下同）

安五郎六郎頭、曾我与次之若党、悪党名人也、四月十三日打取畢、御奉行平賀請取在之、

曾我彦三郎頭

同与次若党頭、号赤河次郎、

同中間四郎太郎頭

同中間又三郎頭、号安藤太、
其外頭二不知名字、
　次光高家人打死手負注文、
恵藤孫七若党蒙疵畢、
孫三郎中間打死畢、
右、合戦注文如件、
　建武元年六月　日

〇八〇　陸奥国国宣　〇南部光徹氏所蔵遠野南部文書

（北畠顕家）
（花押）

伊達五郎入道善恵申、糠部郡南門内横溝六郎三郎入道浄円跡事、任御下文之旨、莅彼所、可沙汰付善恵代、縦称本主、捧関東下知以下証状、雖支申、不帯　綸旨・国宣者、不可許容、使節遅引者、可有其咎者、依　国宣執達如件、
　建武元年七月二日　大蔵権少輔清高奉
　（師行）
　南部又次郎殿

〇八一　法眼善尊書状　〇岩手大学所蔵新渡戸文書

誠如仰未入見参候、以事次申承候之条、尤本望候、抑京都状給預候了、倉見山安堵　綸旨案文、加一見了、御用之時者、承存候へく候、恐々謹言、
　（建武元年）
　七月廿日　法眼善尊（花押）

〇八二　陸奥国国宣　〇南部光徹氏所蔵遠野南部文書

（北畠顕家）
（花押）

伊達大炊助三郎次郎光助申、八戸工藤左衛門次郎（義村）跡事、任御下文之旨、可沙汰付光助代、縦称本主、捧関東下知以下証状、雖支申、不帯　綸旨・国宣者、不可許容、使節及遅引者、可有其咎者、依　国宣執達如件、
　建武元年七月廿一日　大蔵権少輔清高奉
　（師行）
　南部又次郎殿

〇八三　散位某書下写　〇秋田藩家蔵文書二十赤坂忠兵衛光康家蔵文書

『散位某裁許状』

石河庄蒲田村内藤田蔵人四郎(兼光)分在家壱宇・公田壱段事、嘉元元年十月十日光蓮譲状之外題分明也、同二年十一月十三日源氏譲状者、無外題之間、雖有不審、依為小所、令避与藤田四郎訖、仍為後日状如件、

建武元年七月廿五日　散位（花押影）

○八四　陸奥国国宣　○南部光徹氏所蔵遠野南部文書

(北畠顕家)
（花押）

糠部郡七戸内工藤右近将監跡、被宛行伊達左近大夫将監行朝畢、可被沙汰付彼代官者、依　国宣執達如件、

建武元年七月廿九日　大蔵権少輔清高奉

南部又次郎(師行)殿

○八五　北畠顕家下文　○相馬市教育委員会寄託相馬岡田文書

(北畠顕家)
（花押）

下　竹城保

可令早相馬五郎胤康領□(知カ)保内波多谷村事

右人令領知彼所、守先例可致其沙汰之状、所仰如件、

建武元年八月一日

○八六　陸奥国国宣　○南部光徹氏所蔵遠野南部文書

(北畠顕家)
（花押）

津軽御下向路次、糠部郡内宿々御雑事用意事、御宿次幷人数以下注文一通遣之、早相談工藤右衛門入道、可致厳密沙汰者、依　国宣執達如件、

建武元年八月二日　大蔵権少輔清高奉

南部又二郎(師行)殿

○八七　顧真代隆経施行状写　○会津四家合考所収文書

為津軽凶徒追罰、不廻時日令発向、可抽軍忠之由、所国宣候也、相催庶子等、急速可被進発之状如件、

建武元年八月二日　顧真(岩城カ)代隆経

鯨岡孫太郎(乗隆)入道

○八八　陸奥国国宣　○南部光徹氏所蔵遠野南部文書

(花押)(北畠顕家)

阿曾沼下野権守朝綱代朝兼申、遠野保事、申状如此、子細見状、所詮不日追却面懸左衛門尉以下輩、可沙汰付朝兼使節、遅引者、可有其咎也者、依　国宣執達如件、

建武元年八月三日　大蔵権少輔清高奉

南部又二郎殿(師行)

○八九　某書状断簡　○南部光徹氏所蔵遠野南部文書

(袖追書)

せひ(是非)をかへり見す、はせまいる(馳参)へく候ところに、かさねかさねつかるけかう(津軽)(下向)のよし、おほせられて候あひた、申のほせ候、つかるへハ、人おほくさしくたされ候なれハ、(以下袖上追書)ぬかのふ(糠部)へむかへと行々仰候ハヽ、やかてまいるへく候、いまハまいり候とも、みちのあひたの御大(以下行間書)事にハ、まいりあい、ゐ候ましく候、かさねたるさう(左右)をうけ給へく候、

御文いさい(委細)うけ給候了、さてハあくたうほうき(悪党蜂起)の事、おところき存候、つかるけかうの事ニより候て、中入事候て、たゝいま人をのほせ候つるに、申のほせ候、やかてそれへはせむかいて候ハんするに、もしふしち(不実)にても候ハんときハ、つかるけかうをゑんゐん(延引)のために申候とや、おほしめされ(思召)候ハんすらんと存候、事しち(実)にも候、なんきい(難儀)てきたり候ハゝ、いそきかさねてうけ

○紙背を九〇号、某跡水田所課馬等注文第五紙として再利用。

○九〇　某跡水田所課馬等注文　○岩手大学所蔵新渡戸文書

(第一紙)

□入道跡注文事

□太郎　二町八段

□疋

□三□　一疋

□房　一町

例進一疋

彦三郎　一丁
　同一疋
源太　七反
　一疋
権守　五反
　一疋
又四郎宮　六反
　一疋
五郎三郎入道　三反　御公事足　かん田《(神田)》三段
　一疋　以上六反
五郎太郎入道　七反
　一疋
　公田六人
てつくり《(手作)》　一町
にとう二郎　四反　四百文宛
八郎　三反《かんた》　三反　一反さわしろ《(沢代)》
又五郎入道　二反

五郎太郎　七反　まきの田
うきめん《(浮免)》きとう六入道　二反
き平太郎　二反

(第二紙)
「二」《(異筆)》
ひさもん《(毘沙門)》仏供田　三郎一郎　一反
はくろ《(羽黒)》の深山神　先立《(先達)》太郎　五反
かんれう《(勘料)》五百文
一 小泉しもうすい《(下鵜対)》余一五郎　一丁三反
　例進一疋
一 同所うすい　きとう《(紀藤)》次　一丁一反
　一疋
一 こんとう二郎　八反大
　一疋
一 弥とう二　御手作四百かり　一丁

○岩手大学所蔵宮崎文書

一疋

一 はゝしり《くしひき》(櫛引)　さとう五　飯田三町
かんれう
例進一疋　新田一丁不作　一反別四百文

一 はゝしり(馬場尻)彦三郎　三丁一反
二疋一疋、三貫文、馬　御てつくり(手作)五反
はくろの田二反　同作人
うなね田(宇那祢)　二反　弥四郎　かんれうは(羽)一しり(尻)
せきた(堰田)　二反　ひこ三郎
公田　一丁　ひこ三郎

一 小泉　三郎五郎　一丁九反
例進　一疋

一 とまへち(苫米地)　さとや　一丁
例進　一疋
公田　五反　同作人
井れう(料)一反　同作人

一 とまへち　こんとう三郎　九反
御手作　五反
一疋
うなねた二反　同作人

一 とまへちむまの四郎　一丁五反
一疋

(第三紙)
(異筆)
「三」

一 うなねた　三反　同作人
とまへちいにしか(西河)　大夫二郎一丁一反
例進一疋

一 公田同所　弥平二郎　三反四百文宛

一 とまへち　七郎二郎　八反
一疋

一 とまへち　きとう四郎　六反大

〇岩手大学所蔵新渡戸文書

一疋
一 ねき(祢宜) 大田二郎《いにしか》 一丁
かんれう五百文
一 阿弥陀堂別当 晴意房 六反
かんれう羽一しり
一 不作 とまへち《うきめん》 本作人 一丁 主小四郎
一疋
一 不作 とまへち《うきめん》 本作人 弥平二郎 一町一反
一疋
一 公田《うきめん》 きち六 五反 四百文宛
井れう一反 同作人
一 散口とまへち 三反 四百文宛

(第四紙)
一 とまへち・いにしか両所 五反、さいけ(在家)一う
元弘四年・建武元年八月

〇陸中新渡戸文書

はゝしりのひこ三郎
すま○《も》もけんた うなり田(ママ) 四反
まつりはかり
一 同所 作人八郎 以ト大明神田
まつりはかり
三反
以上四段四丁丁(ママ)八反
一 一疋わけふちに わたくしむま

(第五紙)

〇南部光徹氏所蔵遠野南部文書

一反五合うきめん 下神田
一反五合うきめん
神田 六郎三郎
二反 八百かんれう
清六
二反
比沙門仏供田 明式房

一反

諏方神田　清六

宇(那脱カ)祢田　五合

一反無作人

一反井料

三合井料　つゝミの下

以上四丁六反三合

建武元年八月六日

○断簡五紙からなる。順に一二号（元弘三年）十月二日、源某奉書、四八号（建武元年）二月二十一日、金頼清書状、五〇号（建武元年）二月二十六日、沙弥道覚書状、四七号（建武元年）二月二十日、安倍祐季書状、八九号、年月日欠、某書状断簡の裏に書す。

○九一　後醍醐天皇綸旨写　○白河集古苑所蔵白河結城文書

駿河国須津庄内須津河郷事、不可混惣庄之上者、可被全知行者、

天気如此、悉之、以状、

建武元年八月十一日　宮内卿(中御門経季)在判

結城上野入道(宗広)館

○九二　曾我光高知行分田数注進状案　○南部光徹氏所蔵遠野南部文書

(端裏書)「いわたて(岩楯)・ひらか(平賀)のてんす(田数)のもくろく(目録)」

注進　津軽平賀郡岩楯・大平賀両郷、曾我太郎光高知行分

田数事

合

岩楯郷分

定田弐拾捌町柒段半四十五歩伍段三百除十分一、此内陸反御免定

曾我孫太郎知行分、一丁狐森女子跡、

大平賀郷分

除田五町捌段　長峯村曾我小二郎跡、

定田弐拾捌町柒段半四十五歩除十分一、御免定 此内壱町、
曾我左衛門三郎入道知行分、
参段、曾我孫太郎知行分、
建武元年八月十三日　曾我太郎光高

○**九三**　工藤貞行譲状　○南部光徹氏所蔵遠野南部文書

(端裏書)「かいす御せんか分ゆつり状」
譲渡　女子加伊寿御せん分
一所　津軽山辺郡二想志郷内下方、為大光寺合戦勲功所令拝領貞行也、
一所　田舎郡上冬居郷拾分参
右、所譲与加伊寿御前也、御下知幷置文等者、預置于女房数子母許、自然有違目之時者、任彼証文等、可明申子細、但向後若出来男子者、改此譲、可配分之状如件、
建武元年八月廿一日　(工藤)貞行（花押）

○**九四**　沙弥蓮性寄進状　○摂津多田院文書

奉寄進
多田院惣社六所権現免田事
山問四段、田一段
同所井戸半
合田陸段半内
池内四段半
元佐々部方一段　大　堀口六郎入道
小　佐藤次
六十歩　次郎太郎介
右田者、為惣社六所権現御修理料、令寄進者也、且木工助(多田)貞綱、為朝敵追罰之、罷向津経(軽)之間、為公私祈禱之、所令寄進之状如件、
建武元年八月廿二日　沙弥蓮性（花押）

○**九五**　後醍醐天皇綸旨写　○下野皆川文書

下野国長沼庄、幷小薬郷、陸奥国長沼(江)庄南山内古々有(布)郷・湯原郷等地頭職、五条東洞院西南角地等、可令管領者、
天気如件(此)、悉之以状、

建武元年八月廿八日　左衛門権佐(岡崎範国)（花押）

長沼越前権守(秀行)館

○九六　結城宗広代惟秀申状写　○白河集古苑所蔵白河結城文書

結城上野入道(宗広)々忠代惟秀謹言上

欲早任　綸旨、被成御牒於国司・守護方、被打渡下地

於道忠代、全知行駿河国須津庄内須津河郷地頭職間事

副進　一通　綸旨案八月十一日

右、当庄内須津河郷地頭職者、道忠相伝所領也、仍不可被

混惣庄之闕所之旨、就申子細、預勅裁畢、然早被遵行彼

綸旨、被成下御牒於国司・守護方、於下地者、被打渡道忠

代官、為全知行、粗言上如件、

建武元年八月　日

○九七　結城宗広知行所領注文写　○白河集古苑所蔵白河結城文書

結城上野入道(宗広)々忠知行所領事

米村郷　大村郷　下大村郷　競石郷

船田郷　板橋郷　青沼　北高倉

熊倉　白坂　高奈良　栃木郷内田在家

荒野　狩倉等

出羽国余部内

尾青村　清河村

同国狩河郷内田在家

駿河国須津庄内

須津河郷

同国鮎沢御厨内大沓間田屋敷

備中国

荏原条　草間条

京都屋地四条東洞院

右、注文如件、

○この文書は年紀を欠くが、前号との関係で、仮にここに収める。

○九八　結城宗広知行得宗領注文写　○白河集古苑所蔵白河結城文書

結城上野入道々忠(宗広)知行得宗領事
参河国渥美郡内
　牟呂草間郷
陸奥国津軽田舎郡内
　河辺桜葉郷
右、注文如件、

○この文書は年紀を欠くが、前号と同じ頃に作成されたものと推定し、仮にここに収める。

○九九　大河戸隆行申状幷北畠顕家安堵外題　○東北大学日本史研究室所蔵朴沢文書

(外題)「任　宣旨状、可令領掌之状如件、
　建武元年八月十五日
(北畠顕家)(花押)」
大河戸三郎左衛門尉隆行謹言上
欲早当知行無相違上者、下賜安堵　国宣、備後代亀鏡、
陸奥国宮城郡山村事、但除大須賀方田中村、朴沢太夫房跡志茂尻沢壱町、
元弘四年・建武元年八月

副進
一通　系図
二通　譲状案
一通　御下知案
右所領者、自先祖行元六代相伝之地也、然則任代々父祖譲、
下賜安堵　国宣、備永代亀鏡、為抽奉公忠節、恐々言上如
件、
　建武元年八月　日

○一〇〇　中尊寺衆徒等申状案　○陸中中尊寺文書

(花押)
陸奥国平泉関山中尊寺衆徒等謹言上
欲早依当寺先別当等修理不法、金堂・同本尊・三重塔婆
三基・大門三宇・諸堂諸社、悉破壊顛倒間、於関東被経
御沙汰、沼倉小輔(ママ)三次隆経、小野寺彦次郎入道々亭(ママ)、遂
検見捧注進状処、今亦仰彼両使、以起請文被召置先注進
状符案上者、且任天喜以降当州刺史源頼義・義家幷時行

例、且就去年京都鎌倉兵乱祈誓、今年津軽合戦御祈禱忠勤、賜便宜料所、造立金堂・本尊・塔婆・楼門以下堂社等、抽恒例臨時御祈禱丹誠子細事

副進　一巻　当寺供養願文朝隆卿清書

二巻　右大将家以下代々御下知案

一巻　先々別当次第関東御代始被補之事

一通　矢野豊後権守倫景書下案為別当沙汰可被修造事

一通　足利殿一見状案去年元弘三京都鎌倉御合戦之時、致御祈禱事

右寺者、　鳥羽皇帝之勅願、鎮護国家之道場、所以者何堀河天皇御宇、長治二年二月十五日、出羽・陸奥両国大主藤原朝臣清衡造立最初院本尊釈迦多宝並座、嘉承二年三月十五日、造立大長寿院本尊四丈阿弥陀脇士九躰丈六、之処、奉　皇帝之勅定、天仁元年建立金堂三間四面、左右廊二十二間本尊釈迦三尊半丈六、并小釈迦百体、同四天、三重塔婆三基本尊等在願文、二階鐘楼、経蔵紺紙玉軽(軸カ)金銀泥行交一切経一部、金泥一切経一部、唐本一切経一部、本尊文殊像者、皇帝被下之、大門三宇并皆金色堂一宇一間四面本尊弥陀、以降、願成就院薬師丈六、瑠璃光院本尊同前、常住院釈迦三尊、釈尊院本尊同前皇帝御仏、成就院本尊同前、薬樹王院薬師并観音三十三反、光勝院弥陀・薬師丈六、仏聖院本尊同前、金剛王院金剛界大日、大教王院胎金両部諸尊皆金色木像、千手院、帝釈堂、白山宮、日吉七社、金峯山、七高山、熊野、八幡、北野天神、弁財天等令建立訖、彼白山々王者、地主権現而七百余歳霊神也、爰　後冷泉院御宇天喜・康平之比、奥州刺史源頼義・義家朝臣、被追討安倍頼時・同息貞任・宗任等之時、於衣関山月見坂、奉拝当社、而被寄附毘尻・小前沢両村畢、仍所奉崇当社於鎮守也、爰以白山々王等諸社者、悉交金銀朱丹之色営作、金堂以下堂塔者、各鏤金銀螺鈿之餝、所造立也、然間、云山上坂下、云四方谷々、仏閣並甍、禅坊烈軒之間、被立按察中納言顕隆卿於勅使、被下相仁已講於唱導、披朝隆卿清書願文、天治三年壬寅三月廿四日、被遂供養、以降星霜推移、雖年序久、衆徒等所学者、顕密宗旨、所行者、一朝静謐之懇祈也、因茲清衡朝臣、募置尫弱寺領於羽奥両州畢、其後当州刺史大善(膳)大夫時行、両寺巡礼之時、為仏聖灯油之料所、毛越寺者柏崎七箇村、中尊寺者瀬原・黒沢・白浜三箇村、被寄進之

間、清衡・基衡・秀衡・泰衡四代者□
□専修理・修造・供料・供米・仏聖・灯油之間、無相違者
也、而関東御代始、被補惣別当之処、別当理乗坊印鑁非法
張行之間、衆徒等訴申之日、建保五年六月廿五日被改易訖、
将又宰相法印最信依致非拠、建治三年六月廿三日被改易之
条、御下知炳焉也、而被補越後助法印盛朝於相州一族寺務之時、
依代々別当不法、厳重御願寺令滅亡之上者、任先例為衆徒
沙汰、専修理造営全仏聖灯油、可致御祈禱之由、衆徒等支
申之処、盛朝法印属矢野豊後権守倫景時奉行人、修造事、為別
当沙汰、五箇年内可終其功之由、弘安十年八月九日捧請文
後、以顛倒之古材木等、本堂計如形雖造立之、云造作、云
廻廊二十二間、一向不造営、而四十余年之間、無仏像於御
堂、致御祈禱之条、有其憚之上、依古具足、金堂棟之瓦木
幷東(マヽ)平破落而、流雨如滝、鐘楼令破壊、洪鐘忽欲落、皆金
色堂朽損、御経蔵破壊同前之間、彼三部一切経、于今令朽
失事、不被宛目次第也、如斯条々、若及御不審者、重仰于
御使、被遂検見之日、可為炳焉者哉、此外願成就院同所新白山・

常住院・山王社・釈尊院・大長寿院・成就院・千手院・瑠
璃光院・金堂前舞台等、可為寺務沙汰処、衆徒等不耐于悲
嘆而、加修理訖、将又成就院者、先別当代官壱岐阿闍梨最
清、為的庭結構、焼払当院辺之刻、令焼失之上者、為寺務
沙汰、雖可造営、依無其儀、当寺学頭越後僧都公円、或忘
衣鉢之資、或勧有縁之輩、尽微力所造立也、公円懇志之余、
雖企造営、依分限尫弱未(終脱ヵ)其功間、朝参堂上、悲難造畢、夕
者拭老眼、歎不終造功、然者、令付公円等之興隆志於先々
別当心者、御願寺不可及大破者哉、凡依御祭使無沙汰、毎
年六ケ度大法会仏神事物等、近年　向対捍之上、依怙亦為
尫弱之処、散在諸郡内之間、付諸事雖難治、日夜朝暮、恒
例臨時御祈禱所令勤仕也、因茲鎮守白山権現者、鎮示夢想、
山王七社者、常顕其失之間、先別当備前助僧都春助沈于病
床之刻、云修理造営、云仏神事等、仕先例可致精誠之由、
雖納願書於当社、被死去之間、令相伝彼跡於舎弟助阿闍梨
定助之処、翌年又定助令他界之時、雖譲与件職於同舎弟助
阿闍梨朝宗、於未安堵送年序之刻、依関東乱逐電畢、而如

同所毛越寺衆徒拝領弘安十一年四月廿三日御下知状者、毛越寺住侶等申当寺修理事、称及大破、別当宴信僧都相共申子細之処、中尊寺破壊事、為寺務沙汰、五箇年之内可修造之旨、盛朝法印去年八月九日、進請文畢、不可違彼篇之間、所被召置宴信僧都請文去月廿二日也、次円隆寺・嘉勝寺焼失之間、可被新造云々、爰新熊野社別当職・同領大田庄預所職事、長弁僧都辞申之処、当社者為毛越寺内云々、仍於新熊野別当職者、毛越寺僧就臈次、向後可令執務、且両寺営作之裡者、以件預所得分可致沙汰云々、奉行矢野豊後権守、云修理、云新造、中尊・毛越両寺可為同篇之条、御下知分明之間、仏像・塔婆・楼門等新造事、如仏師・番匠以下諸道之輩勘定者、可為一万余貫之間、難及別当力之由、依被辞申之、於関東便宜料所可有御寄進之由、令言上之処、為矢野伊賀入道奉行、嘉暦二年五月廿九日被経御評定之時、仏像以下朽損次第遂実検、載起請之詞、可注進之旨、同六月十六日被仰小野寺彦次郎入道々亭(亨)・沼倉小輔(ママ)三次隆経之処、同十一月遂検見、捧注進状之間、加催促之刻、依京都・鎌倉忩劇、自然令延引訖、如此子細令言上之処、載起請之詞、被召置隆経・道亭(亨)先注進状符案之上者、尤可有御修造者哉、随而、当寺者羽奥両州無雙之御願寺之間、衆徒等者雖存興隆、為分限尩弱之上、疲多年愁訴之間、仏法・人法共以令衰微而、可及御祈禱退転歟、奉為　上、為寺、争無料所御寄進哉、就中、去年京都・鎌倉御合戦之時、致勝軍法、而差進侍従阿闍梨行算・伊勢房俊盛於京都、属足利方令言上之条、彼一見状分明也、今年亦津軽之凶徒静謐之御祈禱、所抽忠勤也、然早且依恒例臨時御祈禱之忠、且任往代国務之例、給便宜料所、造立仏像・塔婆・楼門以下堂社仏閣等、為全恒例臨時御祈禱、恐々言上如件、

建武元年八月　日

(奥書)
「自奥州国方以与奪□安威□」

〇一〇一　中尊寺衆徒等申状案　〇陸中中尊寺文書

陸奥国平泉関山中尊寺衆徒等謹言上

欲早被補当寺惣別当以降、依修理無沙汰、金堂・同本尊・三重塔婆三基・大門三宇都合四十余所仏閣社壇等、悉以破壊顛倒間、於関東被経御沙汰、沼倉小輔(ママ)三次隆経・小野寺彦次郎入道々亭(ママ)遂検見、捧注進状処、今亦仰彼両使、以起請文被召置先注進状符案上者、且任天喜以降当州刺史源頼義・義家幷時行例、且就去年京都・鎌倉兵乱祈誓〔誠〕、今年津軽合戦御祈禱忠勤、宛給便宜闕所歟、不然者、任先規、以寺務管領寺領等、為衆徒沙汰、造立金堂・本尊・塔婆・楼門以下堂社等、抽恒例臨時御祈禱丹誠子細事

副進

一巻　代々別当次第関東御代、始被補之以来、各毎度修理無沙汰之間、堂社仏閣破壊顛倒事、

一巻　右大将家以下御下知案

一巻　当寺供養願文

一通　弘安十一年四月廿三日御下知案正文者毛越寺衆徒帯之、

一通　矢野豊後権守倫景書下案

一通　足利殿〔方〕一見状案去年元弘三京都・鎌倉御合戦時、致御祈禱事、

元弘四年・建武元年八月

一通　別当進旧寺領注文

右当寺者、　鳥羽皇帝之勅願、鎮護国家之道場也、爰　堀河天皇御宇、長治二年二月十五日、出羽・陸奥両国大守〔々司〕藤原朝臣清衡造立最初院本尊釈迦多宝並座、嘉承二年三月十五日、造立大長寿院本尊四丈阿弥陀、脇士九体丈六之処、奉　皇帝之勅定、天仁元年建立金堂三間四面・左右廊二十二間本尊釈迦三尊半丈六、幷小釈迦百躰、同四天・三重塔婆三基本尊等在願文・二階鐘楼・経蔵紺紙玉軸、金銀泥行交一切経一部、唐本一切経一部、本尊文殊像者、皇帝被下之・大門三宇・幷皆金色堂一宇一間四面本尊弥陀以降、願成就院薬師丈六、瑠璃光院本尊同前、常住院釈迦三尊、釈尊院本尊同前、皇帝御仏、成就院本尊同前、薬樹王院薬師幷観音、三十三反、光勝院弥陀・薬師、丈六、仏聖院本尊同前、金剛王院金剛界、大日、大教王院胎金両部諸尊、皆金色木像、千手院、帝釈堂、白山宮、日吉七社、金峯山、熊野、八幡、北野大神、弁財天等令建立畢、彼白山々王者、地主権現而乚百余歳霊神也、仍　後冷泉院御宇天喜・康平之比、奥州刺史頼義・義家被追討安倍頼時・同男貞任・宗任等之時、於衣関山月見坂、奉拝当社而、被寄附瓱尻小前沢両村当社別当于今知行畢、爰於白山々王等諸

社者、悉交金銀朱丹之色営作之、至金堂以下堂塔者、鏤金銀螺鈿之飾、所造立也、然間、云山上坂下、云四方谷々、仏閣並甍、禅坊列軒之間、被立按察中納言顕隆卿於　勅使、被下相仁已講(山僧)於唱導、披朝隆卿清書願文、天治三年(壬寅)三月廿四日被遂供養以来、衆徒等所学者顕密宗旨、所行者一朝静謐懇祈也、因茲、清衡募置寺領於羽奥両州訖、所謂別当進止之寺領等是也、其後当州刺史大膳大夫時行、為仏聖灯油料所、瀬原・黒沢・白浜三箇村(衆徒等配分知行)被寄進之畢、凡清衡寄附之免田等者、彼在世一百余年之間、□頭等、管領彼寺領、令専修理・修造・供料・供米・仏聖・灯油之間、寺門更無隣夷(陵夷)、而関東御代始被補惣別当之処、別当理乗坊印鑁非法張行之間、衆徒訴申之日、建保五年六月廿五日被改易訖、将又宰相法印最信依致非拠、建治三年六月廿三日被改替之条、御下知炳焉也、而被補越後助法印盛朝於寺務之時、依代々別当不法、厳重御願寺令滅亡之上者、任先例、院主学頭等管領彼寺領等、専修理造営、全仏聖灯油、可致御祈禱之由支申之処、盛朝法印属矢野豊後権守倫

景(時奉行人)、修造事為別当沙汰、五箇年内可終其功之由、弘(安)十年八月九日、捧請文後、以顛倒之古材木等、本堂計、如形雖造営之、廻廊二十二間一向無沙汰、本尊以下不造立之間、於無仏之金堂致御祈禱(之)条、背物宜之上、依為古具足、金堂棟瓦木幷東平破落而、流雨如滝、鐘楼令破壊而、洪鐘忽欲落、皆金色堂舎朽損、御経蔵破壊同前之間、彼三部一切経欲令朽失、衆徒等愁歎無物于取喩、此外願成就院(同所新白山宮)・常住院・山王社・釈尊院・大長寿院・千手院・瑠璃光院・金堂前舞台等、可為寺務沙汰之処、無其儀之間、衆徒等不耐于悲嘆、励微力而加修理訖、将又成就院者、先別(当)代官壱岐阿闍梨最清、為的場結構、焼払当院辺之刻、令焼失畢、是又専為寺務沙汰、雖可被造営、依無其儀、当寺学頭越後僧都公円、或忘衣鉢之資、或勧有縁之輩、尽微力所造立也、雖然依分限尫弱、未終其功之間、朝暮之歎、寤寐叵休、就中、依七社御祭使(葛西惣領)無沙汰、毎年六箇度大法会仏神事物(諸郡済物)等、近年一向無沙汰之上、依怙亦為尫弱之処、或被押領、相州之一族以下地頭等、或被抑留供料供

米等於寺務之間、付諸事、雖為難治、於日夜朝暮恒例臨時御祈禱者、更無退転者也、因茲鎮守白山権現者、鎮示夢想、山王七社者、常顕其失之間、先別当備前助僧都春助、沈于病床之刻、云修理造営、云仏神事等、任先例可致精誠之由、雖納願書於当社、無感応而逝去、令相伝彼跡於舎弟助阿闍梨定助之処、翌年又他界、雖譲与件職於同舎弟助阿闍梨朝宗、於《為》未安堵送年序之刻、依関東乱遂（逐）電訖、且如毛越寺衆徒拝領《乃給之》弘安十一年四月廿三日御下知状者、毛越寺住侶等申当寺修理事、称及大破、別当宴信僧都相共申子細之処、中尊寺破壊事、為寺務沙汰、五箇年之内可修造之旨、盛朝法印去年八月九日進請文畢、不可違彼篇之間、所被召置宴信僧都請文去月廿二日、也、次円隆寺・嘉勝寺焼失之間、可被新造云々、爰新熊野社別当職、同領大田庄預所職事、長弁僧都辞申之処、当社者為毛越寺内云々、仍於新熊○野別当職者、毛越寺僧就臈次、向後可令執務、且両寺営作之裡者、以件預所得分可致沙汰云々、奉行矢野豊後権守、云修理、云新造、中尊・毛越両寺可為同篇之条、御下知分明之間、仏像塔婆楼門等新造事、如仏師番匠以下諸道之輩勘定者、可為一万余貫之間、難及別当力之由、依被辞申之、於関東、便宜料所可有御寄附之由、令言上之処、為矢野伊賀入道奉行、嘉暦二年五月廿九日、被経御評定之時、仏像以下朽損次第遂実検、載起請之詞可注進之旨、同六月十六日、被仰小野寺彦次郎入道々亭（ママ）・沼倉小輔（ママ）三次隆経之処、同十一月十六日遂検見、捧注進状之間、加催促之刻、依京都・鎌倉忩劇、自然令延引畢、如此子細令言上之処、載起請之詞、被召置隆経・道亭（ママ）先注進状符案畢、当寺羽奥無雙之○御願寺也、衆徒等者雖存興隆、為分限尫弱之上、多年愁訴之間、仏法人法共以令衰微、忽擬及御祈禱退転、争無御沙汰《哉、抑》就中去年京都・鎌倉御合戦之時、修勝軍法而、差進侍従阿闍梨行算、伊勢（以下は『大日本仏教全書』によって補う）房俊盛於京都、属足利方令言上之条、彼一見状分明也、今年亦津軽之凶徒静謐之御祈禱、所抽忠勤也、然早且依恒例臨時御祈禱之忠、且任往代国務之例、給便宜料所、造立仏塔楼門以下堂社仏閣等、為全恒例臨時御祈禱、恐々言上如件、

建武元年八月　日　　平泉関山中尊寺
　　衆徒惣中　敬白

〇一〇二　陸奥国国宣　○東北大学日本史研究室所蔵朴沢文書

（北畠顕家）
（花押）

津軽凶徒未静謐之間、所被催下也、早相催一族、不日令下向、可被致合戦忠節者、依　国宣執達如件、

建武元年九月二日　　大蔵権少輔清高奉

大河戸三郎左衛門尉殿

〇一〇三　陸奥国国宣　○南部光徹氏所蔵遠野南部文書

（北畠顕家）
（花押）

工藤三郎景資申、糠部郡三戸内会田四郎三郎跡事、早任御下文之旨、可打渡景資、使節遅引者、可有其咎之由、国宣所候也、仍執達如件、

建武元年九月六日　　大蔵権少輔清高奉

（師行）
南部又次郎殿

〇一〇四　陸奥国国宣　○陸中中尊寺文書

（北畠顕家）
（花押）

平泉中尊寺者、陸奥・出羽両国之甲区、堀河・鳥羽二代之勅願也、因茲数代之宰吏帰依年久、諸方之道俗、渇仰日新、爰頃年武士及甲乙人等、寄綷於蝦夷梟賊追伐、或闌入埓門致狼藉、或押妨寺領及駆使云々、太以濫吹也、慥可従停止、若有違犯之輩者、就注進交名可被処厳科之由、国宣所候也、仍執達如件、

建武元年九月六日　　大蔵権少輔清高奉

〇一〇五　中尊寺供養願文奥書　○陸中中尊寺文書

件願文者、右京大夫敦光朝臣草之、中納言朝隆卿書之、而有不慮之事、及紛失之義、為擬正文、忽染疎毫耳、

鎮守大将軍（北畠顕家）（花押）

○天治三年三月二十四日の藤原清衡による願文の奥書。年紀を欠くが、仮にここに収める。

○一〇六　飯野八幡宮造営注文　○磐城飯野文書

一　別当庁屋伍間　絹谷村佐竹上総入道同彦四郎入道両人役所也、
　　馬目村孫四郎入道役所也、
一　同庁屋参間　好嶋村地頭彦太郎泰行
　　東目村地頭岩城弥次郎隆兼
　　西方預所伊賀三郎(盛光)為神主職令支配之○
　　庶子等、地頭方寄合進造之、
一　西庁屋五間　富田村地頭三郎次郎隆経与并預所寄合造進之、
一　神子屋伍間内　三間田富村地頭小三郎入道役所也、
　　一間八立村地頭岩城次郎入道願真役也、
　　一間末次村預所領役也、
一　祢宜屋三間　東方祢宜等西方祢宜等寄合自作、
一　神人屋三間　同前、
右、御造営注文次第、粗如斯、
建武元年九月七日

○一〇七　北畠顕家下文　○仙台市博物館所蔵伊達文書

(端裏書)「将軍御教書」
(北畠顕家)(花押)
下　伊達郡
　可令早伊達孫五郎政長領知、
　当郡内長江彦五郎跡事、
右人令領知彼所、守先例可致其沙汰之状、所仰如件、
　建武元年九月十日

○一〇八　雑訴決断所牒写　○白河集古苑所蔵白河結城文書

雑訴決断所牒　駿河国守護所
　結城上野入道道忠(宗広)申、当国須津河郷地頭職事副解状具書、
牒、(ママ)任　綸旨、可被沙汰居代官於庁家者、以牒、
　建武元年九月十一日　左大史小槻宿祢
従一位源朝臣(久我長通)　前加賀守三善朝臣在判
権中納言左衛門督藤原朝臣在判　左中弁藤原朝臣
参議右大弁藤原朝臣在判

一〇九　陸奥国国宣　○南部光徹氏所蔵遠野南部文書

（北畠顕家）（花押）

横溝孫六重頼者、不令与同一族、兼以訴申孫二郎入道等陰謀之子細之間、忠節之仁也、仍被宛行六郎三郎入道跡畢、早可被沙汰付於当所、尋捜凶徒在所、弥可致忠之由、所被仰含也、存其旨可被相談者、依　国宣執達如件、

建武元年九月十二日　大蔵権少輔清高奉

南部又次郎（師行）殿

一一〇　陸奥国国宣　○南部光徹氏所蔵遠野南部文書

（北畠顕家）（花押）

伊達大夫将監行朝申、糠部郡七戸事、任御下文之旨、莅彼所、可沙汰付行朝代、縦称本主子孫、雖支申、不可許容、使節及遅引者、可有其咎者、依国宣執達如件、

建武元年九月十六日　大蔵権少輔清高奉

南部又次郎（師行）殿

一一一　陸奥国国宣写　○駿河大石寺文書

後藤佐渡三郎太郎基泰□（申）、岩手郡二王郷三分二事、□（任）御下文之旨、可沙汰付之由、被仰□（下）（南条）左衛門六郎清時之処、称本主支□、不打渡之、結句下向津軽之間、□延引也、云々、早莅彼所、可沙汰付使□代、不帯綸旨・国宣者、不可許□、使節及遅引者、可有其咎者、□国宣執達如件、

建武元年九月廿七日　大蔵権少輔□□（清高）

新田孫五郎殿

一一二　沼倉隆親着到状　○陸前沼倉文書

「（証判）聞食訖　（北畠顕家）（花押）」

着到　沼倉少輔小次郎隆親

右、宮御座之間、為奉公、令参上之候、賜下御証判、為備末代亀鏡、仍着到如件、

建武元年九月　日

一一三　某申状写　○北海道伊達市教育委員会所蔵伊達支族伝引証記所収石田文書

□安堵陸奥伊達庄石田村□

一通　宣旨案

二通　御下文幷配分状

三通　安堵外題譲状

一通　系図

右当村者、自亡父伊達次郎太郎入道敬仏之□、相副御□□配分状、嘉元二年十月一日譲得之、徳治二年十月廿□□申給安堵外題之間、当知行無相違者、然早任□法下給安堵　国宣、為備永代支証、恐々言上如件、

建武元年九月　日

○一一四　陸奥国国宣　○南部光徹氏所蔵遠野南部文書

(北畠顕家)(花押)

中条出羽前司時長申、糠部郡一戸事、任御下文之旨、莅彼所、可被沙汰付時長代、使節及遅引者、可有其咎者、依国宣執達如件、

建武元年十月六日　大蔵権少輔清高奉

南部又次郎(師行)殿

○一一五　相馬政胤打渡状　○相馬胤道氏所蔵大悲山文書

打渡

陸奥国行方郡大悲山幷同郡小嶋田村内田在家、同国高城保長田村蒔田屋敷、岩見迫田在家等事

右、任御下知御教書之旨、相馬弥次郎胤俊相共莅彼所々、究明尼明戒知行分、所打渡于相馬孫次郎行胤也、仍渡状如件、

建武元年十一月一日　平(相馬)政胤（花押）

○一一六　島守公田白姓分所当散用状　○南部光徹氏所蔵遠野南部文書

(島守・三戸郡南郷村)すまもり公田百しやう六人所当分

田数一丁九反　一反川成

残一丁八段内

不作　一反　まきの田五郎太郎

一反　ねき(祢宜)八郎
一反　又五郎入道半
定田一丁五反半　分御年貢六貫四百五十文
六百文　いわてへ(岩手カ)御こへ(越)の時又四郎おさむ、
百文　しんさん(深山)へまいらせさせ給候也、
五百文　二反ふしゆく(不熟)間、そんまう(損毛)にゆるす(免)、
弁済分
五貫二百五十文
建武元年十一月五日　信□(花押)

○一一七　北畠顕家御教書　○南部光徹氏所蔵遠野南部文書

(北畠顕家)
(花押)
佐々木五郎泰綱召進横溝孫二郎入道子息亀一丸・同六郎子息虎熊丸事、暫可召置歟、六郎以下輩、猶尋捜之後、可有沙汰哉、且又随事体、可被計沙汰也、六郎妻女事聞食畢、同可被召置之旨、被仰下也、仍執達如件、
建武元年十二月七日　大蔵権少輔清高奉

南部又二郎(師行)殿

○一一八　後醍醐天皇綸旨写　○羽前立石寺文書

立石寺院主別当両職、興円阿闍梨領知不可有相違者、天気如此、悉之以状、
建武元年十二月八日　宮内卿(中御門経季)在判

○一一九　津軽降人交名注進状　○南部光徹氏所蔵遠野南部文書

(包紙ウワ書)
「師行　建武元年十二月十四日
師行献書草稿」
一　被留置津軽降人交名事
●工藤左近二郎子息孫二郎義継
●同孫三郎祐継
若党分
矢部彦五郎
弥彦平三郎
四方田彦三郎
○高橋三郎右衛門入道光心

長尾孫七景継
長尾平三入道
荻原七郎
山梨子弥六入道
○気多孫太郎頼親
○同子息三郎重親
○新開又二郎
●乙辺地小三郎光季
●秦五郎四郎是季
●野辺左衛門五郎　十一月廿三日死去了、
○野内弥九郎光兼
恵蘇弥五郎　死去了、以上十七人安藤又太郎預之、
曽我卿房光円　小河弥二郎入道預之、
●内河三郎二郎
同又三郎右真　両人滝瀬彦二郎入道預之、
工藤治部右衛門二郎貞景　死去、安保弥五郎入道預之、
○同舎弟孫次郎経光　安藤五郎二郎（家季）預之、

気多二郎太郎員親　大沼又五郎預之、
小国弥三郎泰経　結城七郎（朝祐）左衛門尉預之、
当参工藤左衛門次郎義村　和賀右衛門五郎預之、
吉良弥三郎貞郷　都筑彦四郎入道預之、
工藤六郎入道道光
同三郎二郎経資　中務右衛門尉両人預之、
金平別当宗祐
弟子智道　両人武石上総介代預之、
曽我左衛門太郎重経　十二月一日死去了、
子息彦三郎　浅利六郎四郎（清連）預之、
曽我太郎兵衛入道々性
同兵衛太郎　両人（尾張）弾正左衛門尉預之、
●殖松彦二郎助吉　倉光孫三郎預之、
相馬入道子息法師丸　毘沙門堂式部阿闍梨預之、
小河六郎三郎　小河二郎預之、
笠原彦四郎宗清
同四郎長清　両人一宮治部左衛門太郎預之、

工藤四郎二郎　中村弥三郎入道預之、
○村上孫三郎政基
○同八郎入道真元
朝坂掃部助入道理顕
内記七郎入道妙覚
道正房　以上五人安藤孫二郎（祐季）預之
工藤又三郎　工藤六郎預之、
在富八郎宗広　十一月廿三日死去了、
小出左衛門尉　十一月廿一日死去了、
子息太郎　高下供住（注カ）置之、
小松中務入道　同供注置之、
当参曾我孫二郎貞光同子息与三　貞綱（多田）預之、
右、粗降人等交名注進如件、
建武元年十二月十四日
（北畠顕家）（花押）

○一二〇　陸奥国国宣　○南部光徹氏所蔵遠野南部文書

糠部郡七戸御牧御馬事、追越方々云々、為事実者、太不可然、早尋捜之、可被返遣本牧、若又有申異議之輩者、可被注進交名者、依　国宣執達如件、
建武元年十二月十五日　大蔵権少輔清高奉
南部又次郎（師行）殿

○一二一　伊賀光俊軍忠状　○磐城飯野文書

合戦目安
陸奥国岩城郡好嶋庄西方御家人伊賀式部次郎光俊、差進代官小河又次郎時長、相伴惣領伊賀三郎盛光、去八月六日罷立府中、同廿一日馳着彼持寄城（津軽鼻和郡）、種々致合戦上、同九月廿三（日脱）竭忠節、於翌日廿四日合戦者、捨身命致忠節訖、然後至十一月十九日御合戦之落居、致勤厚抽軍忠之上者、争可不被賞翫乎、然早賜御判為備後証、仍目安言上如件、
建武元年十二月　日
「承了（証判）（多田貞綱）（花押）」

○一二二　伊賀光俊軍忠状　○磐城飯野文書

合戦目安

陸奥国岩城郡好嶋西庄御家人伊賀式部次郎光俊、差進代官小河又次郎時長、相伴惣領伊賀三郎盛光、去八月六日罷立府中、同廿一日、馳着彼持寄城（津軽鼻和郡）、種々致合戦上、同九月廿三日、竭忠節、於翌日廿四日合戦者、捨身命致忠節訖、然後至于十一月十九日御合戦之落居、詰（ママ）勤厚抽軍忠之上者、争可不被賞翫乎、然早賜御判、為備後証、仍目安之状如件、

建武元季十二月　日

「承了（証判）（花押）」

○本文の筆跡は前号に同じ、証判は筆跡、花押とも前号と異なる。

○一二三　某書状追書　○陸中新渡戸文書

追申

此所可被付他給人之由、為存知、先月雖被仰遣、出羽前司（中条時長）為一方検断奉行、可有其便間、如此沙汰候了、津軽事令静謐者、当郡ニ令下向可相談之由、被仰候畢、

○本紙不明。仮にここに収める。

建武二年（西暦一三三五）

〇一二四　大般若経巻四百十五奥書

〇羽後亀ヵ岡八幡宮所蔵東禅寺八幡神社文書

一校、

建武二年乙亥正月十七日、酉時書写畢、
右意趣者、為隆明往生仏土故、将又□（法界ヵ）
平等利益故也、執筆隆明行年□

〇一二五　北畠顕家下文

〇伊勢結城神社所蔵白河結城文書

（北畠顕家）
（花押）

下　白河庄

可令早結城上野入道々忠（宗広）領知、当庄金山郷内新田村事
右人、令領知彼所、守先例、可致其沙汰之状、所仰如件、

建武二年正月十八日

〇一二六　北畠顕家下文案

〇岩手大学所蔵新渡戸文書

（端裏書）
「めやの郷御下文案」

（北畠顕家ヵ）
御判

可令早工藤中務右衛門尉貞行令領知、津軽鼻和郡目谷（目屋）郷
工藤右衛門尉貞祐法師跡　外浜野尻郷等事
右、為勲功賞所被宛行也、早守先例、可致其沙汰之状、所
仰如件、

建武二年正月廿六日

〇一二七　曾我光貞申状幷北畠顕家安堵外題

〇南部光徹氏所蔵遠野南部文書

（外題）
「任此状、可被致沙汰之状如件、
（北畠顕家）
（花押）　建武二年正月廿七日」

津軽平賀郡岩楯郷給主曾我太郎光貞謹言上
欲早賜　国宣、被成御願、弥抽御祈禱精誠、岩楯郷内熊

野当(堂)事

右、当社者　田村将軍造起之所也、雖然灯油料田等令不作河成、悉以隠没而、可令御祈禱退転之間、光貞去年奉為朝敵退治、今上無為、国宰安寧、奉寄進拝領之地参町於当社、令付別当供僧等、毎年不闕之大般若会幷毎日転読大般若、于今無退転而、抽御祈禱之忠節者、然則可為御願之由、賜御注進、達上聞、被成下　国宣御寄進者、別当供僧等、弥欲致御祈禱之忠勤、恐々言上如件、

〇一二八　陸奥国国宣　〇南部光徹氏所蔵遠野南部文書

（北畠顕家）（花押）

横溝彦三郎祐貞申、糠部郡南門内横溝弥五郎入道跡事、早任御下文之旨、不日可沙汰付下地於祐貞使節、遅引者、可有其咎之状、依　国宣執達如件、

建武二年二月廿一日　大蔵権少輔清高奉

南部又次郎(師行)殿

〇一二九　陸奥国国宣　〇南部光徹氏所蔵遠野南部文書

（北畠顕家）（花押）

伊達五郎宗政申、糠部郡七戸内野辺地事、任御下文旨、莅彼所、可被沙汰付宗政使節、緩怠者、可有其咎者、依　国宣執達如件、

建武二年二月卅日　大蔵権少輔清高奉

南部又次郎(師行)殿

〇一三〇　権大僧都頼基申状幷北畠顕家安堵外題　〇榊原文書

（外題）「任此状、可令領掌状如件、

（北畠顕家）（花押）　建武二年二月十二日」

権大僧都頼基謹言

陸奥国平賀郡乳井郷福王寺別当職事

副進

一通　上覚給御下文

一通　同譲状在御外題

右職幷寺田等者、弘安十年十二月廿三日、頼基父千田左衛門次郎入道上覚宛給之、正安三年十月十二日、譲与頼基之間、嘉元二年十二月廿四日、被成御外題畢、随当知行于今所無相違也、頼基雖不肖、蒙奉公御免、任本知行由緒宛賜彼地、欲励御祈禱忠勤、仍勒事状、言上如件、

建武二年二月　日

○一三一　伊達敬仏孫女藤原氏申状幷北畠顕家安堵外題写　○北海道伊達市教育委員会所蔵伊達支族伝引証記所収石田文書

（外題）「任宣旨状可令領掌之状如件、

建武二年三月六日

（北畠顕家）（花押影）」

伊達次郎太郎入道敬（仏脱カ）孫女藤原氏宗親妻女謹言上

欲早任祖父敬仏譲状在外題、下賜安堵国宣、備末代支証、

奥州伊達庄石田村之内、小部田在家畠田等事

副進

一通　譲状案

一通　系図

右、田在家者、祖父敬仏重代相伝之為所領之間、嘉元二年十月一日、譲得氏女之以来（ママ）、当知行于今無相違地也、然早下賜安堵国宣、為備向後亀鏡、恐々言上如件、

建武二年二月　日

○一三二　伊達宗長譲状幷北畠顕家安堵裏書写　○北海道伊達市教育委員会所蔵伊達支族伝引証記所収石田文書

ゆつりわたすねうし（女子）ミなおとる（か歟）ふん

むつのくにたてのこをり（伊達郡）いした（石田）のむらのうち、あうさかのかりくら（狩倉）のやまのこと

みきのかりくらハ、をちやまとた（山戸田）の三郎入たう（道）ちやうさいのて（手）より、ゑいにん（永仁）三ねん五月十五日ゑいたい（永代）ゆつりへて（譲得）、ちきやうさうい（知行相違）なし、よんて（仍）かのしやう（状）をあいそへて、ねうしミなおとに、なかくゆつりわたすところなり、よんてしやう（状）くたんのことし、

かけん（嘉元）二年五月廿八日　むねなか（宗長）（花押影）

右之裏書如左之

「　任此状、可令領掌之状如件、

建武弐年三月一日

参議右近衛権中将兼陸奥守源朝臣（北畠顕家）（花押）」

〇一三三　北畠顕家書状　〇摂津小西文書

伊賀三郎盛光申、三条東洞院篝役事、申状如此、子細見状候歟、於津軽致合戦之条、無異義候、於去年分者、可有御免之由、頻歎申候、殊可有申御沙汰候乎、謹言、

（建武二年）三月一日　陸奥守顕家

蔵人中将殿

〇一三四　足利直義軍勢催促状写　〇楓軒文書纂所収合編白河石川文書

属一族惣領之手、相催軍勢、発向野州、可抽忠勤、依戦功、可有恩賞之状如件、

建武二年三月五日　源朝臣（足利直義）御判

石川（詮持）中務少輔殿

建武二年三月

先達青竜寺

一族中

〇一三五　北畠顕家御教書　〇南部光徹氏所蔵遠野南部文書

（北畠顕家）（花押）

外浜内摩部郷（青森市内真部）幷未給村々、泉田・湖方（潮潟カ）・中沢（外浜）・真板・佐比内・中目（田舎郡カ）等村、被宛行南部又次郎師行・同一族等候、可沙汰付之由、被仰政所畢、然而同莅（マヽ）彼所、無事之煩、可令沙汰付者、依仰執達如件、

建武二年三月十日　大蔵権少輔清高奉

尾張弾正左衛門尉殿

〇一三六　北畠顕家下文　〇南部光徹氏所蔵遠野南部文書

（北畠顕家）（花押）

下　糠部郡

可令早南部六郎政長、領知当郡七戸結城七郎（朝祐）左衛門尉跡事

右人、為勲功賞、所被宛行也、早守先例、可致其沙汰之状、
所仰如件、
建武二年三月十日

〇一三七 陸奥国国宣 〇南部光徹氏所蔵遠野南部文書

(北畠顕家)(花押)
津軽中事、為有尋沙汰、所被下南部又次郎師行也、応催促、相催郡内輩、可致忠節、若有緩怠之儀者、宜被処罪科、且随事之躰、可計沙汰之由、所被仰付師行也、殊可令存知者、
依 国宣執達如件、
建武二年三月廿三日 大蔵権少輔清高奉
(津軽)山辺郡政所

〇一三八 南部師行請文案 〇南部光徹氏所蔵遠野南部文書

今年建武二二月卅日 国宣謹拝見仕候了、
抑伊達五郎宗政申、糠部郡七戸内野辺地事、任御下文旨、沙汰付宗政彼所於宗政代官候畢、以此旨可有御披露候、恐惶謹言、
建武二年三月廿四日 (南部)源師行
進上 御奉行所

〇一三九 北畠顕家下文 〇相馬市教育委員会寄託相馬岡田文書

(北畠顕家)(花押)
下 黒河郡
可令早相馬五郎胤康、領知当郡新田村相馬弥五郎行胤跡事
右人、令領知彼所、守先例可致其沙汰之状、所仰如件、
建武二年三月廿五日

〇一四〇 北畠顕家下文 〇南部光徹氏所蔵遠野南部文書

(北畠顕家)(花押)
下 津軽平賀郡
可令早曾我余一太郎貞光、領知当郡法師脇郷内野辺左衛門五郎跡幷沼楯村事
右、為勲功賞、所被宛行也者、早守先例、可致沙汰之状、

所仰如件、

建武二年三月廿五日

○一四一　曾我貞光代恵藤三光為申状　○南部光徹氏所蔵遠野南部文書

曾我与一太郎貞光代恵藤三光為謹言上、
欲早任先代貞応二年八月六日御下知状旨、被停止検非違
所以下輩、入部津軽平賀郡本郷内曾我五郎次郎惟重知行
分跡村々間事、
副進
一通　先代下知状案、（北条義時）権大夫殿、
右、曾我五郎次郎惟重、検非違所・政所下部等、不可入部
彼所之由、自被成御下知状以来、知行分村々者、到于今無
背其法者也、所詮支証等如此上者、任先下知状之旨、為拝
領　国宣、粗言上如件、
建武二年三月　日

○一四二　沙弥某安堵状　○陸中中尊寺文書

（胆沢郡）黒沢村内白山講田□、元徳三年十一月廿三日任御下知
状、不可有知行相違候、仍執達如件、
建武二年卯月十六日　沙弥□
中尊寺金色堂別当御房

○一四三　曾我貞光着到状　○南部光徹氏所蔵遠野南部文書

平賀群（郡）
僧我（曾我）与一太郎貞光
建武弐年五月九日
（証判）「承候了（南部師行）（花押）」

○一四四　北畠顕家下文　○東北大学日本史研究室所蔵鬼柳文書

（北畠顕家）（花押）
下　和賀郡
可令早和賀左衛門四郎教義、領知当郡新堰村事
右、為勲功賞、可令知行之状、所仰如件、

建武二年五月十三日

○一四五　北畠顕家ヵ下文案　○磐城飯野文書

（異筆）
「正校畢、

在判（北畠顕家ヵ）」

下　岩城郡

可令早式部伊賀三郎盛光領知当郡矢河子村内伊賀守頼泰女子跡事

右、為勲功賞、可令知行之状、所仰如件、

建武二年五月十三日

○「所仰」の裏に花押あり。

○一四六　陸奥国国宣　○磐城相馬文書

（北畠顕家）
（花押）

行方郡事、可令奉行条々、載事書被遣之、得其意可被申沙汰者、国宣如此、仍執達如件、

建武二年六月三日　　右近将監清高奉

相馬孫五郎（重胤）殿

○一四七　陸奥国国宣　○磐城相馬文書

（北畠顕家）
（花押）

伊具・曰理・宇多・行方等郡、金原保検断事、事書遣之、早武石上総権介胤顕相共、守彼状可致沙汰者、国宣如此、仍執達如件、

建武二年六月三日　　右近将監清高奉

相馬孫五郎（重胤）殿

○一四八　北畠顕家下文　○東北大学日本史研究室所蔵朴沢文書

（北畠顕家）
（花押）

可令早大河戸三郎左衛門尉隆行領知標葉孫九郎跡半分事

右、為勲功賞、可令知行之状、所仰如件、

建武二年六月九日

○一四九　道忠（結城宗広）譲状写　○楓軒文書纂所収白河証古文書上

譲与所領等事

一陸奥国依上保道忠知行分

一同国石河庄内
高貫郷・矢沢郷・坂地郷
右、於彼所領等者、所譲与参河前司親朝也、不可有他妨、但親朝一期之後者、七郎顕朝、一円ニ可知行之、仍為後日譲状如件、

建武弐年六月廿一日　道忠（結城宗広）（花押影）

○一五〇　陸奥国国宣　○東北大学日本史研究室所蔵朴沢文書

（北畠顕家）（花押）

大河戸三郎左衛門尉隆行申、標葉孫九郎跡半分事、自津軽戦場逃上之間、被分召之、所被宛行于隆行也、早莅件所、可沙汰付彼代官、本主縦帯綸旨・国宣、雖支申之、不可許容、有子細者、追可注進之旨、国宣候也、仍執達如件、

建武二年六月廿五日　右近将監清高奉

標葉平次殿

○一五一　北畠顕家御教書　○磐城飯野文書

伊賀三郎盛光申、陸奥国好嶋庄八幡宮造営事、訴状如此、子細見状、当社（飯野八幡宮）回禄云々、所申無相違者、任先例可終（ママ）造畢、若有子細者、可弁申之状、依仰執達如件、

建武二年六月廿九日　左近将監（清高カ）（花押）

好嶋庄東西地頭預所中

○一五二　後醍醐天皇綸旨　○伊勢結城神社所蔵白河結城文書

陸奥国宇多庄、為勲□（功）賞、可令知行者、
天気如此、悉之以状、

建武二年七月三日　大膳大夫（中御門経季）（花押）

結城上野入道館（宗広）

○一五三　陸奥国国宣　○相馬胤道氏所蔵大悲山文書

（北畠顕家）（花押）

行方郡□（大）悲山事、如元可令領知者、依　国宣執達如件、

建武二年七月三日　右近将監清高奉

相馬孫次郎（行胤）殿

○一五四　左衛門尉泰隆打渡状　○磐城国魂文書

国魂三郎太郎行泰申、
同太郎隆直跡事、任
国宣之旨、所打渡候也、
仍渡状如件、

建武二年七月五日

左衛門尉泰隆（花押）

○一五五　岩城国魂系図※　○磐城国魂文書

系図

- 忠衡 高久三郎
  - 忠清 岩城二郎 — 清隆 好嶋太郎 — 師隆 新田太郎
    - 隆義 岩城太郎 — 後家
    - 繁隆 同小次郎入道 — 乗祐 大輔 — 隆衡 小次郎
  - 忠隆 岩崎三郎
  - 直平 荒川四郎 — 行隆 富田三郎 — 隆基 国魂三郎
    - 経隆 同太郎 — 成隆 又太郎
      - 實隆 小太郎
      - 秀隆 七郎 — 隆秀 太郎左衛門入道
      - 泰秀 国魂十郎 — 道阿 太郎衛入道 行泰也
    - 助清 三郎死去
      - 清政 三郎太郎 — 清隆 孫太郎 — 隆胤 中務
      - 久清 弥二郎
    - 朝秀 五郎入道 法名能祐 — 助重 五郎三郎 — 女子 明円 — 朝隆 彦五郎
    - 女子 今論人 — 西念 岩間三郎入道 盛隆
  - 基行 富田五郎惣領 — 氏基 三郎
    - 隆行 二郎太郎死去 — 王毗沙 死去
    - 隆氏 三郎次郎 今訴人
  - 師行 新田八郎死去

○この系図は作成年次未詳。前号の国魂三郎太郎行泰にかけて仮にここに収める

○一五六　弾正忠某施行状　○磐城飯野文書

好嶋庄西方御年貢帖絹代五□文事、御教書如此候、急速可
□（被カ）申左右候、若令違期候者、以□□（起請カ）詞可注申候也、仍執達
如件、

建武二年七月六日　弾正忠（花押）

伊賀三郎（盛光）殿

○一五七　道忠（結城宗広）置文　○東北大学日本史研究室保管白河文書

金山の女子京都へのほるとて□、子の一人も候ハて、いか
なる事も候ハゝ、跡の所領ともは、道忠かはからひとして、
子孫のなかにたれにても、給候へきよし、去二月四日状を
かきおく間、仍この状をしたゝめおくもの也、彼女子々な
くして早世する事あらは、此状にまかせて安堵を申給、参
河七郎顕朝可知行、もし又顕朝親父親朝ニ先立事もあらは、
親朝可令知行之状如件、

建武弐年七月廿五日　道忠（結城宗広）（花押）

○一五八　相馬重胤打渡状　○相馬胤道氏所蔵大悲山文書

打渡
相馬孫次郎行胤申、行方郡大悲山事、（任脱カ）被仰下候　国宣趣、
莅彼所、沙汰付行胤候畢、仍渡状如件、

建武二年七月廿八日　平（相馬）重胤（花押）

○一五九　曾我貞光知行分社寺注文案　○南部光徹氏所蔵遠野南部文書

（端裏書）
「けんむ（建武）二年八月七日
ちきやうふん（知行分）のしんしや（神社）　ふつし（仏寺）のちうもんあん（注文案）」
津軽平賀郡岩楯村地頭曾我太郎貞光知行分所々神社仏寺注
文事

岩楯村分

一所　熊野堂　古所、此者（申子細）別賜御寄進国宣畢、

一宇　放光寺　武蔵前司入道殿時建立也、御下文、元弘三年十月三日夜令焼失了、

大平賀郷内

一宇　地蔵堂　古所　同令焼失了、

法師脇郷内

一宇　毘沙門堂　古所　今賜御恩賞候之間、御下文不存知候、

右、注文之状如件、

建武二年八月七日　平貞光

〇一六〇　陸奥国国宣　〇伊勢結城神社所蔵白河結城文書

（北畠顕家）
（花押）

結城摂津入道（盛広）跡事、与同坂東凶徒之由、有其聞、落居之程、所被預置也、可被存知者、依　国宣執達如件、

建武二年八月九日　右近将監清高奉

（結城宗広）
上野入道殿

〇一六一　北畠親房ヵ書状写　〇白河集古苑所蔵結城文書

両人誓文一見了、御辺事　公家弥被憑思食之次第、存知事、叡慮符合候了、努々無疑心候也、今度事、一向憑存候条、勿論以天照大神・八幡大菩薩奉為証候也、此上雖可返送、如此被申候趣故、可申入京都之由、思給候間、留置候、愚身如此令申候歟、国司（北畠顕家）所存同事候、仍状如件、

建武二

八月十二日　（北畠親房ヵ）御判

〇宛所を欠くが、結城宗広宛てか。

〇一六二　北畠親房書状写　〇白河集古苑所蔵結城文書

建武二・八・十七

今度発向之事、諸事被申沙汰候間、於事憑存候、不知道理之輩、相当　聖運之初、不忠之義存候けに候にも、如御辺朝家ニ御心ある仁候はさりけると、今更感悦候、兼又（結城親朝）三川前令（司脱ヵ）進発候之処（閣）、於同道者、一切可為難義候、如失羽翼候へき間、閑申也、

〇一六三　陸奥国国宣　〇伊勢結城神社所蔵白河結城文書

（北畠顕家）
（花押）

白河闕所等、可令知行給者、
国宣如此、仍執達如件、
建武二年八月十七日　右（近将監清高カ）□奉
（結城親朝）参川前司殿

○一六四　法眼頼勝譲状　○陸中中尊寺文書

譲与　奥州平泉中尊寺所職等事
一　金色堂別当職、同領白浜村参町三□
一　光勝寺免田捌段、住坊壱所
一　黒沢村地頭職伊沢郡内在之、同白山講田一町一宇、同□
一　金色堂寺役田七町三段寺家御領四箇村在之、
式部卿房頼盛所
右所職等者、頼勝相伝知行之所也、然間相副御下文以下手継証文、所譲与頼盛也、但以彼譲□（状カ）内、面々仁割分之、以通性房之執筆、令書与之上□（者カ）、不可致違乱、若背此旨輩出来之時者、可為不孝之仁、然者為上裁可被処罪科者也、凡分譲所一期之後者、惣領可領知之、仍有限御祈禱等□者、任例不可有懈怠、譲状如件、
建武弐年乙亥八月廿二日　法眼頼勝（花押）

○一六五　長沼朝実着到状　○陸前長沼文書

（証判カ）（北畠顕家）「（花押）」
長沼安芸五郎朝実、為御方馳参候畢、将又惣領長沼大夫判官秀行、為御方楯籠間、先立指遣代官成田五郎左衛門尉朝直以下若党候畢、可抽軍忠候、仍賜御一見状、為備後証候、注進如件、
建武二年八月廿四日　（長沼）藤原朝実
（証判）「承了（花押）」

○一六六　武石胤顕軍勢催促状　○磐城飯野文書

小平輩与同散在凶徒、楯籠安達郡木幡山之間、相伴東海道勢、可対治之由、国宣如此候、仍明日廿九日可罷向候、相催一族、急速可被向候、仍執達如件、
建武二年八月廿八日　（武石胤顕）上総権介（花押）

建武二年八月

伊賀式部三郎殿

○一六七　足利尊氏下文　○東京大学所蔵白川文書

（足利尊氏）
（花押）

下

可領知藊田五郎太郎、陸奥国石川庄内本知行分事、

右人、為勲功之賞、可令領掌之状如件、

建武二年八月　日

○一六八　北畠顕家御教書写　○南部光徹氏所蔵遠野南部文書

下向以後、合戦被致忠之由、被聞食候、今度山辺合戦、又以為大将被抽軍忠云々、返々神妙之所候、凶徒更不遁天罰、弥成其勇、可被致忠節也者、依　仰執達如件、

建武二年九月一日　修理亮（広橋）経泰

沙弥宗哲　判

南部六郎（政長）殿

○一六九　陸奥国国宣写　○秋田藩家蔵文書十岡本又太郎元朝家蔵文書

（北畠顕家）
（花押影）

伊達得江三郎蔵人頼景申、岩崎郡徳宿肥前権守跡事、先度被仰之処、号庶子等支申、于今不打渡云々、何様事哉、不日莅彼所、守　御下文之旨、可被沙汰付頼景代、使節及遅引者、可有其咎者、依　国宣執達如件、

建武二年九月六日　右近将監清高奉

加治五郎太郎殿

○一七〇　北畠顕家御教書　○盛岡市中央公民館所蔵盛岡南部文書

横溝孫六郎重頼申、糠部南門内横溝六郎三郎入道跡中里村事、為伊達彦五郎辞退地之由、載注文之間、先日被宛行重頼之条、奉行人等忘却、謬宛給彦三郎了云々、所申定不便歟、仍於彦三郎者被行他所、如元返所給重頼也、早可被沙汰付、抑被執申状葛巻村（糠部郡）之由被載之、重頼状中里村云々、両通令参差了、然而就重頼申状、所被経御沙汰也、可被存

其旨者、依仰執達如件、
建武二年九月六日
修理亮（広橋経泰）
沙　弥（花押）
南部又次郎（師行）殿

〇一七一　陸奥国国宣写　○白河集古苑所蔵白河結城文書

（北畠顕家カ）
御判
白河郡内摂津入道（結城盛広）々栄跡除大和久郷事、為勲功賞可被知行者、
依
国宣執達如件、
建武二年九月廿四日　右近将監清高奉
上野入道（結城宗広）殿

〇一七二　足利尊氏下文案　○東北大学付属図書館所蔵倉持文書

（足利尊氏）
故将軍　在御判
下　倉持左衛門三郎入道行円跡
可令早領知信濃国香坂村香坂太郎入道跡事
建武二年九月

右、為合戦討死之賞、所宛行也者、守先例、可致沙汰之状
如件、
建武二年九月廿七日

〇一七三　足利尊氏下文　○常陸小田部庄右衛門所蔵宇都宮文書

（足利尊氏）
（花押）
下　三浦介平高継
可令早領知相模国大介職、幷三浦内三崎・松和・金田・
菊名・網代・諸石名、大磯郷、在高麗寺俗別当職、東坂間、三橋、
末吉、上総国天羽郡内古谷・吉野両郷、大貫下郷、摂津
国都賀庄、豊後国高田庄、信濃国村井郷内小次郎知貞跡、
陸奥国糠部内五戸、会津河沼郡議塚幷上野新田父介入道（時継）々海跡本領
事
右以人、為勲功之賞、所宛行也者、守先例、可致沙汰之状
如件、
建武二年九月廿七日

○一七四　陸奥国国宣　○奥州市立水沢図書館所蔵留守文書

(北畠顕家)
(花押)

会津河沼郡高久村内伊賀弥太郎跡、為勲功賞可令知行者、
依　国宣執達如件、

建武二年十月一日　　右近将監清高奉

留守(家任カ)次郎兵衛尉殿

○一七五　北畠顕家カ下文写　○結城古文書写有造館本　坤

下

陸奥国白河庄内泉崎郷地頭代職事

和知次郎重秀

右依軍忠、所宛行也、任先例、可被領知之状如件、

建武二年十月五日

○一七六　後醍醐天皇綸旨　○秋田藩家蔵文書二十六白川七郎兵衛朝盈家蔵文書

陸奥国依上保・金原保・白河庄内金山郷等、為勲功賞可被
知行者、天気如此、悉之以状、

(中御門経季)
大膳大夫（花押）

建武二年十月五日

結城(親朝)参河前司館

○一七七　陸奥国国宣　○南部光徹氏所蔵遠野南部文書

(北畠顕家)
(花押)

以成田六郎泰次有被仰之子細、相共加談合、可致沙汰之旨、
国宣候也、仍執達如件、

建武二年十月廿四日　　右近将監清高奉

南部又二郎(師行)殿

○一七八　陸奥国国宣　○伊勢結城神社所蔵白河結城文書

(端裏書)
「国宣案保内検斷事」

(北畠顕家)
(花押)

白河・高野・岩瀬・安積郡、石河・田村庄、依上・小野保
等検断事、可令奉行給者、依　国宣執達如件、

建武二季十月廿六日　　右近将監清高奉

結城(親朝)参河前司殿

〇一七九　北畠顕家下文　〇陸中新渡戸文書

（北畠顕家）
（花押）

陸奥国津軽鼻和郡絹家嶋尻引郷・片野辺郷、糠部郡宇曾利郷、中浜御牧、湊以下、同西浜除安藤次郎太郎後家賢戒知行分関・阿曾米等村、地頭代職事

右、安藤五郎太郎高季、守先例可令領掌之状、所仰如件、

建武二年閏十月廿九日

〇一八〇　太政官符　〇伊勢結城神社所蔵白河結城文書

太政官符陸奥国

応令前参河守従五位下藤原朝臣親朝（結城）、領知当国白河郡内上野民部五郎・同孫七郎・同彦三郎親義・同左衛門大夫広光・同三郎泰重・同七郎朝秀・同孫五郎左衛門尉母子等跡事

右、正二位行中納言兼大蔵卿左京大夫大判事侍従藤原朝臣公明宣、奉　勅、宜令件親朝為勲功賞領知者、国宜承知、依宣行之、符到奉行、

修理左宮城使従四位上行左中弁兼春宮亮藤原朝臣（中御門宣明）（花押）

修理東大寺大仏長官正四位下行左大史小槻宿祢（冬直）（花押）

建武二年十一月十五日

〇一八一　太政官符案　〇白河集古苑所蔵白河結城文書

（端裏書）
「綸旨・国宣・京書等案」

太政官符陸奥国

応令上野介宗広法師、領知当国白河郡内摂津入道（結城盛広）道栄跡除大和久村事、

右、正二位行中納言兼大蔵卿・左京大夫・大判事・侍従藤原朝臣公明宣、奉　勅、宜令件宗広法師、為勲功賞領知者、国宜承知、依宣行之、符到奉行、

修理左宮城使従四位上行左中弁兼春宮亮藤原朝臣（中御門宣明）在判

修理東大寺大仏長官正四位下行左大史小槻宿祢（冬直）在判

建武二年十一月十五日

一八二　相馬重胤譲状　○磐城相馬文書

重胤かしそく(子息)次郎(親胤)ニ譲渡所りやう(領)の事、
陸奥国行方郡の内
おたか(小高)・たか(高)・めゝさわ(目々沢)・つゝミかや(堤谷)はまともに・こやまた(小山田)・せきのさわ(堰沢)、
下総国相馬郡の内、
ますを(増尾)の村、この村々のうち、ますをの村に彦四郎の給分の田在家一けん、いやけんし入道か田在家一けん、これをのそく(除)、おたかに九郎左衛門尉の給分の田在家一けん、矢河原の後家尼の田在家一けん、彦三郎入道の居内の田在家一けんのそく(除)、つゝミかや(堤谷)にとう三郎か田在家一けん、たかに(高)、たかの蔵人の後家尼の田在家一けん、もんまの孫四郎の居内の田在家一けん、さうきやう房か田在家一けんのそく(除)、このほかハちやくし(嫡子)次郎(親胤)知行すへし、御公事ハ先例のことくたるへし、二郎子なくして、あとたえ(絶)ぬへくハ、二郎か跡をも松犬(光胤)知行すへし、又松犬子なくして跡たえぬへくハ、松犬か跡をも二郎ちきやうすへし、いつれの子なりとも、此状をそむき(背)て、違乱をいたさハ、不孝たるへし、その跡においてハ、男女子したい(次第)ニおつて、わけ(分)、ちきやう(知行)すへし、又女子のなかに子なからんふんハ、ちやくし(嫡子)しんたい(進退)たるへし、
一盤崎の後家尼御前の御りやう、はんのさき(盤崎)・はとハら(鳩原)においてハ、胤門の譲状のことくハ、後家一こ(期)の後ハ重胤知行すへき処也、しかれハこの跡は(ん脱カ)のさきの村ハ、おなしく次郎(親胤)知行すへし、仍ゆつり状如件、
建武二年十一月廿日　平重胤（花押）

一八三　相馬重胤譲状案　○磐城相馬文書

重胤かしそく(子息)孫次郎譲渡所領の事
陸奥国行方郡の内、
おたか(小高)・たか(高)・めゝさハ(目々沢)・つゝミかや(堤谷)はまともに・せきのさハ(堰沢)、
下総国相馬郡内
ますを(増尾)の村、この村の内彦四郎の給分田在家一けん、いやけんし入道か田在家一けん、これおのそく(除)、行方郡おたか

の村内九郎左衛門尉の給分の田在家一けん、たかの村の内もんまの孫四郎か居内の田在家一けん、さうきやうはうか田在家一けん、たかの蔵人の後家尼の田在家一けんのそく、此ほかハちやくし次郎知行すへし、御公事ハ先例のことくたるへし、次郎子なくして跡たへぬへくハ、松犬知行すへし、また松犬子なくして跡たへぬへくハ、この跡おも次郎知行すへし、いつれの子なりとも、此状おそむきて、いらんおいたさハ、不孝たるへし、その跡においてハ、男女子したい《次第》におつて《追》わけ《分》、ちきやう《知行》すへし、又女子のなかに子なからんふんハ、ちやくし《嫡子》しんたい《進退》たるへし、仍譲状如件、

建武二年十一月廿日　平重胤

◯一八四　相馬重胤譲状　◯相馬文書

重胤かしそく《子息》松犬《光胤》ニ譲渡所りやう《領》の事

陸奥国行方郡内、

ミヽ《耳》かや《谷》・むらかミ《村上》のはま《浜》・くきの《釘野》ゝ田在家、やま、かりくら、かくまさハのいよ房かやしき田在家、孫四郎の給分せきねのやしき田在家、おたか《小高》の矢河原後家尼の田在家一けん、彦三郎入道か居内の田在家、下総国相馬郡内あハの《粟野》・さつま《薩間》の村これをゆつる、この内ニさつまに山ふしうちの田在家一けん、かれをのそく《除》、このほかハ譲のことく知行すへし、御公事ハ先例のことくたるへし、松犬子なくして跡たえ《絶》ぬへくハ、次郎《親胤》その跡をハちきやうすへし、又次郎子なくして跡たえぬへくハ、松犬ちきやうすへし、いつれの子なりともいらん《違乱》をいたさハ、ふけう《不孝》たるへし、その跡をハ、男女子したい《次第》をおんて《追》わけ《分》、ちきやうすへし、

一盤崎の後家尼御せん《前》の御りやう、はとはら《鳩原》のむらにおいてハ、たねかと《胤門》のゆつりのことく、彼後家尼御せん《前》一こ《期》ゆつるなり、こけ《後家》一こ《期》のゝちハ、重胤知行すへき処也、しかれハはとはら《鳩原》のむらをハ、おなしく松犬知行すへき也、仍譲状如件、

建武二年十一月廿日　平重胤（花押）

○一八五　相馬重胤譲状　○相馬胤道氏所蔵大悲山文書

重胤か女子大ひさ(悲山)の五郎(朝胤)殿女房ニゆつりわたす田在家事
陸奥国行方のこほりおたかの村の内九郎左□給分の
田在家壱けん、ゆつりわたすところなり、仍ゆつり状如件、
建武二年十一月廿日　平重胤（花押）

○一八六　相馬胤治譲状　○相馬市教育委員会寄託相馬岡田文書

ゆつりわたす、さうまの七□(郎)たねはる(胤治)かあとの事、しもつさ(下総)
のくに(国)みなミさうま(南相馬)のいつミのむらうち、せい太郎・まこ
太郎かたさいけ(田在家)、みつのくに(陸奥国)なめかた(行方)のこをり(郡)おかた(岡田)の
むら(村)のうち、いや二郎入たうかたさいけ、すんちうちたさ
いけ、いしんのこなきあいた、やうし(養子)のこにして、わう一
にゆつるところなり、御くうし(公事)はてんしゆ(田数カ)にまかせて、つ
とむへし、仍ゆつりしやうくたんのことし、
けんむ二年十一月廿日　たねはる(相馬胤治)（花押）

○一八七　陸奥国国宣写　○北海道伊達市教育委員会所蔵伊達支族伝引証記所収石田文書

(北畠顕家)
(花押影)
小午《手ナルヘシ》保小繁村内山口六郎跡三分一、為勲功賞可令知行者、
依　国宣執達如件、
建武二年十一月廿日　右近将監清高奉
伊達孫一(宗親)殿

○一八八　陸奥国国宣写　○北海道伊達市教育委員会所蔵伊達支族伝引証記所収石田文書

(北畠顕家)
(花押影)
小手保小繁村内伊達太郎入道在家一宇□小手孫五郎跡
為勲功賞可令知行者、依国宣執達如件、
建武二年十一月廿日　右近将監清高奉
伊達八郎入道殿

○一八九　岡本親元室れうしやう譲状　○秋田藩家蔵文書十岡本又太郎元朝家蔵文書

『レウシヤウ蓋岡本又太郎親元妻歟譲状』
ゆつりわたす（譲渡）みちのくに（陸奥国）いわかさきのこをり（岩崎郡）のうち、かなり（金成）
のむら（村）のた（田）の事
右、このたハ、ほんしゆ（本主）ちかもと（岡本親元）のてより、まへかたもゆ
つりうるあいた、かなりのそうりやう三郎（岡本）四郎たかひろお
いたるによりて、たいく（次第）の四たいせうもん（証文）をあいそへて、
ゑいたいゆつりあたうるところ也、もしこのまゑたにいら
んさまたけをなさんともからニをいてハ、ほんしゆのいま
しめのことく、かミへ申てさいくわを申あたふへし、よて
のちのせうもんのために、しやうくたんのことし、
けんむ二ねん十二月二日　れうしやう（花押影）

○一九〇　藤原成清寄進状写　○相原友直『平泉雑記』

一毛越寺往古之寺領三迫三拾三郷之内、大荒木神社寄進状
写
敬寄進
八幡宮御神田　御こく田ため　松木弐段
建武二年十二月
五頭天王（午）御神田　御こく田ため　壱段ひはため　壱段ひはため
合四段者
右、神は人の敬によつて位をまし、人ハ神の恵ミによつて
徳（をます脱カ）、花山院内大臣大僧都御坊代として、成清寄進したてま
つる、子々孫々にいたるまて、このむねをまもりて知行あ
るへき状如件、
建武二年十二月二日　若狭中務藤原成清
平泉毛越寺権別当

○一九一　相馬行胤・同朝胤着到状案　○相馬市教育委員会寄託相馬岡田文書

校正了、
着到
右、相馬（大悲山）孫次郎行胤・子息又五郎朝胤相共、馳参最初御方
畢、仍着到如件、
建武弐年十二月廿日

「承畢（証判）、御判」

○一九二　相馬胤康譲状　○相馬市教育委員会寄託相馬岡田文書

しも（下総）□（つ）さのくにさうまのこほり（相馬郡）いつミ（泉）のむら、みちのくに（陸奥国）
なめかたのこほり（行方郡）ゐんない（院内）、そしふん（庶子）ハのそく（除）、やつうさき（八兎）・
ゐゝとへやま（飯土江山）・たかき（高城）のは多や（波田谷）・くろかハ（黒川）のこほり（郡）ゐゝ（にい）（ミミ）た
のむら、しそく小二郎胤家にゆつりわたすしやう、くたん
のことし、
けんむ（建武）二ねん十二月廿日

平胤康（花押）

○一九三　高柳宗泰等着到状　○東北大学日本史研究室所蔵朴沢文書

「聞食了（証判）、
（花押）（北畠顕家）」

着到

武蔵国御家人高柳九郎三郎宗泰

同子息八郎朝行

同国御家人高柳八郎四郎泰忠

「陸奥国御家人会津野尻助房真勝（異墨、同筆）」

建武二年十二月廿三日

○一九四　伊賀盛光等着到状　○磐城飯野文書

着到

陸奥国御家人

式部伊賀左衛門三郎盛光

同伊賀左衛門次郎貞長

同伊賀四郎光重代木田九郎時氏

同式部次郎光俊代小河又次郎時長

右去十一月二日御教書・同十二月二日御催促、幷廿日令到
来之間、相催一族等、同廿四日、所馳参也、仍着到如件、

建武二年十二月廿四日　「（証判）沙弥（行円）（花押）」

○一九五　沙弥行円軍勢催促状　○磐城飯野文書

自奥州親王宮并国司為追伐、関東御発向之由、其聞候之間、
奉懐取　親王宮、為被追伐国司已下凶徒等、相催当国軍勢
候之処、御参御方之条、真実〳〵目出相存候、来月五日、
為追伐国司、可罷立国候、御同道候者、尤本望候也、執達
如件、

建武二年十二月廿八日　　　沙弥行円（花押）

式部伊賀左衛門三郎（盛光）殿

○一九六　北畠顕家御教書　○浅草文庫本古文書

（北畠顕家）（花押）

為侍大将、可被奉行軍忠之由事、令旨（義良親王）被遣之、可被存其旨
之由、依鎮守府将軍家仰、執達如件、

建武二年十二月廿九日　　　右近将監清高奉

結城参川前司（親朝）殿

○一九七　石川光時軍忠状写　○『石川氏一千年史』所収石川氏文書

石川源太郎光時軍忠之事

建武二年十二月

一右、今年建武二年十二月二十四日、当国守供（ママ）人広橋修理（経泰）
亮、引率東海道岩城・岩前（崎）軍勢等、馳向高野郡馬場原之
間、石川入道光念（貝光）大将軍にて、一族等相供（ママ）、致合戦候時、
先懸広橋甥大夫坊（ママ）打合、雖被乗馬切倒、打取大夫坊、頭
取畢、依大将軍見知畢、

一同二十八日、白河城に押寄、三ケ日之間、為同大将軍致
合戦候時、若党矢実（矢吹カ）兵衛太郎右の耳を被射、同大沢弥三
郎右股被射、若党二人被為蒙疵候条、牧弥太郎・村岡源
一郎・三坂善七郎・矢内新九郎等、同所合戦之間、見知
訖、依状如件、

（建武二年）十二月晦　　　一見候、御判有り、

○一九八　某書状　○金沢文庫文書

御寺于今無別御事御坐候之由、承候、目出度畏存候、又
（伊豆国）野七里合戦、今月（建武二年十二月）十二日夜、京方被打劣（ママ）候て、昨日被落候、
随鎌倉軍勢被責《セメ》上候、已ニ美濃国へ、足利殿御上之由、申
候、奥州

建武三年・延元元年（西暦一三三六）

○一九九　左衛門尉某奉書　○磐城飯野文書

式部伊賀左衛門三郎盛光馳参御方上者、対于彼所領常陸国石原田郷、於致狼藉之輩者、可被処罪科之状、依仰執達如件、

建武三年正月十日　左衛門尉（花押）

○二〇〇　義良親王令旨写　○白河集古苑所蔵白河結城文書

御輿警固事、兼日被仰出了、紀（雖カ）及合戦、不離申御輿辺、被致供奉者、且為別忠、可被抽賞之旨、陸奥宮御気色所候也、仍執達如件、

建武三年正月十二日　右少弁在判

（結城宗広）上野入道殿

○二〇一　後醍醐天皇綸旨写　○白河集古苑所蔵白河結城文書

令参落之由、被聞食、尤以神妙也、此間為御祈禱、臨幸日吉社、被相待東国軍兵、悉可被対治朝敵之由、所被思食也、不廻時剋馳参、可致忠節、於恩賞、殊可有其沙汰者、天気如此、悉之、以状、

元弘三（建武三年）正月十二日　左少弁判

結城（宗広）上野入道館

○二〇二　北畠親房書状写　○白河集古苑所蔵白河結城文書

奥州国司相共、被上洛之由、被聞食、公私喜悦無他事候也、洛中及難義候間、為被相待面々参着、去十日　臨幸日吉社候也、相構、不廻時剋、可被参、乗船定遅々甚候歟、随分御下知候也、若又分手、宇治大渡方へも可被廻之（歟カ）、宜有計沙汰、但先被参当所、以多勢、同時追討、尤御本望候也、猶々可被急々、及遅々者、難治事も出来候歟、抑大田廷尉（結城親光）忠節之次第、中々不能左右、言語道断候也、委細於今者、

定可得見参之期候、仍不及委細之状如件、

(建武三年)正月十三日　北畠殿御判

(結城宗広)上野入道殿

○二〇三　後醍醐天皇綸旨　○榊原文書

為宮御手供奉輩、悉属(北畠顕家)陸奥守令発向、可追討尊氏・直義以下凶徒之旨、被仰了、軍中事、相談国司、殊可被申沙汰、軍忠輩恩賞事、殊可有其沙汰、且可令相触官軍者、天気如此、悉之以状、

(建武三年)正月十五日　右中将（花押）

(親朝)結城参河前司館

○二〇四　北畠親房奉書写　○白河集古苑所蔵白河結城文書

凌遠路参落、逢御大事之条、感思食之上、所々合戦、一族相共致軍忠之由聞食、尤以神妙、各成其勇、猶早可追討朝敵也、以此趣、面々可相触、兼又田村庄司一族、同抽忠節云々、同可成(感カ)仰之由、被仰下之状如件、

(建武三年)二月二日　北畠入道殿御判

(結城宗広)上野入道館

○二〇五　相馬重胤譲状　○相馬文書

譲渡　所領事

次男弥次郎光胤分

一　下総国相馬郡内

粟野村

一　陸奥国行方郡内

耳谷村

右村々者、限永代、譲渡弥次郎光胤畢、但此外、奥州(行方郡)小高村内矢河原十郎後家尼田在家一宇・彦三郎入道田在家一宇・盤崎村内釘野在家并山、永代可令知行、仍譲状如件、

建武三年二月五日　(相馬)平重胤（花押）

○二〇六　後醍醐天皇綸旨写　○白河集古苑所蔵白河結城文書

参河国渥美郡内野田・高足・細谷・大岩・若見・赤羽・弥

熊・吉胡・岩崎等郷、為備中国荏原・草間両条、駿河国須
津河郷、同国藍沢御厨内大沓間田在家等替、可令知行、官
符未到之間、且可存知者、
天気如此、悉之、以状、
建武三年二月六日　左少弁(甘露寺藤長)在判

○本書は宛所を欠くが、文中の地名から結城宗広に宛てたものと推定される。

○二〇七　北畠親房カ書状写　○白河集古苑所蔵白河結城文書

国司(北畠顕家)昨日進発、先日出候、御沙汰之次第、頗雖迷惑候、所
詮朝敵追討之一段、諸人不入意候条、不可説候、参州(結城親朝)已下
一族已令同候、相構無等閑、可被加扶持候由、連々以使者、
可有教訓候、兼又小山・長沼已下未令進発候、連々可被催
促候也、事々期見参、状如件、
(建武三)二月八日　御判

○二〇八　某書状写　○白河集古苑所蔵白河結城文書

以円頴申談之旨候、可被尋聞候、
(建武三)二月十二日　□

○二〇九　相馬重胤事書目録　○磐城相馬文書

於国可楯築事書目六
定
一奥州行方郡内小高堀内、構城墎□凶徒等可令対治之也、
一成御敵一族等幷七郡御家人等事、相□助之、廻方便、
可取御方之也、
一城内兵粮米事、須江九郎左衛門尉□弐佰石有之、可入
彼米也、其外一族等幷□分村々、仰給主代可致其沙汰、
然者員数□、
一京・鎌倉御方雖聞及劣軍之、各々□不可有二心、爰有
二心於一族等、任連□文之詞、可討取者也、合戦習雖
弱一旦之□終期者歟、加之、遠国間、敵等構虚言、可
得心□捨一命、各々恥家疵、可欲揚弓箭名後代者也、
一致軍忠於一族他人者、分明可申注進、軽賞□勇見聞

輩故也、仍大略如此、
右、目録状如件、
　　建武三年二月十八日　　平重胤□
　相馬弥次郎(光胤)殿

○二一〇　相馬重胤カ軍勢催促状案　○相馬市教育委員会寄託相馬岡田文書

(校正了)
同前
相馬孫次郎(大悲山)行胤、於路次幷鎌倉中、軍忠見知之間、尤以神妙候、右為国楯築、子息弥次郎光胤大将、所□□(相進カ)也、而属彼手、守事書之旨、相催庶子等、可□無二軍忠、於恩賞者、就注進状、可令言□□
　　建武三年二月十八日□
　　相馬孫次郎(行胤)殿

○本文書は差出所を欠くが、前号文書との関係から、相馬重胤と推定される。

○二一一　相馬光胤軍忠状写　○渡辺正幸氏所蔵文書

相馬弥次郎光胤申軍忠事
　今月十六日標葉庄為対治合戦次第
相馬孫五郎長胤家人三郎二郎分捕高名
　相馬五郎胤経家人大石田彦七 増尾七郎 右両人疵仕、
多田部八郎朝胤家人自身鑓合、頭一打捕、横山平太首　捕、
　武石左衛門胤道侍一人分捕、
相馬九郎胤国家人五郎二郎首一打捕、
　相馬助房(ママ)家人青田孫左衛首二打捕□、
相馬次郎行胤家人五郎太郎首一打捕、
　相馬九郎五郎胤景家人標葉孫三郎首一打捕、
相馬千代丸胤治自身首一打捕、相馬又七胤貞首一打捕、
相馬小六郎胤清鑓合侍二人打捕、相馬彦二郎胤祐首打捕、
相馬小四郎胤経家人首一打捕、
　相馬道雲房胤範首一打捕、
相馬五郎泰胤家人高山又八首一分捕、
　相馬六郎長胤首一打捕、
相馬五郎胤綱家人二人蒙疵、相馬彦太郎延胤生捕一人

相馬総領家人木幡三左衛門首一打捕、　相馬孫二郎家人小嶋田左衛門首一打捕、
相馬弁房円意自身頭一打捕、　伊達与一高景家人伊達八郎首一打捕、
相馬禅師房家人首一打捕、　相馬七郎時胤家人弥平太、首一打捕、疵仕、
武石五郎胤道自身首一打捕、　相馬孫四郎胤家分捕一人、
新田左馬亮経政家人疵仕、　田信彦太郎生捕一人、
此外分捕高名有之、後日可為着到之旨、堅申触候、此合戦之次第、侍所大泉平九郎被実検乎、然早為御判注進状如件、

建武三年二月廿七日　　総領子息相馬弥次郎光胤

進上　御奉行所

○二一二　宇佐輔景軍忠状　○『諸家文書纂』三 三刀屋文書

出雲国三刀屋大田庄藤巻村地頭左兵衛尉宇佐輔景(申脱カ)
今年建武三、正月十日、令発向山崎、致軍忠、同日行幸□□仕、於叡山任左衛門(ママ)尉、則属于当御手、令勤仕西坂本□、同廿七日合戦、自加茂河原、迄于七条河原、抽軍忠之旨、伯耆四郎左衛門尉(名和高光)并安東弥二郎入道等、令見知者也、同時合戦、伯耆中務丞相共、於一条河原并桂河以下所々、致軍忠、迄于西山峰堂、令発向之条、御見知之上、伯耆中務丞以下、同時合戦顕然也、然者、云行幸供奉之功、云度々軍忠、無隠上者、賜御証判、弥欲抽忠節、以此旨可有御披露候、恐惶謹言、

建武三年二月　日　　左兵衛尉(宇佐)輔景

進上　御奉行所

「承了(証判)(花押)(名和長年)」

○二一三　野田頼経等軍忠状案　○能登妙厳寺文書

目安

一大和国野田九郎左衛門尉頼経申

去正月十日、奉落高倉　内親王於辺都、其後、馳向山城、為北畠侍従家(顕家)大将軍相催群勢、可致京都後寄之由、令談合群勢等之処、面々領掌之間、至于頼経者、其子細為言上、同廿六日、馳参山門、合申西室殿之刻、同廿七日、御合戦之間、馳向戦場、致軍忠畢、然者賜御感　令旨、重欲致軍忠間事、

一斎藤上総左衛門尉佐利・同舎弟兵衛尉忠利申
去正月廿七日、致合戦、馳参山門、同卅日、抽軍忠畢、
一田島安房左衛門二郎行春申
去正月十日、奉落高倉　内親王於辺都、数日令祗護（候）、同
廿七日、致京都合戦、馳参山門、同卅日、抽軍忠畢、
右彼輩等、当御所奉公之間、於同日同所、致合戦畢、
於外様支証者、新田民部大夫貞政、廿七日合戦見知了、
於卅日合戦者、牧田弥九郎光政、斎藤左衛門入道宗徳所
見了、
右、各賜御感　令旨、重為致軍忠、目安言上如件、
建武三年二月　日

○二一四　相馬光胤着到状　○磐城相馬文書

相馬弥次郎光胤申
右、奉属大将　斯波殿（家長）御手親父重胤間、為□責上鎌倉、
致度々合戦忠之処、任　斯波殿□（御教）書幷親父重胤事書、
今月八日令下国、成□族等押寄楯、令対治候乎（畢）、仍

小高城□等着到、次第不同、
相馬九郎胤国　同子息九郎五郎胤□
同与一胤房　相馬七郎時胤
同五郎顕胤　相馬孫次郎行（ママ）□（胤）
相馬六郎長胤　同七郎胤眷
相馬十郎胤俊　同五郎泰胤
相馬孫次郎綱胤　同小四郎□（胤時カ）
同四郎良胤　相馬小次郎胤□
新田左馬亮（ママ）経政　相馬五郎胤経
同又五郎胤泰　同弥六胤□（政カ）
相馬孫六郎盛胤　相馬孫九郎胤通
相馬小次郎胤顕　同孫四郎胤家
相馬孫次郎胤義　同小次郎胤盛
相馬孫五郎長胤　相馬又五郎朝胤
相馬孫七郎胤広　相馬九郎二郎胤直
相馬満丸　相馬千代□
相馬小五郎永胤　相馬弁房円意

相馬彦二郎胤祐　　相馬弥次郎実□（胤）
相馬又七胤貞　　相馬小四郎胤継
武石五郎胤通　　伊達与一高景
同与三光義　　相馬禅師房□
相馬道雲房胤範　　標葉孫三郎教隆
長江与一景高女子代蒁田三郎光頼　　相馬松王丸
相馬助房家人
青田孫左衛門尉祐胤

右、着到如件、

建武三年三月三日　　惣領代子息弥次郎（相馬光胤）

進上　御奉行所　　（証判）「承了（氏家道誠）（花押）」

○二一五　石川貞光寄進状写　○川辺八幡神社文書

陸奥国石川庄川辺八幡宮神領同国白川庄内成田郷伊具駿河入道後家跡
事
右八幡宮者、伊与入道殿（源頼義）以来、代々源家御崇敬之社壇也、而天下動乱之刻、建武二年三月、為御敵結城三河守親朝、令回禄畢、自元神領狭少之所、為凶徒被掠領之間、令（云）修造之功、云神事料足、又以闕如畢、依之且為将軍家御祈禱、且為社壇再興料、奉寄進候也、早達　上聞、永代可為神領之状如件、

建武三年三月三日　　沙弥光念（石川貞光）

石川々辺八幡宮
神主太郎四郎殿

○二一六　法眼祐豪譲状　○紀伊米良文書

永譲渡処分事

照円房分

一寺　坊敷地在所伏拝、

一檀那　奥川（州）　常陸　下野　武蔵丹治一族、
相模　駿川（河）　遠江　尾張　山城
美作同江見一門等、　長門同富田一門等、
肥前　肥後　此外諸弟配分所漏諸檀那等、

右於彼所帯等者、祐豪重代相伝之私領也、而為兵部卿照円房嫡弟之間、永所譲渡実也、全不可有他人之妨、仍為後日

証文譲状如件、

建武三年三月十日　　法眼祐豪（花押）

○裏花押一あり。

○二一七　相馬光胤軍忠状　○磐城相馬文書

相馬弥次郎光胤申軍忠事

右、白川上野入道（結城宗広）家人等、宇多庄熊野堂楯築間、今月十六日馳向彼所、致合戦分取手負事

相馬九郎五郎胤景分取二人、須江八郎分取一人、白川上野入道家人六郎左衛門入道、頭二、

相馬小次郎胤顕生補（捕）一人、白川上野入道家人小山田八郎、同人中間四郎六郎、

相馬小二郎家人木幡三郎兵衛尉分取一人、　相馬彦二郎胤祐分取一人、

新田左馬亮（ママ）経政代田嶋小四郎、分取一人、　標葉孫三郎教隆分取一人、

相馬助房家人東条七郎衛門尉分取一人、被疵乎（畢）、　木幡二郎討死乎（畢）、

右、此外雖有数輩切捨、略之乎（ママ）、仍追散敵対治乎（畢）、

建武三年三月十七日　　惣領代子息弥次郎光胤

進上　御奉行所

「承了（証判）（花押）（氏家道誠）」

○二一八　結城宗広覚書写　○白河集古苑所蔵白河結城文書

延元々年三月廿日、被召大裏（内）花山院殿廂間、直被仰下云、道忠者（結城宗広）、公家御宝ト思食候間、京都ニ留度思食トモ、又奥州ニ無テモ不可叶之旨、聞食候間、被下遣也、相構可致忠、且此太刀者、於関東有名太刀也、然間公家ノ御宝思食トモ、守ニモせヨト思食間、給也トテ、北畠大納言（親房）入道殿御取次ニテ、鬼丸ト云太刀を下給了、為後日注置也、

○二一九　義良親王令旨写　○白河集古苑所蔵白河結城文書

「陸奥宮令旨」

下野国守護職事、可被致其沙汰之旨、陸奥宮（義良親王）御気色所候也、仍執達如件、

延元々年三月廿日　　右中将（花押）

結城大蔵権少輔（親朝）館

「結城大蔵権少輔館　　右中将家房」

○秋田藩家蔵文書二十六は右中将を右少将とする。

〇二二〇　相馬光胤軍忠状　〇磐城相馬文書

相馬弥次郎光胤申軍忠事
右、今月廿二日、為広橋(経泰)大将、寄来小高城御敵等事
相馬小次郎胤盛家人出帳(張)分取一人、　惣領家人石町又太郎標葉□打取□
相馬小次郎胤顕敵一人打取平(畢)、　相馬孫二郎家人小嶋田五郎太郎□頭□
相馬孫五郎長胤家人三郎二郎打死平(畢)、　相馬五郎胤経家人大畠彦太□被疵平(畢)、
相馬九郎胤国中間五郎太郎打死平(畢)、　相馬弥二郎実胤中間九郎太郎被疵平(畢)、
相馬五郎胤経家人増尾十郎被疵平(畢)、　相馬四郎良胤家人三郎太郎被疵平(畢)、
惣領家人須江八郎中間被疵平(畢)、　相馬助房家人青田新左衛門尉被疵平(畢)、
右、如此合戦之間、同廿四日、追散敵平(畢)、然除矢戦并残手
疵平(ママ)、仍欲捧注進状処、為尻攻御内侍所大泉平九郎、後馳
来、以次、
標葉庄為対治合戦次第、今月廿七日、
相馬九郎五郎胤景標葉孫四郎打取平(畢)、
相馬孫次郎行胤生補(捕)二人、標葉弥九郎、孫十郎、
相馬小次郎胤盛生補(捕)二人、標葉三郎四郎、長田孫四郎、胤盛自身被疵平(畢)、
相馬小次郎家人生補(捕)一人、落合弥八郎、
田信彦太郎生補(捕)一人標葉孫七郎、
武石左衛門五郎胤通酒田孫五郎打取平(畢)、　相馬助房家人渡野部六郎兵衛尉□一人、
惣領家人木幡三郎左衛門尉分取一人、相馬六郎長胤被疵平(畢)、
相馬九郎二郎胤直被疵平(畢)、　相馬五郎胤綱家人被疵平(畢)、
右、此合戦次第、侍所大泉平九郎被実検平(畢)、然早為(賜カ)□御判、
注進状如件、
建武三年三月廿八日　惣領代子息弥次郎光胤
進上　御奉行所
(証判)「承了(花押)(氏家道誠)」
着到

〇二二一　石田宗親着到状写　〇北海道伊達市教育委員会所蔵伊達支族伝引証記所収石田文書

石田孫一宗親

右、自去年十二月於霊山楯被警固(致カ)、今年三月廿八日奉属北畠法印御坊(親房カ)、任彼御催促、馳向了伊達郡会隅(阿武隈)河瀬之(于歟)、射返凶徒畢(如本)、一族多同道之中、伊佐沢孫七・同八郎兄弟・飯田五郎父子・政所九郎等、所令見知之也、然早給御判、為備後記(証カ)、着到如方(如本)、

建武三季三月廿九日

「一見了(証判)(花押影)」

○二二二　吉松公遠軍忠状　○豊前広崎文書

□□(目安カ)

豊前国大塚(宇佐郡)一分地頭吉松小次郎公遠申事(ママ)

右、去年十二月廿日、賜上野福寿御前御教書、連々致御宿直之上、今年正月十六日属上野介殿(結城宗広)御手、於三条河原・法勝寺討取凶徒、公遠被疵条、一条七郎太郎・豊前国山田宮内左衛門尉・佐々木山城房令見知畢、仍同十八日、侍所三浦因幡権守(貞連)幷高五郎(師直)右衛門尉被検見畢、加之、同廿七日・廿九日、度々抽軍忠畢、且御教書・御一見状・御宿直着到等案進覧也(候脱カ)、然早預勧賞、弥為抽武勇矣、目安如件、

建武三年三月　日

○二二三　相馬長胤軍忠状写　○相馬市教育委員会寄託相馬岡田文書

「大将軍(証判)　足利竹鶴殿(斯波兼頼カ)

侍所　大泉□□九郎殿(御)教□」

目安条々

相馬六郎長胤申、

御敵対治事

一一族等引別為御敵之間、三月十三日、押寄同心一族相共対治畢、

一於宇多庄、同十三日、黒木入道一党・福嶋一党・美豆五郎入道等、引率数多人勢企謀叛、惣領代等押寄在所、打取、当所楯籠之間、同十六日馳向、御敵二人(不知名字)打取、令対治畢、

一広橋修理亮経泰為大将軍、押寄小高館、自同廿三日至于

廿四日合戦之間、被打御敵其数引退畢、
一同廿七日、標葉庄地頭等為御敵馳向之間、差向、致合戦
之処、標葉弥四郎清兼・同舎弟弥五郎仲清・同舎弟六郎
清信・同舎弟七郎吉清・同小三郎清高・同余子三郎清久
等、長胤舎弟七郎胤春相共ニ、召取之畢、然間胤春乗馬、
若党又三郎乗馬等被射殺畢、仍言上如件、
建武三年三月　日

○二二四　結城宗広譲状写　○白川証古文書一　仙台白河家蔵

一譲与　所領等事
一陸奥国白河庄南方知行分
一同国同庄北方、(結城盛広)摂津前司入道道栄跡
一同国宇多庄
一同国津軽田舎郡内河辺桜葉郷
一下総国結城郡
一下野国中泉庄内二階堂下野入道跡　同下総入道跡
一同国寒河郡内知行分郷々
一出羽国余部内尾青村・清河村
一同国狩河郷内田在家
一京都屋地　四条東洞院
一参河渥美郡内
野田郷・高足郷・細谷郷・大岩郷・若見郷・赤羽
郷・弥熊郷・吉胡郷・岩崎郷・牟呂郷・草間郷、
右、於彼所領等者、相副手継証文、所譲与孫子七郎左
衛門尉顕朝、不可有他妨、為後日譲状如件、
延元々年四月二日　(結城宗広)道忠花押

○二二五　陸奥国国宣写　○東北大学日本史研究室所蔵朴沢文書

下野国皆川庄・陸奥国南山内長沼河原田弥四郎跡、為勲功賞、可令知行
者、依　国宣執達如件、
延元々年四月八日　鎮守軍監有実奉
大河戸下総権守殿

○二二六　石河貞光軍忠状写　○楓軒文書纂所収　合編白河石川文書

石河又太郎光春子息貞光軍忠事、
右、今年建武三、四月六日、東海道湯本、唐橋（広）修理亮構城墎、
楯籠之間、為石河入道大将軍、押寄彼楯、一族等相共致合
戦忠節訖、同所合戦之間、大将軍御見知訖、仍之状如件、
建武参年四月十日
（証判）「一見候了（石川義光カ）（花押影）」

○二二七　大般若経巻五百二十四奥書　○会津新宮熊野神社所蔵

建武三年丙子卯月十日
三位日俊卿筆

○二二八　斯波家長奉書　○磐城相馬文書

陸奥国行方郡内闕所并同国相馬又六跡高木保（城）内事、将軍
（家御）□□計之程、暫所被預置也、配分一族、可被所務之由候也、
仍執達如件、
建武三年四月十一日　源（斯波家長）（花押）
相馬孫五郎（重胤）殿

○二二九　石川義光書下　○東京大学白川文書

預申所領陸奥国岩瀬郡袋田村、幷会津稲河庄内矢目村事
右、為御方、毎度合戦被致忠節之間、将軍家御計之程、
為静謐所申沙汰也、仍如件、
建武参年四月廿五日　沙弥（石川義光）（花押）
蒲田五郎太郎（兼光）殿

○二三〇　北畠顕家下文　○磐城国魂文書

（北畠顕家）（花押）
下　岩城郡
可早令国魂三郎太郎行泰、領知当郡内国魂又太郎跡事
右人、為勲功賞、所被宛行也、守先例、可致其沙汰之状、
所仰如件、
延元々年四月廿六日

○二三一　北畠顕家御教書　○磐城相馬文書

(北畠顕家)
(花押)

被任左衛門尉之由、可被挙申京都也、且可存其旨之由、
鎮守大将軍仰所候也、仍執達如件、
延元々年四月廿六日　　軍監有実奉
相馬六郎(胤平)殿

○二三二　南部師行代氏綱申状案　○南部光徹氏所蔵遠野南部文書

南部又次郎師行代氏綱謹言上
欲早任　勅裁旨、被成下安堵　綸旨、当知行地甲斐国南部郷内村田地八丁二反三百歩并畠山野等事、
右彼所々者、亡父南部二郎入道々行重代所領也、而未分死去之刻、後家尼了心(師行継母)舎弟同子息次郎資行構謀書、押領所領等之間、於関東番訴陳之処、高時禅門滅亡了、仍被経決断所御沙汰之後、於記録所被召決、任面々当知行○(可)令安堵由、被仰下了、然早被成下安堵　綸旨、全当知行、弥為致奉公之忠、恐々言上如件、

建武三年四月　日

○二三三　左衛門尉為盛軍忠状案　○相馬市教育委員会寄託相馬岡田文書

相馬五郎胤康、去月十六日合戦、於片瀬令討死了、若党飯土江彦十郎義泰、於同所討死仕了、以此旨可有御披露候、恐惶謹言、
建武三年五月三日　　左衛門尉為盛上
(証判)「承了、在判」

○二三四　相馬光胤軍忠状　○磐城相馬文書

相馬弥次郎光胤申
今月六日、於宇多庄熊野堂致合戦、若党五十嵐弥四郎入道・田信乗阿・同子息左衛門三郎討死仕了、同七日自小高城差遣軍勢致合戦、御敵十三人切懸了、為後証可賜御証判候、仍注進如件、
建武三年五月九日　　平光胤上

進上　御奉行所　「承候訖（証判）（花押）（氏家道誠）」

○二三五　相馬光胤譲状　○磐城相馬文書

譲渡

下総国相馬郡内粟野村、陸奥国行方郡内耳谷村・小高村内矢河原十郎後家尼給分田在家、彦三郎入道給分田在家・盤（磐）崎村内釘野在家、幷山、同国田村庄新田村内七草木村事

右、親父重胤譲幷母儀譲状、安堵御下文等相副之、養子松鶴丸（胤頼）仁譲渡畢、重胤鎌倉にて自害之由承及之、舎兄親胤上洛之後、音信不通也、光胤又存命不定之間、松鶴為甥之上、依有志、養子として所譲与也、公私不遂本望者、僧仁なりて各乃後生を可訪也、仍譲状如件、

建武三年五月廿日　平（相馬）光胤（花押）

○二三六　後醍醐天皇綸旨　○磐城鹿島神社文書

陸奥国高野郡事、為勲功之賞、可令知行者、天気如此、悉之、

延元々年五月廿三日　民部権少輔（花押）

結城大蔵権少輔（親朝）館

○二三七　陸奥国国宣　○東北大学日本史研究室所蔵朴沢文書

（北畠顕家）（花押）

常陸国完（宍）戸庄安子村壱岐次郎宗景跡、為勲功賞、可令知行者、依国宣執達如件、

延元々年五月廿七日　鎮守軍監有実奉

高柳九郎三郎殿

○二三八　陸奥国国宣　○伊勢結城神社所蔵白河結城文書

（北畠顕家）（花押）

陸奥国白河庄荒砥崎村結城判官跡、可被知行者、依　国宣執達如件、

延元々年六月十九日鎮守軍監有実奉

上野入道殿（結城宗広）

○二三九　尼れうくう譲状　○相馬市教育委員会寄託相馬岡田文書

ゆつりわたす《譲渡》よさう《与三》たねもと《胤元》のあと《跡》のこと、ちやくし《嫡子》まこ四郎うちしに《討死》し候ぬ、しなんお《次男》にわかかしにつめられてしに候ほとに、おかた《岡田》の小二郎との心さしおもひまいらせ候によつて、てつき《手継》のしやう《状》とも二ゆつりわたすところなり、もしふしき《不思議》にもたねもと《胤元》のしそん候ハヽ、小二郎とのヽはからい《計》としてあてたふ《宛給》へく候、候ハすハ、一ゑんに御ちきやうあるへく候、あま《尼》か御しやう《後生カ》おも、とふらいて給ハるへく候、よつてゆつりしやうくたんのことし、

けんむ《建武》三年六月廿五日　れうくう（花押）

○二四〇　沙弥某書下写　○楓軒文書纂所収合編白河石川文書

預申所領陸奥国会津蜷河庄野沢村半分事

右、度々合戦被致軍忠之上、親父於京都、於将軍御前、打死之間、京都御左右之程、所預置也、令静謐濫妨狼藉、可被知行之状如件、

建武三年七月廿八日　沙弥（花押影）

小平七郎《光俊》三郎殿

○二四一　岡本良円軍忠状写　○秋田藩家蔵文書十岡本又太郎元朝家蔵文書

（花押影）《足利尊氏》

陸奥国岡本観勝房良円軍忠事

右良円、去月五日属御手、馳向西坂本西尾致□忠責上之刻、於坂中地蔵堂上、御敵返合之処、御方軍勢引退之間、良円残留天、捨一命防戦、追帰御敵畢、此条同所合戦之間、白岩彦四郎・鳥羽左衛門二郎令見知了、随而自同八日至于同十九日、依為要害之地、承大将御陣後、山尾令警固了、同晦日合戦之時、於中御門烏丸討合敵、乍被疵右手、即令討取之畢、此条池上藤内左衛門尉・結城七郎左衛門尉、同所合戦之間、令見知者也、其上於頭殿《足利直義》御前、預御見知了、如此軍忠無其隠之上者、賜御証判、為備向後亀鏡、目安如件、

建武三年七月　日　「《証判》（花押影）《高師冬》」

○二四二　伊賀盛光着到状　○磐城飯野文書

着到
陸奥国御家人
式部伊賀三郎盛光
右、常陸国武生城（久慈郡）、建武三年七月廿二日所馳参也、仍着到如件、
建武三年七月　日
「承了（証判）（花押）（佐竹義篤）」

○二四三　石河義光若党屋葺頼道軍忠状　○宮城県図書館所蔵角田石川文書

石河七郎義光打死、若党屋葺弥平二頼道申軍忠事
右義光、去年八月以来、度々御合戦致忠勤、及鎮西御共仕、湊河合戦尽忠、去六月五日、山門西坂本御合戦為御共、於地蔵堂前、右義光打死仕了、仍河津彦六以下所令存知候也、然者早賜御証判、欲備子孫等明鏡、以此旨可有御披露候、恐惶謹言、
建武三年七月　日　頼道
進上　御奉行所
「（証判）（花押）（高師直）」

○二四四　北畠顕家御教書　○南部光徹氏所蔵遠野南部文書

（花押）（北畠顕家）
尊氏・直義等、去五月、雖乱入京都、官軍依致防戦、尊氏以下数十人、去月十五日自害、爰当国一二三迫凶徒等襲来之旨、有其聞之間、所被差遣軍勢也、定早々可令静謐歟、糠部軍勢、無左右不可参荷（府）、且可静謐郡内之由、鎮守大（北畠顕家）将軍仰所候也、仍執達如件、
延元々年八月六日　軍監有実奉
南部六郎（政長）殿

○二四五　伊賀盛光軍忠状　○磐城飯野文書

目安
伊賀式部三郎盛光軍忠事
右、八月廿二日（建武三）常陸国寄苽連（久慈郡）城処仁、御敵小田宮内少（治久）輔幷広橋修理亮（経泰）以下凶徒、同国馳向花芳（房）山・大方河原之間、

致合戦忠節候畢、此条搦手大将佐竹奥次郎義高被見知者也、仍被加一見、為備後証、目安言上如件、

建武参年八月　日

(証判)「一見了(佐竹義篤)(花押)」

○二四六　陸奥国国宣写　○陸前中目文書

(北畠顕家)(花押影)

陸奥国平泉中尊寺衆徒申、出羽国秋田郡君野村・破岩上下村・雄友村・白山村・女(如)法寺・千女(如カ)寺・成福寺等事、依為別当管領之地、修造之間、任　綸旨、衆徒可知行之由、申之、別当于今為当知行之地者、早可沙汰付下地於衆徒、次彼村々惣田数幷年貢以下事、委細加検見、可被注進之旨、国宣候也、仍執達如件、

延元々年九月二日　　鎮守軍監有実奉

小野寺肥前守殿

平賀四郎左衛門尉殿

○二四七　足利尊氏感状写　○秋田藩家蔵文書十岡本又太郎元朝家蔵文書

(足利尊氏)(花押影)

岡本観勝房良円軍忠神妙、可有恩賞之状如件、

建武三年九月三日

○二四八　足利直義下文写　○宝翰類聚坤

(足利直義)(花押)

下　三浦因幡前司貞連跡

可令早領知伊予国宇麻本庄地頭職、陸奥国黒河郡内南北迫地頭職事

右、為合戦討死之賞、所宛行也、任先例可致沙汰之状如件、

建武参年九月廿日

○二四九　足利尊氏感状　○仙台市博物館所蔵伊達文書

(足利尊氏)(花押)

伊達孫三郎入道々西(貞綱)、軍忠神妙、可有恩賞之状如件、

建武三年九月廿六日

○二五〇　野上資頼代平三資氏軍忠状

○諸家文書纂所収野上文書

豊後国御家人野上彦太郎清原資頼代平三資氏謹言上
欲早任海道京都所々合戦忠、預御一見状、浴恩賞事
右、去年十二月十二日、属于左近将監貞載（大友）手、於伊豆国佐野山参御方、致合戦之条、戸次豊前太郎被見知訖、次同十三日、伊豆国府合戦之時、抽軍忠訖、次今年正月二日近江国伊幾須之城合戦次第、挾間四郎入道（正供）・小田原四郎左衛門入道以下令見知訖、次同十日淀大橋上合戦之時、資頼射火箭、其後乗焼落柱、押渡敵陣、致軍忠之条、須賀五郎・村畝治部房・小薦太郎左衛門尉見知訖、次同十一日唐橋烏丸合戦之時、資頼打組太田判官（結城親光）一族益戸七郎左衛門尉令分取、即被実検之上、守護被注進訖、次同十六日、於法勝寺致合戦之条、古庄孫四郎、同六郎見知訖、加之預御教書、令発向球（玖）珠城（豊後国）、抽軍忠之間、大将所有御注進也、然早預御一見状、為浴恩賞、言上如件、

建武三年九月　日

「承（証判）了沙弥（花押影）」

○二五一　鯨岡行隆軍忠状写

○会津四家合考所収文書

一目安
岩城郡鯨岡孫太郎入道乗隆代子息孫二郎行隆謹申
欲早於度（処カ）々城郭、捨身命、抽軍忠上者、下給御判、施弓箭面目間事
右行隆、八月十九日、自常州橋本宿陣立云々、同廿日村田城、同廿三・四両日小栗城、同九月十七日、押寄宇都宮城、於楯際埋堀、散々及矢戦、迄今月八日合戦、抽軍忠上者、給御判、為伝（備）向後亀鏡、恐々目安如件、

延元元年十月日　「承判（証判カ）」

○二五二　足利尊氏御教書写

○松雲公採集遺在文書部所収持明院文書

当御代御安堵案
可令早近衛局（持明院基盛女）本名民部卿領知丹波国大沢庄内石前・宇土両村、

美濃国小田保伊味南方・寺河戸・月吉、越後国青海庄内上条本村、同国吉河庄内吉田鮭湊并菅名庄内寺沢条、陸奥国北斗（小手カ）保内糠田上下村、出羽国雄勝那（郡）山口郷内堀田井・中沢・丈六堂、上総国池和田内葛西弥三郎重景跡五分一・富田源次郎跡、尾張国麻続村内田地九段大事

右、任度々下文幷下知状等、可被領掌状如件、

建武三年十一月一日

権大納言〈等持院殿（足利尊氏）〉御判

○二五三　実幸譲状　○陸中中尊寺文書

譲与

平泉中尊寺金色堂御読経田五段、伊沢郡石埼村内在之、同屋敷一宇、同郡母躰郷内在之、同坊地一所、東谷在之事

千歳丸所

右識（職）者、相副次第証文、弟子（マヽ）譲与千歳丸者也、若弟子・同行・親類雖有之、〔不〕可有其妨、有限於御祈禱者、無懈〔怠〕可令勤仕者也、仍世間不定間、眼前所譲渡状如件、

建武三年十一月三日　実幸（花押）

○二五四　佐竹貞義書状　○吉成尚親氏所蔵茂木文書

（端裏書）「謹上　茂木越中□殿　道源」

八月之比、筑前殿の便宜にて申候、重御感御教書候き、定令参着候歟、

当国事、雖種々巷説、未承落居之程候、不審不少候、洛中事、於今者、大略無所残候、新田（義貞）僅小勢にて、越前金崎城（に脱カ）よるなる、以大勢取巻候、今者、定令滅亡候歟、尚々当国・奥州以下、其近国事承たく候、聊令静謐候者、刑部大輔（佐竹義篤カ）被仰談候て、率多勢可有御上洛候、兼又御子息大輔（知政カ）と一所に御座候覧、返々悦入候、事々期後信候、恐々謹言、

（建武三年）十一月三日　道源（佐竹貞義）（花押）

本（茂）木越中（知貞）入道殿

○**二五五**　恒良親王ヵ綸旨写　○白河集古苑所蔵白河結城文書

(足利)高氏・直義以下逆徒追討事、先度被下　綸旨候了、去月十日、所有臨幸越前国鶴(敦)賀津也、相催一族、不廻時剋馳参、可令誅伐彼輩、於恩賞者、可依請者、
天気如此、悉之、以状、
延元々年十一月十二日　左中将在判
結城上野入道(宗広)館

○**二五六**　新田義貞ヵ副状写　○白河集古苑所蔵白河結城文書

尊氏・直義已下朝敵追討事、先度被仰了、且重　綸旨遣之、去月十日、所有臨幸越前国敦賀津也、不廻時剋馳参、可被誅伐彼輩、於恩賞者、可依請之由、被仰下候(之カ)状如件、
延元々年十一月十二日　右衛門督(新田義貞カ)在判
結城上野入道(宗広)殿

○**二五七**　陸奥国国宣　○南部光徹氏所蔵遠野南部文書

(北畠顕家)(花押)
京都事、雖有巷説、府中無殊子細、南部又次郎(師行)下向之程、可被警固奉行郡内由、国宣候也、仍執達如件、
延元々年十一月十五日　鎮守軍監有実奉
南部六郎(政長)殿

○**二五八**　斯波家長奉書　○磐城相馬文書

下総国相馬郡内鷲谷村□・津々戸相馬六郎跡□・藤谷村相馬六九郎等跡□・大鹿□□・高井□□・高柳村等事、為闕所由、被聞食之間、将軍家御計程、所□(被預置カ)也、可被致沙汰□状、依仰執達如件、
建武三年十一月廿二日　源(斯波家長)(花押)
相馬孫次郎(親胤)殿

○**二五九**　高師直施行状写　○宝翰類聚坤

陸奥国黒河郡内南迫山実顕、北迫渋谷平四郎・児玉小太郎・同次郎五郎末(等カ)跡地頭職之事
任建武三年九月廿日御下文、可致沙汰(マヽ)付三浦因幡前司貞連

跡之状、依
仰執達如件、
建武三季十一月廿九日　武蔵守（高師直）師直（花押影）
み（三）浦四郎入道殿

○『参考諸家系図三十四』に同年同月九日づけ同文の写がある。

○二六〇　足利尊氏御判御教書写　○羽前立石寺文書

出羽国立石寺院主職并別当職、任先例可令領知之状如件、
建武三年十二月八日　御判（足利尊氏カ）
立石寺識乗房半竹御坊

○二六一　足利直義下文　○埼玉県立文書館所蔵安保文書

下　安保丹後権守光泰法師法名光阿
可令早領知武蔵国安保郷（賀美郡）内屋敷在家、同国枝（松脱カ）名内塩谷田
在家、同国太駄郷、出羽国海辺余部内宗太村、播磨国西
志方郷、信濃国室賀郷等地頭職事
右、任代々譲状并正安三年十二月十日・正慶二年二月廿九
日外題安堵状等、可領掌之状如件、以下、
建武三年十二月十一日
源朝臣（足利直義）（花押）

○二六二　後醍醐天皇綸旨写　○白河集古苑所蔵白河結城文書

相催東山・東海両道諸国、率官軍、発向京都、可令追罰尊
氏・直義等（党）類、有勲功之輩、各可有抽賞、若有凶徒与同
之族者、厳密可令加治罰給者、依
天気、言上如件、
延元々
十二月廿五日　左中将（源）持定状
進上　鎮守苻（府）中納言殿（北畠顕家）
追言上、
被仰夕郎候、且可得御意候、

○二六三　後醍醐天皇宸筆勅書写　○白河集古苑所蔵白河結城文書

（端書）「当今震（宸）筆也、正文ハ於霊山、被召置国司御前、御勅使江戸修理亮忠重」
有子細、出京之処、直義等令中沙汰之趣、旁本意相違、如
当時者、為国家故以（愈）、無其益之間、猶為達本意、出洛中、
移住和州吉野郡、相催諸国、重所挙義兵也、速ニ率官軍、
可令発向京都、武蔵・相模以下東国士卒、若有不応　勅命
者、厳密可加治罰者也、併相憑輔翼之力、雖廻権謀之謀、
速成干戈之功者、国家大幸、文武徳谷（善）、何事如之哉、
大納言（北畠親房）入道居住勢州、定委仰遣之歟、坂東諸国、悉令帰伏
之様、以仁義之道、可施徳化也、道忠（結城宗広）以下、各可励忠節之
旨、別可被仰含者也、
延元々
十二月廿五日

○二六四　光厳上皇院宣　○宮内庁書陵部所蔵壬生文書

陸奥国安達庄
備前国日笠庄
安芸国世能荒山庄
土左国吉原庄
肥後国高樋庄
右庄々、知行不可有相違者、
院宣如此、仍執達如件、
建武三年十二月廿六日　　参議（柳原資明カ）（花押）
大夫史殿（小槻匡遠）

○二六五　伊賀盛光軍忠状　○磐城飯野文書

目安
伊賀式部三郎盛光軍忠事
右、為佐竹形（刑）部大補（輔）義篤大将、建武三十二月二日、打立常陸
国武生城（久慈郡）、寄茲連城（久慈西郡）之処、御敵小田宮内小補（少輔）（治久）幷広橋修理亮（経泰）
以下凶徒等、久慈東郡馳向岩出河原之間、属一方大将佐竹
小三郎義景手、致合戦忠節之処、若党麻続（績）兵衛太郎盛清、
贄田彦太郎盛重御敵ニ頸令分取畢、同十一日、至被（マヽ）茲連落城、
致忠節了、仍且預御注進、且為備後証、目安如件、
建武三年十二月　日
（証判）「一見了（佐竹義篤）（花押）」

○二六六　茂木知貞軍忠状　○吉成尚親氏所蔵茂木文書

（端裏書）「□　正文とこいぬとの（常犬殿）」
□□（茂木）越中入道明阿（知貞）申、去八月廿三日、自小栗城当所小
□□□（山館馳カ）加後軍忠事、以前所々軍忠事、先立帯所見間、略之、
□（一）九月廿一日、宇都宮横田原合戦仁致忠節了、而明阿□□
頼賢討死了、一見状有之、
□（一）十一月三日、宇都宮（毛原）合戦仁抽軍忠之条、同前、而大将軍
□□所有御存知也、
□（一）十二月十日、奥州国司（北畠顕家）代并白河上野入道（結城宗広）代、及大田判官（結城）
□一丸以下凶徒、引率数万騎、寄来結城之郡之間、於
明阿□（為カ）城郭警固罷留小山之館了、至于子息弥三郎知政者、
小□□（山一カ）族相共馳向戦場、終日依防戦、凶党忠（悉カ）引退了、同
十一日□□（明阿カ）子息知政、於大手絹河並木渡、河於渡天、追
返凶類、焼□（払カ）□（ママ）郡、抽軍忠了、是等次第、益戸常陸介為
合懸之仁、令存知□（者カ）、不可有其隠矣、
□□（一同カ）十三日関郡（常陸国）乃凶徒等、又引率数万騎寄来之間、馳向、
□□（抽軍カ）忠之条、小山・結城・山河・幸島・益戸一族、悉以
令見知上者、□（為カ）後証、可預御注進之状如件、
建武三年十二月　日
「承了（証判）（花押）（桃井六郎カ）」

建武四年・延元二年（西紀一三三七）

○二六七　北畠親房書状写　○白河集古苑所蔵白河結城文書

三陽吉朔、万事帰正、就中、東藩耀威、不同桓文之業、幕府専柄、可唱湯武之道、幸甚々々、祝着無極、抑主上出御京都、幸河内東条、即又復御吉野、為被果御願、可幸勢州之由、被仰候也、天下興復不可有程、愚身於勢州、廻逆徒静謐之計、可待申臨幸候、東国無為候者、忩々可令発向給、相構々々今度者、国中留守事共、能々可有沙汰、其間事、宜在計畫、此使節自吉野被差遣、殊可被賞候歟、毎事発向時節、逐々之上者、期面拝、謹言、

延元二年正月一日　（北畠親房）大納言入道殿
御判

○二六八　北畠親房御教書　○諸家所蔵文書四潮田氏文書

（北畠親房）
（花押）

為追討朝敵、一族相共可馳参、於勲功者、宜有其賞者、依北畠入道一品家仰、執達如件、
（親房）

立紙也、
延元二年正月四日　源親直〻（奉）
潮田刑部左衛門尉殿（幹景）

○二六九　北畠顕家書状写　○岩瀬文庫所蔵古文状六

勅書幷綸旨及貴札、跪拝見候了、臨幸吉野事、天下大慶、社稷安全之基、此事候、須馳参候処、当国擾乱之間、令対治申彼余賊、可企参洛候、去比新田右衛門督申送候間、先達而致用意候畢、于今延引失本意候、此間、親王御座霊山江、凶徒囲城候間、近日可遂合戦候也、下国之後、日夜廻籌策外無他候、心労可有賢察、思鬱之処、披御札、散鬱憤候、廻　綸旨到来後、諸人成勇候、毎事期上洛之時候、以此旨可被遂披露候、恐惶、

（延元二年）正月五日　顕家

建武四年・延元二年正月

右中将殿

〇二七九号参照。

〇二七〇　石川実忠譲状　〇駿河北山本門寺文書

□□に可譲といへとも、不取敢之間、目録にか□□也、是をまほ(守)んて、面々に可知行之事

一孫三郎分、駿河国稲河郷(有度郡)惣領職幷富士上方(富士郡)重□(須)□惣領職、御下文・手継証文相副て譲也、可知行也、後家・舎弟・女子等に譲所をハのそく、次に信濃国山田村内田在家・野畠等、一分も不残、実忠か知行分譲也、次河内国辰間郷五分一、御下文・手継証文相副て、家忠か知行分、一分も不残譲也、

一孫四郎分、稲河郷地頭分壱町内参反公田、郷司分壱町内参反公田、富士上方重須郷内奥五郎二郎入道在家・藤大夫入道在家、野地そう御年貢ハ、如先例可被沙汰、次甲斐国小泉村半分、実忠か知行、一円に譲也、

一千代鶴分、稲河郷地頭分、田陸反内弐反公田、郷司分田陸反、弐□(反カ)公田、重須郷権守二郎在家・新□(大カ)夫在家、野地□副、御年貢者、如先例可被沙汰也、次信乃国青間村田在家・荒野ともに実忠か知行分、一円に譲也、

一後家分、稲河郷地頭分、田五反、一反公田、郷司分五反内一反公田、重須郷上の実忠かふんの屋敷を譲也、一期之後者、くわいにん(懐妊)の子男子ならハ、給候へく候、女子ならハ、千代鶴に給候へく候、

一娘松寿にせんたい《いなかハ》に三反譲也、

一娘長寿にせんたい《いなかハ》に三反譲也、

一娘千寿にせんたい《いなかハ》に三反譲也、

一娘(万)寿にせんたい《いなかハ》に三反譲也、

一孫三郎今度奥州合戦に○(共)する、若討死してもあらハ、孫三郎に譲所、惣領職幷に参分二、孫四郎長子として可知行也、壱をハ千代鶴可知行也、恩賞かふり(蒙)てあらハ、三分二ハ孫四郎、一ハ千代鶴可知行也、若譲もらしあらハ、孫三郎可知行、孫三郎討死してあらハ、必至孫四郎・千代鶴わけて可知行也、仍目録如件、

建武二年正月六日　散位実忠（石川）（花押）

○二七一　足利直義感状写　○蠹簡集残編一 不知誰人蔵

常陸国凶徒対治之間、致軍忠之条、尤以神妙也、於恩賞者、
追可有其沙汰之状如件、
建武四年正月十日　（足利直義）（花押影）
伊賀式部三郎（盛光）殿

○二七二　陸奥国国宣写　○北海道伊達市教育委員会所蔵伊達支族伝引証記所収石田文書

（北畠顕家）（花押影）
伊達庄石田村之内、闕所出来者、可被宛行之由、国宣候也、
仍執達如件、
延元二年正月十五日　前石見守範重奉
石田孫一（宗親）殿

○二七三　伊賀盛光代麻績盛清軍忠状　○磐城飯野文書

伊賀式部三郎盛光代麻続（績）兵衛太郎盛清、於両所合戦、抽
軍忠子細事
右当年正月十五日、属石川松河四郎太郎手、押寄小山駿河
権守館菊田庄滝尻城搦手、不惜　命、致種々合戦、即日馳
向湯本館之処、於西郷長間子、馳合湯本少輔房生捕之、則
馳寄南木戸、懸先、切入城内之処、凶徒等散落訖、此等次
第、大須賀次郎兵衛入道若党野辺九郎左衛門尉・同駿河守
若当（党）新妻次郎左衛門尉・佐竹彦四郎入道代潁谷大輔房等見
知之畢、不可相貽御不審、仍為向後亀鏡之状如件、
建武四年正月十六日
（証判）「承了（花押）」

○二七四　伊賀盛光代麻績盛清軍忠状　○磐城飯野文書

伊賀式部三郎盛光代麻□□□（績丘衛）太郎盛清致軍忠子細事
□（右）、当年正月十五日、為石河草里四郎次郎日大将、押寄小
山駿河権守館菊田庄滝尻、於大手致散々合戦、頚一取之条、
日大将御見知訖之状如件、

建武四年正月十六日

（証判）「承候了（石川義光カ）（花押）」

○二七五　伊賀盛光代麻績盛清軍忠状　○磐城飯野文書

伊賀式部三郎盛光代麻続（績）兵衛大郎盛清致軍忠子細事

右、今年正月十五日、於（岩崎郡）三箱湯本城、属搦手大将石河大嶋源太手、押寄彼城、不惜愚命致軍忠之条、大将御見知訖、仍状如件、

建武四年正月十六日

（証判）「一見候了（石川義光カ）（花押）」

○二七六　室町幕府安堵方頭人奉書写　○秋田藩家蔵文書十岡本又太郎元朝家蔵文書

池上藤内左衛門尉泰光申、亡父真雄遺領相模国池上内荻窪田在家・伊賀国光岡石成内神部服部・常陸国多珂郡内湯和美村・出羽国北条庄下高梨子村田中田在家等地頭職安堵之事、申状副具書如此、所申無相違否、云当知行之段、云可支申仁之有無、載起請之詞、可被注申状、依仰執達如件、

建武四年正月十八日　沙弥（二階堂行珍カ）（花押影）

岡本孫四郎（重親）殿

○二七七　北畠顕家御教書写　○北海道伊達市教育委員会所蔵伊達支族伝引証記所収石田文書

（北畠顕家）（花押影）

一□昇殿所望事、所（被カ）諸挙申京都也、可被存知之由、鎮守大将軍（北畠顕家）仰所候也、仍執達如件、

延元二年正月廿三日　前石見守範重□

充所無之

○二七八　陸奥国国宣写　○北海道伊達市教育委員会所蔵伊達支族伝引証記所収石田文書

（北畠顕家）（花押影）

陸奥国大会津郡内高久村三浦藤倉次郎三郎跡、河沼郡内中目村椎名五郎兵衛尉跡可令知行者、依国宣執達如件、

延元二年正月廿四日　　前石見守範重奉

石田八郎入道殿

〇二七九　北畠顕家書状写　〇結城古文書写有造館本　乾

勅書幷綸旨及貴札、跪拝見候了、臨幸吉野事、天下大慶、社稷安全基此事候、須馳参候之処、当国擾乱之間、令対治彼余賊、忩可企参落候、去頃新田右衛門督(義貞)申送候之間、先而致用意候了、而于今延引、失本意候、此間親王(義良親王)御座霊山候、凶徒囲城候之間、近日可遂合戦候也、下国之後、日夜廻籌策外無他候、心労可有賢察、恐鬱処、披御札、散鬱蒙候、且

綸旨到来後、諸人成勇候、毎事期上洛之時候、以此旨可令披露給候、

(延元二年)正月廿五日　　(北畠)顕家（花押）

人々御中

〇二六九号と同一の文書か。日付・宛所の違いは転写の過程の誤りか。あえて両通を掲載し、参考に資す。

〇二八〇　氏家道誠軍勢催促状　〇磐城相馬文書

(北畠顕家)先国司披竃霊山城之間、令(カ)発向東海道熊野堂、被致軍忠之条、尤神妙也、同為武野路手、可被致合戦、重有軍忠者、可有抽賞也、仍執達如件、

建武四年正月廿七日　　(氏家道誠)沙弥（花押）

相馬惣領松鶴(胤頼)殿

〇二八一　相馬松鶴丸着到状　〇磐城相馬文書

建武四年正月廿六日於東海道宇(多カ)□庄熊野堂着到事

相馬松鶴(胤頼)丸　　同九郎入道了胤　　同□

江井御房丸　　同小次郎胤盛

同弥五郎胤仲　　同弥次郎実胤

同孫二郎綱胤　　同七郎入道子五郎顕胤

同小四郎胤時　　同五郎康胤　　同又一胤貞

同■(小)次郎胤政　　同岡田駒一丸　　同千与丸

同岡田主一丸　　同孫六郎盛胤

同孫次郎入道行胤　　同五郎胤経

武石五郎胤通
為御方馳参候、
右、去々年為国司(北畠顕家)誅伐、志和尾張(斯波家長)弥三郎殿府中御発向之時、松鶴祖父相馬孫五郎重胤、発向于渡郡(亘理)河名宿、武石上総権介□□賜、東海道打立、関東馳参、去年□□蜂起之時、致合戦忠節、結句国司下向□(之カ)時、於法花堂下自害、挙希代其家者也、親父孫次郎親胤者、去々年千田大隅守相□(共向カ)于千葉楯、致合戦之処、俄将軍(足利尊氏)家京都御上洛之間、御具申、至于今末(未)及下国、於伯父弥次郎者親胤舎弟、去年五月国司下向之時、東海道為小高楯致合戦、終以打死畢、其後松鶴以下一族等、隠居山林之処、幸此御合戦蜂起之間、松鶴雖幼少、付着到之処、□(一カ)族等相催之、宇多庄打越、結城上野入道(宗広)代中村六郎、数万騎楯籠当庄熊野堂之処、相寄、打散畢、為君、祖父・伯父非失命、致京都奉公、松鶴又於御方致忠節上者、賜一見御判、弥追贅近郡、為後証備、粗着到目安言上如件、
建武四年正月　日
「承了(証判)（花押）(氏家道誠)」

「(押紙)鎌倉御奉行証判」

○二八二　後醍醐天皇綸旨写　○白河集古苑所蔵白河結城文書

相催一族、急速可令上洛也、
天気如此、悉之、以状、
延元二
二月三日　(勘脱)解由次官在判
結城上野入道(宗広)館

○二八三　氏家道誠奉書案　○磐城相馬文書

武石四郎左衛門入道々倫申、奥州曰理(亘)郡坂本郷事、至正和年知行云々、而依子息左衛門五郎軍忠、云本領、云恩賞、任先例可被知行之状、依仰執達如件、
建武四年二月六日　氏家道誠在判
武石四郎左衛門入道殿

○二八四　恒良親王カ綸旨写　○白河集古苑所蔵白河結城文書

度々被下　綸旨候了、忩相催一族、可馳参者、

天気如此、悉之、

延元二

二月九日　　右衛門督(新田義貞カ)在判

結城上野入道館(宗広)

〇二八五　後醍醐天皇綸旨写　〇白河集古苑所蔵白河結城文書

度々被仰候了、相構、以夜継日、可令馳参者、

天氣如此、悉之、

延元二

二月十九日　　勘解由次官在判

結城上野入道館(宗広)

〇二八六　伊賀盛光代難波本寂房軍忠状　〇磐城飯野文書

伊賀式部三郎盛光代南葉(難波)本寂房軍忠事

右、為宇都宮後責、為石河孫太郎入道大将、依被馳参下野国茂木郡高藤宮前、二月廿一日取陳(陣)之処、寄来国司(北畠顕家)方軍勢等数万騎之間、本寂自大手馳出、致散々合戦、抽忠節之条、日大将沢井小太郎令見知訖、仍之状如件、

建武四年二月廿二日

「見候畢(証判)　(石川義光)(花押)」

〇二八七　相馬親胤軍忠状　〇磐城相馬文書

相馬孫次郎親胤申合戦次第事

右於親胤者、為　惣大将帥宮□城令警固間、若党目々沢七郎蔵人盛清以下差遣之、今月廿一日、日大将蔵人殿、常州関城御発向間、依手分、馳渡絹河上瀬中沼渡戸、追散数□御敵等、焼払数百間在家等了、此段侍大将佐原三郎左衛門尉令見知上者、賜御判、為後証、恐々目安如件、

建武三年二月廿二日

「承了(証判)　(石塔義房)(花押)」

〇二八八　伊賀盛光代難波本寂房着到状　〇磐城飯野文書

着到　陸奥国

伊賀式部三郎盛光代難波本寂房

右、為奥州対治御発向之間、馳参下野国部王宿所、令供奉
候、着到如件、
建武四年二月廿七日
「承了（証判）（花押）」

○二八九　盛俊田在家充行状　○羽前慈恩寺宝林坊文書

□□（充行カ）上野村之内河原先達之跡田在家事
合所当御銭肆貫文者
右の田在家并先達居在家、王子御初物として、彼在家につ
く候処の分、い（一カ）分も不残、作人孫七殿打渡候也、於年貢者、
任所之例、可被沙汰、此外臨時天役万雑公事おち来候とも、
作人のはつらいあるへからす候、仍宛文之状如件、
延元二年三月二日　　盛俊（花押）

○二九〇　沙弥宗西奉書写　○北海道伊達市教育委員会所蔵伊達支族伝引証記所収石田文書

（花押影）
信夫庄新日吉社□事、所被補任也、恒例神事已下、
無懈怠可被致其沙汰之由、依別当法印御房仰、執達如件、
延元二年三月六日　　沙弥宗西奉
謹上　石田修理亮殿

○二九一　後醍醐天皇綸旨写　○白河集古苑所蔵白河結城文書

下総国結城郡朝祐跡（結城）、下野国寒河郡闕所（ママ）、同国中泉庄
二階堂下野入道同下総入道等跡、為勲功賞、可令知行者、
延元二年三月十六日　　左中弁在判
結城上野入道館（宗広）

○二九二　伊賀盛光着到状　○磐城飯野文書

着到　陸奥国
伊賀式部三郎盛光
右、為奥州対治御発向之間、馳参常州国汲（ママ）上宿所、令供奉
之、着到如件、
建武四年三月十七日

「承了(証判)（花押）」

〇二九三　某着到状　〇相馬市教育委員会寄託相馬岡田文書

着到

右、大将御発向之間、自最前馳参御方候之者、賜御判、為
備後日亀鏡、仍着到如件、

建武四年三月廿日

「承了(証判)（花押）」

〇二九四　岡本隆弘着到状写　〇秋田藩家蔵文書十岡本又太郎元朝家蔵文書

着到

奥州岩崎郡岡本三郎四郎隆弘

右、着到如件、

建武四年三月廿二日

「承了(証判)（花押影）」

〇二九五　足利尊氏下文案　〇羽後佐竹文書

御判(足利尊氏)

下　佐竹上総入道々源(貞義)

可令早領知陸奥国雅楽(宇多)庄地頭職事

右、為子息等討死之賞、所充行也、早任先例、可致沙汰之
状如件

建武四年三月廿六日

〇二九六　高師直施行状案　〇常陸密蔵院古文書

陸奥国雅楽(宇多)庄地頭職事、任御下文、可致(被カ)沙汰任(付カ)于佐竹
上総入道々源(貞義)代官之状、依仰執達如件、

建武四年三月廿六日　武蔵権守(高師直)在判

少輔四郎入道殿

〇二九七　北畠顕家御教書写　〇結城古文書写乾

（花押）(北畠顕家)

為五百河(安達郡)凶徒対治、所被差遣軍勢也、早相催庄司一族、令
発向、可被致対治沙汰由、鎮守大将軍(北畠顕家)仰所候也、仍執達

如件、

延元二年三月廿九日　　軍監有実奉

(結城親朝)大蔵権少輔殿

○二九八　伊賀盛光軍忠状　○磐城飯野文書

目安

伊賀式部三郎盛光軍忠事

右、為誅伐当国(常陸)凶徒小田宮内権少輔治久以下輩、大将佐竹刑部大輔義篤発向之間、属一方大将佐竹三郎入道慈源手、馳向小田城、今年建武四二月廿四日・同廿九日度々合戦致軍忠、同三月十日、(小田)治久出向国府原之間、盛光懸入多勢之中、致散々合戦訖、随而若党贄田彦太郎(盛重)分取仕畢、麻続(績)兵衛太郎(盛清)御敵二人切弃之畢、此条小栗十郎右衛門尉見知之上者、且預御注進、且為備向後亀鏡、目安言上如件、

建武四年三月　日

「(証判)承了(花押)」

○二九九　伊賀盛光軍忠状　○磐城飯野文書

目安

伊賀式部三郎盛光軍忠事

右、為誅伐常陸国小田宮内権少輔治久以下凶徒等、大将佐竹刑部大輔義篤発向之間、属一方大将佐竹三郎入道自(慈)源手、馳向小田城、今年建武四二月廿四日・同廿六日・同廿九日、度々致合戦軍忠、同三月十日、(小田)治久出向国府原之間、盛光懸入多勢之中、致散々合戦訖、随而若党贄田彦太郎(盛重)分取了、麻続(績)(盛清)兵衛太郎御敵二人切捨訖、此条小栗十郎右衛門尉見知上者、且預御注進、且賜御判、為備後証、目安言上如件、

建武四年三月　日

「(証判)一見了(佐竹義篤)(花押)」

○三〇〇　参議某奉書写　○白河集古苑所蔵白河結城文書

度々被仰了、而遅参之間、凶徒未敗北、忩可被馳参之由、被仰下之状如件、

延元二四月五日　　参議在判

上野入道(結城宗広)館

〇三〇一　北畠顕家御教書写　〇結城古文書写乾

(花押)(北畠顕家)

五百川(安達郡)凶徒対治事、先度被仰候了、方々余類等馳集之間、伊達・庄司(田村)輩、遂合戦之最中也、相催一族、忩可令馳向給之由、鎮守大将軍(北畠顕家)仰所候也、仍執達如件、

延元二年四月九日　　軍監有実奉

大蔵権少輔(結城親朝)殿

〇三〇二　新次為行軍忠状写　〇楓軒文書纂五十八諸家文書六

新次二郎太郎為行軍忠事

右、去建武四四月九日、大将中賀野八郎(義長)殿、行方郡小高館被召御陣之処、自霊山、広橋修理亮(経泰)多勢寄来処、自九日昼夜九ケ日、致忠節畢、而於大手致合戦之処、為行左手被切畢、此条大将御見知之上者、給御判、為備後証、目安如件、

建武四年四月十三日

「一見了(証判)　(花押)(中賀野義長)」

〇三〇三　相馬乙鶴丸代妙蓮申状※　〇相馬市教育委員会寄託相馬岡田文書

相馬泉五郎胤康今者討死子息乙鶴(胤家)□(丸)代妙蓮謹言上

欲早預一族一烈御注進、蒙恩□亡父相馬五郎胤康軍忠、所預給地、下総国相馬郡内手賀・藤心両村新田源三郎跡已下所々事

副進

一巻　胤康合戦并討死一見状

一通　預所并由緒地注文

右、胤康去々年建武二陸奥守(斯波家長)殿自奥州御発向之時、一族相共馳参河名宿、令対治所々城墎、於鎌倉両三ケ度合戦抽軍忠之条、目安明白也、而奥州前司(北畠)顕家卿下向之時、馳向片瀬河、最前討死訖、然早預恩賞、欲備後代面目、爰相馬郡手賀・藤心両村者、為先祖本領之上、胤康存日依有殊忠、抜一族中、宛于胤康身、直預給訖、早欲宛給之、次上総国三

直津・久良海・真利谷等郷、常州伊佐郡西方者、為度々合戦賞、預給一族中訖、次奥州行方郡□地所令注進也、早預御吹挙、為蒙御成敗、恐々言上如件、

（花押）《（岡重直）》

○本文書は、次号、建武四年四月十七日、斯波家長推挙状の文中の「子息乙鶴丸申状」にあたる。また三一一号　相馬竹鶴丸申状、三一二号　相馬福寿丸申状、三三五号　相馬乙鶴丸代祐賢申状と同筆である。

○三〇四　斯波家長推挙状　○相馬市教育委員会寄託相馬岡田文書

相馬泉五郎胤康今者討死子息乙鶴丸申状如此候、謹令進上之候、且為訴訟進上代官候之由、令申候、且胤康去年奥州前司顕家卿発向時、討死仕候訖、合戦之次第、追可令言上候、以此旨可有御披露候、恐惶謹言、

建武四年四月十七日　陸奥守家長《（斯波）》上

進上　武蔵権守《（高師直）》殿

○三〇五　妙蓮書状（折紙）　○相馬市教育委員会寄託相馬岡田文書

「おふへきよしおほせ《（仰せ）》をかふり《（被）》候間、たひ《（給）》候了、せうふん《（少分）》にて候へとも、給候ハ、人めよく候、しかも所やうによりてめされ候事ハ、人ききめんほく《（面目）》なきうゐ、ゆうかいなき事に候間、申上候、かうやに二斗まきのたの候を、せんしとのにまいらせて候、かわりをおかたにまいらせられ候て、反たのかわりニ、このたを給候ハヽ、人ききのめんほくにそなへ候ハんために、申上候、又このとし月ハ、五百五十文のようとう《（用途）》をせんしとのにまいらせて、めうれん《（妙蓮）》かつくて《（作手カ）》にて候間、御をんに給候ハヽ、ことしハかりハ、五百五十のようとうをせんしとのにもまいらせ候へとうけ給候ハヽ、まいらせ候へく候、又さくのまへに候へハ、このひんき《（便宜カ）》にせちのさうをうけ給候ハヽ、けうゑつ《（恐悦）》に存候、このやうを御ひろう《（披露）》あるへく候、恐惶謹言上、

二月廿五日　沙弥妙蓮上（花押）

八郎左衛門尉殿

○本書は年欠であるが、前々号の妙蓮と同一人の書状と推定して、仮にここに収める。

○三〇六　陸奥国国宣写　○北海道伊達市教育委員会所蔵伊達支族伝引証記所収石田文書

(北畠顕家)
(花押影)

陸奥国伊達郡石田村内、越田和田在家黒井蔵人四郎跡事、所宛給
也、可令領掌者、依　国宣執達如件、
延元二年四月十九日　鎮守軍監有実奉
伊達修理亮殿

○三〇七　足利直義御教書　○内閣文庫所蔵朽木文書

奥州凶徒対治事、以家人等、度々致軍忠之条、尤神妙也、
於恩賞者、可有其沙汰之状如件、
建武四年四月廿日　(足利直義)(花押)
佐々木出羽四郎殿(経氏)

○三〇八　後醍醐天皇綸旨写　○白河集古苑所蔵白河結城文書

参洛之事、度々被仰了、相構、以夜継日、可令馳参之由、
重被仰下之状如件、
(延元二年カ)
四月廿八日　勘解由次官在判
結城上野入道館(宗広)

○三〇九　伊賀盛光代難波本寂房軍忠状　○磐城飯野文書

伊賀式部三郎盛光代難波本寂坊軍忠事
右、於下野国宇都宮、国司(北畠顕家)勢、今年建武四三月五日寄来小山
城之処仁、盛光代本寂馳向卜条下河原、属于大将軍
(足利直義)左馬助殿御手、致合戦軍忠畢、以此条加治五郎次郎・同十
郎五郎見知訖畢(マヽ)、依被加御一見、為備後証、目安如件、
建武四年四月　日
「承了(証判)(花押)」

○三一〇　相馬胤時軍忠状　○磐城相馬文書

相馬小四郎胤時申軍忠□(次第事カ)
右胤時、於霊山、蔵人殿奥州御発向間、馳参三箱□到於
霊山搦手、属東海道大将惣領□同日羽鳥小太郎楯
□合戦致忠、同二日標葉小丸□人令剪捨処、行方郡小高

城□□(惣領)楯籠処、同九日□来間、依責戦、敵一人射留了、
同十日合戦抽□戦剪捨一人、同十二日夜、出張合戦致
忠了、然□備亀鏡、仍一見状如件、

建武四年卯月　日

(証判)「承□□(花押カ)」

○三一一　相馬竹鶴丸申状　○相馬市教育委員会寄託相馬岡田文書

(端裏書)「雑入」
(端裏銘)「相馬竹鶴丸状建武四　五　二」

相馬七郎胤治子息竹鶴丸謹言上
欲早被経御吹挙、預恩賞、亡父胤治、於奥州行方郡小高
城討死事
右、胤治去々年建武二陸奥守(斯波家長)殿御発向之時、一族相共馳参、
致所々合戦畢、爰為国中静謐、相馬孫五郎重胤屋形構城郭、
重胤者乍令在鎌倉、差置次男弥次郎光胤之処、凶徒等以大
勢責来之由、依有其聞、胤治馳下、致度々合戦畢、而
奥州前司(北畠顕家)下向之時、令討死畢、早被経御注進、為預恩賞、
恐々言上如件、

(岡重直)(花押)

○本書は三一三号、建武四年五月二日、斯波家長推挙状案の「同七郎胤治子息竹鶴丸……申状」にあたる。また三〇三号　相馬乙鶴丸代妙蓮申状、三一二号　相馬福寿丸申状、三三五号　相馬乙鶴丸代祐賢申状と同筆である。

○三一二　相馬福寿丸申状　○相馬市教育委員会寄託相馬岡田文書

相馬四郎成胤□(子息福寿丸言上カ)
欲早預御吹挙、蒙恩賞、亡父成胤、□(奥州)行方□(郡小)高城討
死事
右、成胤去々年建武二陸奥守(斯波家長)殿御発向之時、一族相共馳参、
致所々合戦畢、爰為国中静謐、相馬孫五郎重胤屋形構城郭、
重胤者乍令在鎌倉、差置次男弥次郎光胤之処、凶徒等以大
勢責来之由、依有其聞、成胤馳下、致度々合戦畢、而奥州(北畠顕家)
前司下向之時、令討死畢、早被経御注進、為預恩賞、恐々
言上如件、

(岡重直)(花押)

○本書は前号と同じく、次号、建武四年五月二日、斯波家長推挙状案の同四郎成胤子息福寿丸申状にあたる。筆跡についても前号の注を参照。

○三一三　斯波家長推挙状案　○相馬市教育委員会寄託相馬岡田文書

(端裏書)「ちうしんあん
六郎殿・七郎殿・四郎殿」

相馬六郎長胤今者討死子息孫鶴丸・同七郎胤治子息竹鶴丸・同
四郎成胤子息福寿丸等申状三通、如此候、謹令進覧候、且
為申給所領安堵候、進上代官候、且長胤・胤治・成胤等
顕家(北畠)卿発向之時、去年建武三五月、於奥州行方郡内小高城令
討死候訖、此等子細追可令言上候、以此旨可有御披露候、
恐惶謹言、

建武四年五月二日　陸奥守(斯波)家長上(裏書)「在御判」

進上　武蔵権守(高師直)殿

○三一四　参議某奉書写　○白河集古苑所蔵白河結城文書

東軍遅々之間、近国令猶予、仍凶徒弥廻種々計略之由、其
聞候之間、及遅引候者、難儀可出来候、相構々々、忩可令
参洛給、
被望申事、被談仰北畠入道(親房)一品、可有其沙汰之由、被仰下
之状如件、

(延元二年)五月六日　参議在判

上野入道(結城宗広)館

○三一五　後醍醐天皇綸旨写　○白河集古苑所蔵白河結城文書

為宮御共(義良親王)、参霊山(伊達郡)城之由、聞食、相扶老躰、存忠節之条、
尤以所感思食也、殊廻籌策、早速可対治朝敵、且陸奥国司(北畠顕家)
上洛者、其間事、殊可申沙汰、軍忠之次第、猶以神妙、宜
被加其賞者、
天気如此、悉之、以状、

延元二年五月十四日　勘解由次官在判

結城上野入道(宗広)館

○三一六　佐竹義篤推挙状　○磐城飯野文書

伊賀式部三郎盛光事、於常陸国久慈東郡花房山以下所々合
戦、抽軍忠訖、仍盛光目安状壱通進覧之候、若此条偽申候

者、
八幡大菩薩御罰於、可罷蒙候、以此旨、可有御披露候、恐
惶謹言、
建武四年五月廿日　　刑部大輔義篤（佐竹）（裏花押）
進上　御奉行所

〇三一七　伊賀盛光軍忠状　〇磐城飯野文書

（端裏銘）「伊賀式部三郎所進目安　建武四　五　廿」
目安
伊賀式部三郎盛光度々軍忠事
一建武二年十一月二日、依左馬守（足利直義）（頭）殿御教書幷佐竹上総入道（貞義）々
源催促、同十二月廿四日、馳参佐竹楯畢、
一同三年七月廿二日、馳参常陸国武生城之畢（裏花押）（佐竹義篤）
一同年八月廿二日、同国久慈西郡寄茋連城之処、馳向御敵
小田宮内（治久）小輔（少）幷広橋修理亮以下凶徒等之間、同来（東）郡華房
山合戦抽軍忠畢、
一同年十二月十日、同国久慈西郡寄茋連城之処、（裏花押、佐竹義篤）馳向同凶
徒等之間、同来（東）郡岩出河原合戦致軍忠、分取頚二、同十
一日打落茋連城畢、
一同四年二月、馳向小田城、同廿四日・廿六日・廿九日、
三ケ度合戦致軍忠畢、
一同三月十日、国府原合戦致軍忠、御敵三人一人分取、二人切捨、
右、於常陸国所々合戦、致軍忠之間、盛光建武四年正月十
日、預御感御教書之畢、然者早預御注進、為備後証、目安
如件、
建武四年五月　日

〇三一八　伊賀盛光軍忠状　〇磐城飯野文書

目安
伊賀式部三郎盛光軍忠事
右、寄霊山（伊達郡）搦手之処、建武四五月十八日、御敵馳向奥州椎葉（標葉）
郡中前寺間、致合戦忠節畢、仍被加一見、為備後証、目安
如件、
建武四年五月　日

「一見了（証判）（花押）（中賀野義長）」

○三一九　伊賀盛光軍忠状　○磐城飯野文書

目安

伊賀式部三郎盛光軍忠事

右、寄霊山搦手之処、建武四五月廿一日、御敵馳向奥州行方郡安子橋間、盛光若党森田源次太郎国泰懸先、抽合戦之条、加治十郎五郎（家頼）令見知畢、仍備後証、目安如件、

建武四年五月　日

「一見了（証判）（花押）（中賀野義長）」

○三二〇　相馬胤時軍忠状　○磐城相馬文書

「山搦手東海道、数ケ度合戦次第□

一四月一日建武四、於楢葉郡八里原合戦□羽鳥太郎楯追落乎（畢）、

一同二日、標葉庄小丸城口、羽尾□合戦之時、懸先陳（陣）、御敵一人切捨了、

一同九日、於行方郡小高城、凶徒寄来之時、胤時致散々合戦、御敵一人射留了、

一同五月十日、於標葉立野原合戦、懸先陳（陣）、被疵□、十七日、小丸城合戦之時、致軍忠乎（畢）、

右、条々合戦次第、支証分明之上者、賜御判、為備後証亀鏡状如件、

建武四年五月　日

「承了（証判）（化押）」

○三二一　北畠親房書状写　○白河集古苑所蔵白河結城文書

（端裏書）「御使江戸修理亮延元二・七・十五到御返事同十九日」

北畠殿御書

天下事、聖運有憑、凶徒追罰之不可有程歟、就其、励老骨被致忠之由、連々伝聞、尤以神妙、於今者、為下野大拯入道跡、傍若無人歟、為上、定有御抽賞歟、愚意、又無等閑者也、奥州御発向事、度々被仰下、然而国中無力察存、猶及遅々者、不日率軍勢、追討関東凶徒与遠州井（マヽ）輩引合、令

静謐遠江以東者、諸国対治、無程歟、殊可被申沙汰と(歟カ)、存
命之上、面謁定不可有子細候、委曲可被尋問此使者之状、
如件、
(延元二年)六月九日　　御判(北畠親房)
上野入道(結城宗広)館

○三二二　北畠顕家御教書写　○白河集古苑所蔵白河結城文書

御判(北畠顕家)
度々合戦被致忠之条、尤以神妙、恩賞事、殊可有其沙汰也、
且云忠次第、云闕所事、春日少将(北畠顕国)家注進到来之日、可被行
之、委細以上野入道(結城宗広)被仰遣也、
鎮守大将軍(北畠顕家)仰所候也、仍執達如件、
延元二年六月廿五日　　軍監有実奉
大内三郎左衛門尉殿
皆河孫四郎殿同前
山河下総七郎殿同前

○三二三　北畠顕家御教書写　○白河集古苑所蔵白河結城文書

御判(北畠顕家)
坂東居住一族等、云軍忠事、云恩賞事、春日少将(顕国)家雖可被
注進、殊可被執申之由、被仰下候也、仍執達如件、
延元二年六月廿六日　　鎮守軍監有実奉
上野入道(結城宗広)殿

○三二四　陸奥国国宣写　○白河集古苑所蔵白河結城文書

御判(北畠顕家カ)
陸奥国高野南郡内和泉守時知跡事、為勲功賞、所被宛行也、
早守先例、可被知行者、依　国宣執達如件、
延元二年六月廿八日　　鎮守軍監有実奉
上野入道(結城宗広)殿

○三二五　陸奥国国宣写　○白河集古苑所蔵白河結城文書

御判(北畠顕家)
陸奥国高野南郡内和泉守時知《是ヲナヲサレ畢》跡事、為勲功賞所被宛行也、

早可被知行之由、国宣所候也、仍執達如件、

延元二年六月廿八日　鎮守軍監有実奉

（結城宗広）上野入道殿

○三二六　伊賀盛光申状　○磐城飯野文書

伊賀式部三郎盛光謹言上

欲早且任外題安堵譲状旨、且依御方合戦軍忠、成賜安堵御下文、備末代亀鏡、弥抽武勇忠節、当知行所領常陸国伊佐郡内石原田郷地頭職・陸奥国好嶋庄内飯野村幷好嶋村預所職事

副進

一通　系図

三通　関東外題譲状案

一通　奥州前国司（北畠顕家）安堵国司（宣）案

一巻　常陸・下野・奥州三ヶ国之間、度々合戦支証状等案

右、於所領者、盛光為重代相伝之地、当知行于今所無相違也、而亡父左衛門尉光貞、去嘉暦二年七月十六日、譲与于盛光之間、仍令伝領之、同三年十月十日、申賜関東外題安堵者也、爰於軍忠者、自最前馳参御方、致数ヶ所合戦之条、御感御教書・着到・大将軍一見状等明鏡之間、謹備于状右、然早且任重代相伝安堵譲状等旨、且依御方合戦異于他忠、当知行無相違之上者、成賜安堵御下文、備末代亀鏡、弥為抽武勇奉公、恐々謹言上如件、

建武四年六月　日

（裏花押）

○三二七　伊賀盛光申状案　○磐城飯野文書

（端裏書）「□安堵申状あん」

伊賀式部三郎盛光謹言上

欲早任外題安堵譲状旨、且依御方合戦軍忠、成賜安堵御下文、備末代亀鏡、弥抽武勇忠節、当知行所領常陸国伊佐郡石原田郷地頭職、幷陸奥国好嶋庄内○飯野村幷好嶋村西方預所職事、

副進
一通　系図
三通　関東外題譲状案
一通　奥州前国司（北畠顕家）安堵国宣案
一通　同国司津軽合戦恩賞国宣案
一巻　常陸・下野・奥州三ヶ国之間、度々合戦支証
状等案
右、於所領者、盛光為重代相伝之地、当知行于今所無相違
也、而亡父左衛門尉光貞、去嘉暦二年七月十六日、譲与于
盛光之間、仍令伝領之、同三年十月十日、申賜関東外題安
堵者也、爰於軍忠者、自最前馳参御方、致数ヶ所合戦之条、
御感御教書・着到・大将軍一見状等明鏡之間、謹備状右、
然早且任重代相伝安堵譲状等之旨、且依御方合戦異于他忠、
当知行無相違之上者、成賜安堵御下文、備末代亀鏡、弥為
抽武勇奉公、恐々謹言上如件、
建武四年六月　日

○本文書は前号の案文である。

○三二八　足利直義下文　○吉成尚親氏所蔵茂木文書

下　茂木越中権守知貞法師法名明阿
可令早領知下野国茂木保内五ヶ郷鮎田・神江・内□・紀藤和・坂井
伊国賀太庄・陸奥国千馬屋郷（磐井郡）・丹波国私市□公文名等地
頭職事
右、茂木保五ヶ郷者、先祖筑後守知家、建久三年八月廿□
拝領之、賀太庄者、子息三郎知基、承久三年九月十六日、
為□功之賞宛給之後、祖父知盛、正嘉二年十二月二日帯安
堵之上、知□□（民嘉）元二年六月廿七日給外題畢、千馬屋郷者、
祖母尼慈阿為□地、譲与亡父知氏之間、嘉元二年十二月廿日、
預下知状、共以知行無相□（違）、而正和二年二月十日、明阿譲
得之間、元亨三年十二月二日、給外題□□（私）市庄公文職者、
外祖父清久小次郎胤行、貞応二年六月六□地也、而亡母
照海相伝之、嘉暦二年七月十六日、譲与明阿之間、元徳□
九月廿日給外題、皆以当知行無相違、爰去年十一月七日、
為凶徒□明阿宿所炎上之刻、賀太庄本御下文幷明阿所得亡

父知氏□彼是二通、雖令紛失、於自余文書者、悉令備進之上、亡父□所給嘉元二年六月廿七日外題安堵分明也云々、仍尋問平田□五郎成行・粟飯原中務入道蓮胤・小山余次郎朝貞之処、如成行□年二月十二日・蓮胤同十三日・朝貞同十五日請文者、文書紛失之段□所領等知行無相違、可支申仁無之候云々者、守先例、可領掌□如件、以下、

建武四年七月三日

源朝臣《（足利直義）》（花押）

○三二九　足利直義安堵状　○相模円覚寺文書

当寺領尾張国篠木庄《（春日部郡）》、富田庄《（海東郡）》、国分《（中嶋郡）》・溝口両村、越前国山本庄内泉・[redacted]《（船津）》両郷、武蔵国江戸郷内前嶋《（豊島郡）》、上総国畔蒜南庄内亀山郷、下総国大須賀保内毛成・草毛両村、上野国玉村御厨内北玉村郷、出羽国北寒河江庄五ケ郷《吉田・□《堀ゝ》口・三曹司両所・窪目》地頭職事、任去々年十一月八日官符幷関東安堵等、可令知行給之状如件、

建武四年七月十日

左馬頭《（足利直義）》（花押）

謹上　円覚寺長老《（大川道通）》

○「船津」の裏に花押あり。

○三三〇　北畠親房御教書写　○白河集古苑所蔵白河結城文書

御判北畠入道殿

国司《（北畠顕家）》御上洛事、度々被下　勅書・綸旨候歟、然而御分国内悉未静謐候歟、又軍勢疲労、皆被推察候、御発向遅引無力事候哉、但諸国官軍、近日雖得力之体候、各待申当国御左右之体候也、相構、早遣《（速カ）》申沙汰候者、可為無雙之高名候、励老骨、被致忠之由、其聞候間、万事憑敷候、且御心中可被察申候、諸事被憑思食候也、御上洛猶難義之次第、被進軍勢、忩可被責落関東候、其聞事度々被申候了、抑結城下方・寒河内六郷事、被望申候歟、於為闕所者、何可有子細哉、先以奥州《（北畠顕家カ）》御教書、可被申給候歟、此僧被遣法勝《勝ゝ》寺、事書持参候間、委不達上聞候歟、且又追委可被申候、彼上人辺事者、向後可被得意候、自最前、被通彼方候之間、

無念之次第候、諸事被期後信候之由、仰所候也、恐々謹言、
（延元二年）七月十一日　沙弥元覚
結城（宗広）上野入道殿

○三三一　弾正忠某・源某連署奉書　○磐城飯野文書

伊賀式部三郎盛光・同左衛門次郎貞長等申、岩城郡好嶋西方本知行分事、任相伝文書、可被沙汰付、若有子細者、可被注申之由、依仰執達如件、

建武四年七月廿八日　源（花押）
弾正忠（花押）

中賀野八郎（義長）殿

○三三二　曾我貞光軍忠状案　○南部光徹氏所蔵遠野南部文書

（端裏書）「いゑすへ（家季）」
（端書）「いゑすへの一見状」

曾我太郎貞光謹目安言上

両年于合戦致忠節間事

一去年建武三正月六日、大将軍国中御発向之時、応于（足利尊氏）将軍家御教書、最前令参御方候、同廿日、押寄船水楯（津軽鼻和郡）、被致合戦之時、若党羽鳥次郎兵衛尉重泰右肩被射通候了、中間二郎五郎左膝被射抜候了、

一同年五月廿七日、御奉行御楯押寄、諸方敵致合戦之時、貞光之手勢、同一族等計、押寄倉光之楯、致終日合戦之時、親類曾我弥三郎光俊、右頸骨乍被射通候、敵一人討取候了侍名字不知、若党平賀又次郎貞泰、腰乍射抜候、分捕仕候了、討死二人、若党小林六郎時重・紀佐市弥八盛忠云々、中間彦五郎右目下被射通了、其上仕生虜三人候了、

一同年六月廿一日、田舎楯（津軽田舎郡）合戦之時、若党矢木弥二郎光泰、仕分捕候了、同矢木太郎光俊、右肩被射通候了、

一同年七月、新里・堀越両所（津軽平賀郡）被楯築之時、敵倉光孫三郎出張、致合戦之時、依抽軍忠、若党印東小四郎光盛仕分捕候了、次小河又三郎貞長、左耳下被射通候了、仕生虜二人候了、

一今年正月廿四日、又田舎楯合戦之時、若党紀佐市弥二郎盛国、右足平被射通候了、
一貞光築格別楯、御方諸方於通道、無煩者也、是又非一忠哉、
右、両年度々合戦之間、親類若党等、或討死、或分捕、生虜、及数ヶ度、抽軍忠之条、不可勝計、向後可致忠節候、所詮賜　大将軍御判、施弓矢面目、為備後証、粗目安言上如件、
建武二年七月　日　「(証判)承候了　在判」

○三三三　中賀野義長打渡状　○磐城飯野文書

陸奥国好嶋庄西方、任去七月廿八日御教書旨、打渡伊賀三郎盛光之状、如件、
建武四季八月三日　(中賀野)源義長（花押）
伊賀式部三郎(盛光)殿

○三三四　円信等八人連署紛失状写　○宮内庁書陵部所蔵古文書

(端書)「深草支証紛失状本文」
□(願カ)蓮寺領山城国紀伊郡内深草散在田地幷当寺文書等正文紛失事
右、去年二月六日、為大理(北畠顕家)卿奉行就被没官当寺、以使庁下部等、被追捕寺庫、同八月廿三日、新田掃部助長氏重打入当寺、焼払庫倉等畢、彼両度動乱時、深草散在田地文書幷当寺文書正文等、少々令紛失了、此条敢無其隠者也、仍以彼手継券文等相残案文、為後代亀鏡、立紛失状、各令加証判矣、若自今以後、有出帯彼文書等之輩者、可被処盗犯罪科之条如件、
建武肆年八月三日
円信（花押影）
法橋宗舜（花押影）
法印了賢（花押影）
権少僧都源順（花押影）
法眼任宗（花押影）
威儀師相暹（花押影）

○三三五　相馬乙鶴丸代祐賢申状　○相馬市教育委員会寄託相馬岡田文書

(端裏銘)「雑入　建武四・八・十八
相馬泉五郎子息乙鶴丸代重申状」
相馬泉五郎胤康今者討死子息乙鶴丸(胤家)代祐賢謹言上
欲早重以御誓状預御注進、施弓箭面目、下総国相馬御厨内泉郷并手賀・藤心両郷新田源三郎跡、奥州行方郡内岡田村・八兎村・飯土江狩倉一所・矢河原、同国竹城保内波多谷村事
件条、先度具言上畢、今年建武四四月十七日、下賜御吹挙状、云本領安堵、云申立恩賞之処、依無御誓文御注進、相残御不審歟、可申重注進之由、被仰出之間、令言上者也、於胤康者、致度々合戦高名、四月建武三十六日、顕家卿発向之時、令討死畢、乙鶴丸者、於奥州、属石塔源蔵人殿、致合戦之上者、早預御注進、蒙恩賞、為備後代亀鏡、仍恐々言上如件、

○本文書は次号、斯波家長推挙状にいう乙鶴丸申状にあたる。また三〇一号相馬乙鶴丸代妙蓮申状、三〇九号相馬竹鶴丸申状。三一〇号相馬福寿丸申状と同筆である。

○三三六　斯波家長推挙状　○相馬市教育委員会寄託相馬岡田文書

相馬泉五郎胤康今者討死子息乙鶴□(丸申カ)、下総国相馬御厨内泉郷本領并手賀・藤心両郷新田跡源三郎(ママ)安堵事、胤康者、為御方自奥州致軍忠、去年二・三両月、前代一族蜂起之時、散々致合戦、同四月十六日、奥州前司顕家卿下向之刻、最前馳向鎌倉片瀬河、討死訖、先度雖致注進、依無誓文、残御疑胎候歟、将又討死無異儀候、此条偽申候者、
八幡大菩薩可蒙御罰候、以此旨可有御披露候平、恐惶謹言、
建武四年八月十八日　　陸奥守家長(斯波)上
進上　武蔵権守殿(高師直)

○三三七　陸奥国国宣写　○白河集古苑所蔵結城文書

結城郡内上方者、為朝祐跡、先立拝領之、下方者、号山河、此領主山河判官者、今度成朝敵了、
一寒河郡十二郷内六郷為闕所、拝領了、先立残六郷領主等、今度悉成御敵了、

下野国寒河郡事、領主等悉与同凶徒、云々、然早彼跡可
被領掌由、国宣候也、仍執達如件、

延元二年八月廿二日　　鎮守軍監有実奉

結城上野入道殿

○三三八　曾我貞光軍忠状　○南部光徹氏所蔵遠野南部文書

曾我太郎貞光謹目安言上

両年于合戦致忠節間事

一去年建武三正月十三日、大将軍国□（中御進発之時）、応于将
軍家御教書、最前令□（参御方候）、同廿日、押寄鼻和郡船
水楯、被合□（戦之時、若党）羽鳥次郎兵衛尉重泰、右肩深
□（被射通候了）、中間二郎五郎左膝被射抜候了、

一同年八月一日、鹿角郡国代成田小□（二郎左衛門）尉為対治御
発向之時、親類曾我弥三郎光俊為代官、馳向大里楯、致
軍□（忠候了）、

一今年七月十一日、又打入鹿角郡、被打□（落）二藤次楯・雷楯・
大豆田楯三ケ所之時、若党□（鱸孫三郎）鎌（カ）治為代官、属御
奉行御手、致軍忠候了、

一同十四日、大里楯押寄、被致合戦之時、若□（党等）属御手、
毎度合戦、抽忠勤候了、同□（月廿日猿）尾楯致合戦之時、中
間源七左肩被射抜候□（了）、此外所々為合戦、致忠節候事、
不可勝計候、

右、両年中之合戦之間、親類・若党等抽忠勤、宿夜警固、
所々待（侍）候、無申計候、所詮賜大将軍御判、備後証、為施弓
箭面目、恐々粗言上如件、

建武二年八月廿三日

「（証判）承候了、源（浅利清連）（花押）」

○傍注の（　）内は同文の与による。

○三三九　相馬胤平軍忠状　○磐城相馬文書

合戦目安

相馬六郎左衛門尉胤平申合戦事

右、陸奥国高野郡内矢築（八槻）宿仁天、去年建武三十二月廿三日夜、
御敵数千騎押寄之処仁、捨テ身命、令塞戦之処仁、幡差平

七助久、小耳尾被射抜畢、同廿六日当国行方郡高平村内寛徳寺打越、舎弟八郎衛《(マヽ)》門尉家胤・同九郎兵衛尉胤門・并次郎兵衛尉胤景・同又次郎胤時・同彦次郎胤祐・同孫五郎親胤相共、構城館、於御方館築候之処仁、当年建武四三月八日為凶徒対治、自伊達郡霊山館、於《(マヽ)》広橋修理亮経泰大将軍、小手保河俣城被相向候之由、有其聞之間、同十一日馳向之処仁、先立于御敵成于降人参之間、同十三日信夫庄打入天、対治凶徒余類、同十五日同庄荒井城押寄、致合戦之忠、捨身命令相戦之間、御敵降人仁出来候訖、同廿三日行方郡小鷹《(高)》館責寄、不惜身命塞戦之間、中間彦四郎家守蒙疵候畢、此段被見知候訖、同廿四日、凶徒成于降人、令参候訖、同年四月六日、菊田庄三箱・湯本・堀坂口、石河凶徒等、引率多勢押寄之間、捨于身命、一族相共、懸先令戦之間、御敵送《(追カ)》散候訖、同月九日、常陸国小田兵衛介館《(マヽ)》篭于御敵、同越中入道館・同田中城并北条城并村田館・同小栗城馳向、於凶徒者、送《(追)》落城館、令対治候畢、同月廿四日、　御下向之由承及候之間、宇都宮馳参候、同五月一日、足利為凶徒対治、馳向天、御敵送《(追)》落候畢、同月八日、名《(那)》須城自搦手押寄、捨于身命、令戦之間、下《(常陸)》館送《(追)》落、致合戦忠節之処仁、同十日、胤平左肩被射抜候訖、此段被御疵見候畢、同月廿二日田村館、同廿三日不軽堂《(動カ)》城、一族相副天、軍勢差向候畢、又為凶徒小河・松山誅戮、可発向之由、重被仰下之間、同年八月五日、石河庄松山城自搦手押寄、懸先、捨于身命、令相戦之処仁、御敵成于降人罷出候畢、同月廿二日、佐竹・石河凶徒等、引率多勢相向之間、久慈東小里郷内自西山手、一族相共馳向天、捨于身命、令合戦之間、郎従橘内新兵衛尉光胤懸先、二階堂五郎打留、頸取候畢、此段乃時被御見知候畢、彼此度々合戦令忠節候之上者、為賜御判、合戦目安之状如件、

延元ゝ《(二)》年八月廿六日

「検知了《(証判)》（花押）《(広橋経泰)》」

○三四〇　相馬朝胤軍忠状　○相馬胤道氏所蔵城大悲山文書

□又五郎朝胤申軍忠事

□大将蔵人殿御下向之間、馳参三箱・湯本、為霊□(山搦)手属
惣領親胤手、四月一日(建武四)栖葉八里浜□(合戦カ)懸先畢、
同二日、標葉庄小丸城口羽尾原合戦、懸先切捨一人□楯籠
于小高城処、同九日、寄来数輩凶徒等、同朝胤敵一人射之、
同十日朝胤敵一人射之、幷家人兵衛四郎敵一人射之、爰数
輩凶徒等、切入東壁間、朝胤捨身命塞戦□敵了、同夜出張
馳向東手、数輩凶徒□中江懸入、敵一人射取了、仍家人江
多里六郎太郎入道討死了、同小嶋田五郎太郎・同孫五郎被
疵了、□合戦朝胤敵一人射之、
□日標葉庄立野原合戦、搦手懸□懸先、切捨一人
了、乗馬被切頸、朝胤左手被疵、
同十五日高瀬林合戦致忠了、同廿日行方郡小池城□嶋田原
合戦致忠了、
六月廿五日、数輩凶徒□向城間、敵一人射之、同廿七日
□小池城夜討合戦、家人小野弥三郎懸入東内、致散々合
戦、追散凶徒令放火了、依被疵上者、朝胤度々軍忠□(異カ)于他
者也、然早賜証判、為備後訴、目安如件、

建武四年八月　日

「承了」(証判)　(花押)(相馬親胤)」

〇三四一　野本鶴寿丸軍忠状　〇長門熊谷文書

目安

野本能登四郎朝行(今者死去了)息鶴寿丸申軍忠事

右、朝行為当家一流之跡、自祇候(足利尊氏)将軍家以来、或捨所
領、或軽命、致無弐忠節事、無其隠之上者、始而雖不能
挙功、粗注進之、
一去建武二年十二月八日、(足利尊氏)将軍鎌倉御立之間、朝行御共、
同十一日、於伊豆国愛沢原合戦之時、最初馳向、懸先致
合戦之忠畢、其子細、上杉兵庫入道(憲房)幷侍所三浦因幡守(貞連)等
令見知畢、同日、中山合戦之時、御方之先陣、依御敵等
強歟、少々被引退之間、結城判官(親光カ)手勢、朝行若党岩瀬彦
太郎信経・同又五郎光家・同又太郎胤経・同孫五郎家綱
等相共十余騎、入替懸先、切落御敵一騎、欲取頸之処、
山名伊豆守(時氏)殿為日大将、令見知之上者、雖不取頸、可進
于先之由、被仰之間、随彼命、則追落御敵於河鰭、預大

将御感畢、此子細等、翌日被付着到畢、
一同十二日、同国佐野河合戦之時、自中手渡河、致軍忠畢、
一同十三日、伊豆国苻(府)合戦之時、中間平五郎男令打死畢、
□(一)建武三年正月三日、近江国伊幾寿宮(栗太郡)合戦、朝行若党岩瀬彦太郎信経、最初押寄城之辰巳角、切入城垣之処、信経左右之保(頬)宇於被射抜畢、仍大将兵部大輔(仁木頼章)殿、山名伊豆守殿有御見知而、及御感畢、加之、同若党丸山彦次郎為時・片切五郎成義被疵畢、翌日於野路(栗太郡)宿、被付着到畢、
□(一)同八日、朝行若党岩瀬彦太郎信経・同又五郎・同又太郎・同孫五郎・結城手勢相共、追落八幡(山城国)御敵、至于大渡橋之際、懸先、亦彼等四人、打破橋上之箭(櫓)蔵、切入之処、踏落中橋桁之後、岩瀬亦太郎胤経被疵畢、其子細等、高武蔵守(師直)之陣、為橋上之間、則申入之畢、
□(一)同十六日合戦、朝行若党信経・光家等懸先、追籠御敵於法勝寺(愛宕郡)脇而、纐纈直垂所着之武者一騎切落之畢、其子細、土岐伯州(頼貞)禅門・佐々木左衛門七郎等、所令見知也、
□(一)同廿七日合戦之時、亦朝行若党信経・光家・胤経・家綱・高田弥三郎光幸等懸先、自中賀茂之西、鞍馬法師三人生捕之、於戦場、侍所佐々木備中守所令見知也、同日山河判官(景重)被懸中賀茂比(北カ)之間、信経・光家等、亦責付御敵之楯際而相戦之刻、被射信経之乗馬畢、仍山河判官以下令見知畢、
一同卅日合戦、於法成寺西門前、朝行郎等杉本余一吉弘、組落太田判官(結城親光)家人関孫五郎而、則取頸畢、而侍所佐々木備中守(仲親)令見知畢
一同二月一日、朝行自丹波国志野(篠)村、至于幡广(播磨)国兵庫(摂津国)、将軍御共(供)仕、同十日、摂津国西宮合戦之時、属左馬頭(足利直義)殿御手、進于御前令登山、致軍忠畢、其子細大高伊予守(重成)被見知畢、
一同十一日、摂津国手嶋河原(豊島郡)合戦之時、於河原被取御宿陣之処、俄兵庫江御帰之間、其夜被召具御共畢、
一同十二日、左馬頭殿、自兵庫摩那(耶)城(摂津国兎原郡)御発向之間、御共仕之処、皆以可有打死之由、被相触之間、存其旨之処、亦俄被召御船之刻、夜陰之間、朝行不存知之、不御共仕

之条、失本意畢、且雖相似不忠之至、西国居住一族等、猶以如此、朝行当所不知案内上、御敵已近付来之間、失為方而、無力交入京都、同卅日、逃下京都之処、於参河国、為野伏等欲落命事、及度々畢、且其子細、高五郎(師兼カ)兵衛尉・高美作太郎(師秋)等、委細所被存知也、其後被向遠江国井(伊カ)原城之間、追落御敵之後、申暇、関東江令下向畢、

一小山城(下野国都賀郡)合戦事、将軍鎮西御下向之後者、前国司(北畠顕家)方軍勢等令蜂起、人民無安思、然而当城者為一陣之間、御方仁存御志一族等、馳籠彼城、連々尽合戦忠者也、去年(建武三)十一月三日、横田(河内郡)・毛原合戦之時、分取頸一、入大将見参畢、加之、郎等大渕彦九郎入道被疵之間、所被付着到也、此次第一族等令見知畢、仍大将小山常犬丸(朝氏)祖母証判状在之、亦桃井駿河守(直常)殿着到、同給之畢、

一今年(建武四)三月十日、小田宮内大輔春久(治)幷益戸虎法師丸等、為張本率数輩凶徒等、出向常州府中之間、朝行代官岩瀬彦太郎信経、致合戦之忠節之処、切落御敵一人畢、而益戸常陸介広政馳合、所令見知也、随而佐竹刑部大輔(義篤)一見状分明也、

一同年七月八日、常州関城(関郡)合戦之時、鶴寿丸代官等数輩馳向之内、金崎右衛(門脱)五郎・堺又太郎・肥田七郎・新妻又次郎等、山河判官(景重)・結城犬鶴丸等手勢相共懸先、追越絹河(鬼怒川)、至于関郡盤(般)若原幷城際責寄、致忠節之間、新妻又次郎胤重令討死畢、将又、一族庶子野本五郎高宣以下若党四人、同所令討死也、此等次弟(第)、山河判官・小山常犬丸代官等、令見知畢、仍桃井駿河守殿一見状分明也、

一下総国神崎庄内多賀郷合戦事、当郷者朝行所領也、而千葉下総守(貞胤)一族等、為先帝(後醍醐天皇)御方、令乱入之間、千葉余三清胤、朝行代官相共、為御方、連日致合戦之間、若党等数輩被疵畢、其上、差置代官多賀七郎行胤・小栗左衛門次郎重高・多賀七郎三郎等於千葉大隅守(胤貞)留守大嶋城畢、亦常州大枝郷(南郡)栗俣村等、同朝行知行分也、而前国司勢幷小田勢等、率大勢責来之間、朝行代官等焼払在所、妻子交山林畢、是併非奉公之一分哉、

以前条々如斯、朝行存日、将軍御帰洛之時、最前馳参、
可懸御目之処、相待合戦静謐之刻、今年三月廿七日、令他
界畢、鶴寿丸亦為彼跡、則可令参洛処、未幻(幼)少之上、可召
具若党等合戦最中之間、所及遅々也、以此旨、為被載御注
進、粗目安如件、
建武四年八月　日
「一見了(証判)　(花押)(小山朝郷)」

○三四二　斯波家長奉書　○磐城飯野文書

属中金(中賀野)八郎義長手、致軍忠由、被聞食了、尤以神妙也、至
恩賞者、急可令申沙汰、尚可被致忠節之状、依仰執達如件、
建武四年九月一日　陸奥守(斯波家長)(花押)
伊賀式部三郎(盛光)殿

○三四三　足利直義御判御教書　○羽前上杉文書

□□(陸奥)(北島顕家)前国司已下凶徒等、寄来小山(下野国)城間、自上野国馳越、被
対治事、誠所感思也、委細之旨、被仰使者畢、向後弥可致
精誠、次条々被注申間事、所遣事書也、得其意、可致沙汰
之状如件、
建武四年九月三日　(花押)(足利直義)
上杉民部大輔(憲顕)殿

○三四四　参議某奉書写　○肥後阿蘇文書

諸国已相競之間、京都凶徒追日無勢云々、仍諸方防戦失術
計歟之余、忽構謀計、或当山已令落居了、或可有御和談ナ
レト(ソカ)、種々以虚説、方々ニ披露云々、更〳〵不可被成疑、
京都微弱、以之可被察、時節已至歟、不失此時分、急速可
被責京都之処、諸国遅々之間、延引者也、但奥州去月十一
日進発之由、去夜飛脚参申、又北国近日可入洛云々、而九
州今度不参者、日来忠功如空、且背御本意哉、然者不可待
他国他人、雖一身可馳参、以夜継日、必々可令馳参之由、
別殊被仰下之状如件、
(延元二年)九月十一日　参議花押
阿蘇大宮司(宇治惟時)館

〇**三四五**　新次為行軍忠状　〇広島大学所蔵　猪熊文書

新次二郎太郎為行軍忠事
右去月（建武四）廿九日、行方郡（陸奥国）小池城凶徒等御対治、（為）大将軍中
賀野（為長）八郎殿御発向之間、供奉仕、今月四日押寄彼城、打落
以降、標葉（陸奥国）・楢葉両郡城郭等、無残所令対治上者、賜御判
為備後証、目安如件、
建武四年十月十二日
「一見候了、（証判）　（花押）（中賀野義長）」

〇**三四六**　後醍醐天皇綸旨写　〇結城古文書写有造館本　乾

北国・西国官軍等成勢間、於今度者、同時可被責京都、相
方之官兵、忩可被参之由、
天氣所候也、仍執達如件、
（延元二年）十月十三日　右中弁（花押）
結城大蔵権大輔（親朝）館

〇**三四七**　伊賀盛光代贄田盛行軍忠状　〇磐城飯野文書

伊賀式部三郎盛光代贄田六郎盛行軍忠事
右、今月（建武四）四日、押寄行方郡小池城、同六日、打落之以
降、標葉郡小丸幷滝角城、同楢葉郡朝賀城、其外御敵城墎
等、不残一所、至于御対治、大将供奉仕之上者、賜御判、
為備後証、目安如件、
建武四年十月十五日
「一見候了（証判）　（花押）（中賀野義長）」

〇**三四八**　室町幕府引付頭人奉書写　〇磐城飯野文書

（端書）「自引付五番之手、被成下之、頭人二階堂備中入道殿（道存、時藤）
佐竹源次入道殿　沙弥道存
表書云　小山出羽小四郎判官殿　沙弥道存」
伊賀式部三郎盛光申、常陸国伊佐郡内石原田郷地頭職、陸
奥国好嶋庄内飯野村幷好嶋村預所職等安堵事、所申無相違
否、云当知行之段、云可支申仁之有無、載起請之詞、可被
注申之状、依仰執達如件、

建武四年十月廿八日　沙弥（二階堂道存）在判

小山出羽小四郎判官殿

佐竹源次入道殿　文章同前、別紙、

追仰、

申状具書相副、請文可被返進之由候也、

証人交名事　当参、

奥州分 佐竹御房　小山出羽 藤井小四郎判官

常州分 佐竹源次入道

御つかいの請文到来、十二月（建武四）四日、引付被返也、

御□御安堵申状□

○三四九　参議某軍勢催促状写　○肥後阿蘇文書

重仰 忩各相談、先発向宰府、可被追罰一色入道（範氏・道猷）之由、被仰下

也、

依諸国遅参、凶徒未敗北、九州官軍可早参旨、度々被仰了、

随而大将宮三位中将、定被加催促歟、而面々構不一揆、于

今不参、何様事哉、今度天下安否之一節也、奥州参上近々

云々、西国又不参者、頗可謂無念、不可知他人、抛万事忩

可令早参之由、被仰下之状如件、

（延元二年）十一月十六日　参議花押

（宇治惟時）阿蘇大宮司館

○三五〇　春日顕国書状写　○結城古文書写有造館本　乾

此事、雖思儲事候、驚入候、但兼テ思儲破損何たる事も候

へ、是ニテ可討死候、是ヲ一直（ママ）候てハ、奉為国家、可為難

治候乎、返々如此条、悦入候、定自国府も、承候ハんすら

ん、被仰様候ハんすらんと覚候、但貴辺御座候間、後をハ

深憑敷奉思候、能々可被用意候、謹言、

（延元二年）十一月十八日酉刻（ママ）　（春日）顕国（花押）

大蔵権少輔殿御事

此状上書ニ延元二ト有リ、

○三五一　沙弥明円相馬行胤譲状　○相馬胤道氏所蔵大悲山文書

譲与　しそく《(子息)》二郎ひやうへともたね《(朝胤)》のふん《(分)》
ミちのくに《(陸奥国)》なめかたのこほり《(行方郡)》のうち大ひさん《(悲山)》のむら・を
しま□《(たカ)》のむら、とうこく《(同国)》たかき□ほう《(高城保)》なかた《(長田)》のむらのう
ちゆハミのはさま《(迫)》□のやしきの地とうしき《(頭職)》等事
右所りやうとう《(領等)》ハ、明円《(行胤)》ちう《(重)》代さうてん《(相伝)》のところ也、しか
るに、てつき《(手継)》のしようもん《(証文)》そへて、ともたね《(朝胤)》一子た□《(るカ)》あい
た、たの《(他)》さまたけ《(妨)》なく、ゑいたい《(永代)(い脱カ)》にゆつりわたすところな
り、はた又明円御かたとして、くんちう《(軍忠)》のうへハ、さため
てをんしやう《(恩賞)》給ハるへし、これもて一ゑんにちきやう《(知行)》すへ
し、たゝし女子等ありといへとも、さい《(在)》所ふちう《(不定カ)》なり、も
しいてきたらハ、ともたねか□《(ふカ)》ちにてあるへし、それもと
もたねかめい《(命)》をそむき、ふてう《(不調カ)》ならハ、明円かふけう《(不孝)》の女
子として、ふち《(扶持)》をくわへ《(加)》へからす、仍為後日の譲状如件、
建武四年丁丑十一月廿一日　沙弥明円《(相馬行胤)》（花押）

○三五二　烟田時幹軍忠状案　○京都大學総合博物館所蔵烟田文書

目安
烟田又太郎時幹申軍忠事
右、去七月建武三為東条城《(常陸国信太郡)》凶徒対治、常陸介義春《(佐竹)》御発向之刻、
時幹即時馳参、自同月至九月十九日、東条亀谷城仁、差置
若党富田新左衛門尉胤幹以下五人之条、義春御存知之訖、
就中為笠間城凶徒等対治、又義春被打向之間、時幹同馳向
畢、将又同十月廿七日、為奥州前国司《(北畠顕家)》勢春日侍従顕国大将
軍打越当国、小田宮内権少輔治久以下凶徒等成一手、南郡
大枝口仁、令出張之間、一族相共馳向之処、於小河郷大塚
橋爪、時幹致散々合戦之刻、家人畠田左近允信行、捕御敵
頸訖、旗差別当三郎国重被射左肩訖、此等次第、義春御見
知之上者、預御注進、為浴恩賞、目安如件、
建武三年十一月　日
「一見了《(証判)》　在判」

○三五三　岡本隆弘代国近軍忠状写　○秋田藩家蔵文書十岡本又太郎元朝家蔵文書

目安

岡本三郎四郎隆弘代孫次郎国近軍忠事

右、為宇多庄凶徒対治、自中金八郎(中賀野義長)殿、依被差遣伊賀左衛門次郎貞長、属于彼手、十月十九日罷立岩城郡、同十一月一日押寄横河城、致合戦条、御見知之上者、賜御判、為備後証、目安如件、

建武四年十一月　日

(証判)「承候了(中賀野義長)(花押影)」

○三五四　足利直義御判御教書　○磐城飯野文書

奥州所々合戦事、致軍忠云々、殊神妙也、仍状如件、

建武四年十二月一日　(足利直義)(花押)

伊賀(盛光)式部三郎殿

○切紙。

○三五五　道忠結城宗広書状写　○結城古文書写有造館本　坤

来八日、此辺又小山対治候へきよし被仰候、又福原(安積郡カ)事、如今者道行ましけに候、此上者凶徒対治事も枝葉候歟、人の所領にて候ハんとハ、若党のほねをり、馬わひしめと覚候、小田か代官の入候ハんまて、可対治候由、被仰候へとも、不可叶候由申て候、今者奥道も塞候ぬと存候由、申て候、此事治定候ハさらんニハ、福原凶徒対治無益候哉、依上道ハ、何にもしてあけらるへく候歟、何事も無正体候之間、無申計候、若被仰候旨や候とて、使今まてとゝめて候、菟角無申計事共候也、恐々謹言、

(延元二年)十二月二日　道忠(結城宗広)(花押)

大蔵権少輔(結城親朝)殿

参

「追而書ニ」

彦五郎ニ馬のせてたひ候、いたつら物にて、壱人もやう〱として、引て来候と申候間、返下候也、

○「結城家蔵文書」は宛所の「参」を「御返事」とする。

○三五六　足利直義御判御教書　○大和田秀文氏所蔵文書

顕家(北畠)卿以下凶徒誅伐事、属陸奥守(斯波家長)、可致軍忠之状如件、

建武四年十二月七日　(花押)(足利直義)

石河五郎太郎(兼光)殿

○三五七　国魂行泰軍忠状　○山名隆弘氏磐城国魂文書

岩城郡国魂太郎兵衛尉行泰合戦目安

一当年三月十日、自宇都宮、霊山御楯、属于当手仁、令参上畢、次東海道行方郡小池楯、大将之御共令申刻、出張御敵連々間、致散々合戦之軍忠畢、

一同四月九日、押寄小高楯、抽合戦軍忠者也、

一同五月中、馳向于渡城、致合戦之忠節畢、

一同六月廿四日、押寄小高楯、抽合戦之軍忠所也、

一同九月、自霊山、　上方宇都宮御上之間、令供奉、至于御所、大番令勤仕者也、

右、自最初至于今、属于当御手、合戦之忠節之条、御見知之上者、預御注進、且預御証判、為備向後亀鏡、恐々言上如件、

延元二年十二月　日

「承了(証判)(花押)(広橋経泰)」

建武五年
暦応元年・延元三年（西紀一三三八）

○三五八　北畠顕家寄進状　○伊豆三島大社文書

三嶋社（伊豆国田方郡）

寄進

伊豆国安久郷事

右、為天下泰平所願成就、奉寄進之状如件、

延元三年正月七日

権中納言兼陸奥大介鎮守大将軍　源朝臣（北畠顕家）（花押）

○三五九　足利直義軍勢催促状　○周防吉川文書

（北畠）顕家卿追討事、相催一族、属高参河守師冬、不日令発向海道、可致軍忠之状如件、

建武五年正月廿日　（足利直義）（花押）

吉河小次郎（経時）殿

○三六〇　足利直義軍勢催促状　○周防吉川文書

（北畠）顕家卿追討事、属高参河守師冬、令発向于海道、可加誅伐之状如件、

建武五年正月廿日　（足利直義）（花押）

吉河彦次郎（経久）殿

○三六一　北畠顕家御教書写　○結城古文書写有造館本　乾

上野・武蔵・鎌倉以下所々合戦、悉無子細候、仍昨日廿四日、渡阿志賀川（美濃国足近川）、対治凶徒畢、京都事、不可有子細候、国中静謐、能々可有沙汰之状如件、

延元三
正月廿五日　（北畠顕家）（花押影）

大蔵少輔（結城親朝）殿

○三六二　中院義定書状写　○肥後阿蘇文書

奥州将軍（北畠顕家）令退治凶徒等、既令進発之由、自方々申送候、仍大概注文、為存知遣之候、委細依事繁、仰含貞有之状如件、

二月三日（延元三年）　（花押影）（中院義定）
恵良（惟澄）小二郎殿

○三六三　吉川経久着到状　○周防吉川家文書

着到
吉河彦次郎経久申
右、為顕家卿誅伐、属御手可発向海道之由、披成下御教書
之間、自去正月廿（日脱カ）、迄于今、警固黒地（美濃国不破郡）要害以下、致忠節候
畢、以此旨可有御披露候、恐惶謹言、
建武五年二月四日　藤原経久状　（裏花押）
進上　御奉行所
「承了（証判）　（花押）（高師冬）」

○三六四　松井助宗軍忠状写　○蠹簡集残編一朝比奈永太郎所蔵

山城国御家人松井八郎助宗申軍忠事
右軍忠者、奥州前国司顕家卿攻上間、為彼後迫、御発向之
間、奉属御手、今年建武五正月廿八日、美濃国赤坂北山幷西
縄手合戦、懸先致軍忠之間、則預御感畢、然早下賜御証判、
為備亀鏡、恐々言上如件、
建武五年二月六日
「見知了（証判）　（花押影）（今川範国）」

○三六五　智真夢記　○相模円覚寺文書

暦応元年戊寅、奥州国司顕家卿上洛之時、往返之軍勢、余ニ
致狼籍（藉以下同）之間、門前在地之者共訴訟ニ曰、裏築地ノ路ヲ瓜谷
ヨリ山越ニケワイ坂ヘ披付候者、門前狼籍可遁之由申間、
任彼訴訟ニ、菜園ノ山ヲ在家別ニ分充テ、可作路之由、在家
ニ相触テ、修造司圭照監寺・直歳嗣広監寺為両奉行ト、路
ノ通ヨリ各堀崩処ニ、二月十口夜智真夢ニ件ノ路ヲ奉行スル心
地ニテ、惣門ノ前ニ立テ山ノ方ヲ見時、白キ浄衣ニ立烏帽
子著タル人来テ問ウ、前山ヲハ何事ニ切崩サレ候ヤラント申間、
上件ノ子細ヲ具ニ返答ス、此人大驚ロ、此山ハ当寺ノ案山（マヽ）也、
少キモ（ママ）手ヲカケマシキ山ニテ侍ル也、然間告申云々、其時夢中思
様、是ハ非尋常人、化現之躰、不審ニ覚ル間、問曰、貴方

何人ニテ御渡候ヤラントて尋ル程ニ、答曰、我是当寺守護神也、
莫違我語云々、俄罷失所在也、爰夢覚テ不思議之余、参
長老大川和尚、具ニ夢事ヲ告申処、長老曰、我モ今夜如此、
与彼浄衣老人ト夢中ニ返答上件事ヲ上ハ、不可然トテ、任
神ノ語ニ披(ママ)止之畢、其時門前者共、此夢ヲ聞及テ、作懼怖
之思、堀鑿タル土ヲ如元填之畢、自今而後モ裏築地ノ菜園
畠ノ山、不可有崩、仍為後代亀鏡、可記置之由、長老ヨリ
蒙仰之間、有ノマヽニ誌之者也、
　　旹時暦応元年戌(戊)寅二月十一日　　智真
「任(畢筆)
　大川和尚智真都聞
　夢記録之旨、加裏書
　判形了、
　　応安元年戊申六月三日
　　　住持帰山（花押）」

○三六六　足利直義軍勢催促状　○東京大学所蔵白川結城文書

顕家卿以下凶徒追討事、令発向伊勢国、可加誅伐之状如件、
　建武五年二月十五日　（花押）(足利直義)
　石河五郎太郎(兼光)殿

○三六七　少弐頼尚施行状　○広島大学所蔵猪熊文書

陸奥前国守顕家卿已下凶徒、於下津(尾張国中島郡)・赤坂(美濃国不破郡)誅伐事、今月三日
御教書、今日十六日戌刻到来、案文如此、早存其旨、弥可被致
忠、仍執達如件、
　建武五年二月十六日　　大宰少弐(少弐頼尚)（花押）
　　土師上総入道殿

○三六八　少弐頼尚施行状　○豊前薬丸文書

(端裏押紙)「少弐頼尚肥(筑カ)後守」
陸奥前国司顕家卿已下凶徒、於下津・赤坂誅伐事、今月三日
御教書今日十六日戌刻到来、案文如此、早存其旨、弥可被致忠、
仍執達如件、
　建武五年二月十六日　　大宰少弐(少弐頼尚)（花押）

薬丸兵衛五郎殿

〇三六九　少弐頼尚施行状写　〇対馬長野文書

陸奥前司（顕家）卿以下凶徒、於下津・赤坂誅伐事、□（今）月三日御教書今日十六日戌剋到来、案文如此、早存其旨、弥可被□（致忠、仍）□（執達如件）

□（建武五年二月十六日）

□（太宰少弐）

□（長野左衛門三郎殿カ）

〇三七〇　一色道猷施行状　〇肥前竜造寺文書

陸奥前国司（顕家）卿以下凶徒、於下津・赤坂被討取事、今月三日御教書案遣之、早可被存其旨也、仍執達如件、

建武五年二月十七日　沙弥（一色範氏・道猷）（花押）

竜造寺孫三郎（季利）殿

〇三七一　一色道猷施行状　〇肥前武雄神社文書

陸奥前国司（顕家）卿以下凶徒、於下津・赤坂被打取事、今月三日御教書案遣之、早可被存其旨也、仍執達如件、

建武五年二月十七日　沙弥（一色範氏・道猷）（花押）

武雄大宮司（諸久曾）殿

〇三七二　一色道猷施行状　〇肥前深堀文書

陸奥前国司（顕家）卿以下凶徒、於下津・赤坂被討取事、今月三日御教書案遣之、早可被（存脱カ）其旨也、仍執達如件、

建武五年二月十七日　沙弥（一色範氏・道猷）（花押）

深堀孫太郎入道（時通・明意）殿

〇三七三　足利尊氏御判御教書写　〇轟簡集残編一朝比奈太郎蔵

顕家卿抽後責合戦之忠、上洛之条神妙也、重令発向南都、可致軍忠之状如件、

建武五年二月廿二日　尊氏御書判

松井八郎（助宗）殿

○三七四　三戸頼顕軍忠状案　○長門毛利文書

三戸孫三郎頼顕申軍忠事

右、為誅伐顕家(北畠)卿以下凶徒等、去二月十一日、勢州御発向之間、属于当御手、同十六日渡雲津河(一志郡)、於八太野(一志郡)戦場、致軍忠之条、内藤次郎・長江左衛門二郎同所合戦之間、見及候者也、仍賜御判、可備後証候、以此旨可有御披露候、恐惶謹言、

建武五年二月廿三日　　源頼顕（上裏判）

進上　御奉行所

(付箋カ)「兵庫殿」　「承了(証判)判」(武田信武カ)

○三七五　小俣道剰施行状　○肥前竜造寺文書

陸奥前国司顕家(北畠)卿已下凶徒、於下津(尾張国中島郡)・赤坂(美濃国不破郡)被誅伐由事、今月三日御教書・同施行(一色道猷)如此、可被存其旨候、仍執達如件、

建武五年二月廿五日　　沙弥(小俣道剰)（花押）

龍造寺又四郎(家平)殿

○三七六　小俣道剰施行状　○肥前深堀文書

陸奥前国司顕家卿已下、於下津・赤坂被誅伐由事、今月三日御教書・同御施行(一色道猷)如此、可被存其旨候、仍執達如件、

建武五年二月廿五日　　沙弥(小俣道剰)（花押）

深堀又五郎(清綱)殿

○三七七　小俣道剰施行状　○肥前深堀文書

陸奥前国司顕家卿已下凶徒、於下津・赤坂被誅伐由事、今月三日御教書・同御施行(一色道猷)如此、可被存其旨候、仍執達如件、

建武五年二月廿五日　　沙弥(小俣道猷)（花押）

深堀弥五郎(政綱)殿

○三七八　小俣道剰施行状写　○北肥戦誌二所収文書

陸奥前国司顕家卿以下凶徒、於下津・赤坂被誅伐由之事、今月三日御教書・御施行(一色道猷)如斯、可被得其意候、(仍脱カ)執(達脱カ)如件、

建武五年二月廿五日　　沙弥(小俣道剰カ)在判

今村孫三郎殿（肥前小城郡今村ノ住人也、）

○三七九　足利直義軍勢催促状　○豊後西寒多神社文書

（北畠）顕家卿已下凶徒事、不日馳向南都、可加誅伐之状如件、

建武五年二月廿五日　（足利直義）（花押）

（大友）□□右近将監殿

○三八〇　若狭守行重去状写　○高平真藤平泉志　付録

平泉中尊寺一切経蔵領骨寺村之事

右所者、依近年動乱雖令知行、世々為無異之間、別当遠郷（ママ）律師行栄方、彼所者、如元相渡申候也、仍如件、

延元三年二月廿八日　若狭守行重判

○三八一　岡本良円着到状写　○秋田藩家蔵文書十岡本又太郎元朝家蔵文書

着到

奥州岡本観勝房良円

右、南都并八幡・天王寺御発向之間、御共仕候畢、仍着到如件、

建武五年三月廿一日

「（証判）（高師直）（花押影）」

○三八二　後醍醐天皇綸旨写　○肥後阿蘇文書

忠節之次第委被聞食了、殊神妙、其堺事被憑思食也、惣官軍若不一揆者、相構一族不日可被馳参也、奥州官軍、自去比於南都・（摂津）天王寺等、度々合戦、不決雌雄、相構此時分可被参上、然者可為別忠歟、兼又（宇治）惟直・（宇治）惟成跡恩賞事、上洛之時、以所望之地、可被充行由、被仰下之状如件、

（延元三年）三月廿二日　（異筆）義定花押

（宇治惟時）阿蘇大宮司館

○三八三　平賀兼宗譲状　○長門平賀文書

譲渡

安芸国高屋保（賀茂郡）

出羽国鞍曾郷（山本郡鞍掛郷カ）今度勲功賞也、
同国平賀郡内三樟郷、塚守郷、
右所々者、兼宗之所領也、しかるを子息兵衛蔵人貞宗に、譲与ところ也、惣領として可令知行、但先年於田舎、認置庶子面々譲状畢、依天下動乱、若引失事もやとて、重書与者也、委旨可守先日譲也、仍之状如件、

建武五年三月廿五日　遠江守（平賀）兼□（宗）（花押）

○三八四　田代顕綱軍忠状　○東京国立博物館所蔵田代文書

田代豊前三郎顕綱申
今月八日、顕家卿以下凶徒等、寄来天王寺之時、奉属御手、石河々原（河内国石川郡）御合戦、馳向一陣致忠節条、渋谷孫三郎、富田又太郎入道見及之上、懸大将御目畢、随而京都御上之間、即御共仕者也、次同十六日、天王寺御発向之時、於阿倍野畠懸向凶徒等、抽軍忠之刻、御敵一人切捨仕候畢、此条久下三郎並三宅五郎下野三郎若党、見及之畢、仍為富田弾正忠奉行、所被入分取注文也、然早度々致戦功之上者、賜御判、為備後証、恐々言上如件、

建武五年三月廿六日

「承了（証判）（花押）（細川顕氏）」

○三八五　田代基綱軍忠状　○東京国立博物館所蔵田代文書

田代豊前又次郎（基綱）入道了賢申、
今月八日、顕家卿以下凶徒等、寄来天王寺之時、奉属御手、若党三宅左近四郎有重馳向石河々原、致合戦之忠間、左右肩《カイナ》以下五箇所被疵切疵畢、此条渋谷孫三郎・富田平三令見知畢、
一同十六日、天王寺御合戦之時、奉属同御手、致忠節之間、橋本左衛門三郎入道并一族云々生捕之、令進上候了、
右、度々軍忠如此、然早下賜御判、為備後証、恐々言上如件、

建武五年三月廿六日

「承了（証判）（花押）（細川顕氏）」

〇三八六　石河兼光軍忠状　〇東京大学所蔵白川結城文書

石河（蒲田）五郎太郎兼光軍忠事

右、今年三月十五日、つの国（摂津）わたのへ（渡辺）にして（西手）、わかたうま（若党）めかたの又七、同いしい（石井カ）の孫三郎、一族さから（相良カ）の六郎あいともにはし（橋）をわたして、さん〳〵の合戦をいたし、いしいの孫三郎うちしに（討死）候了、此等子細いか（伊賀）のまこ十郎令存知物なり、仍賜御判、まつたい（末代）のきけい（亀鏡）にそなゐんかために、恐々言上如件、

建武五年三月　日

「承了（証判）（花押）（上杉重能）」

〇三八七　国魂行泰軍忠状　〇山名隆弘氏所蔵磐城国魂文書

陸奥国岩城郡国魂太郎兵衛尉行泰申合戦事

一去年十二月十三日、上野国富根（利）河合戦致忠□（畢）、

一同十六日、武州安保原（賀美郡）合戦、抽軍忠者也、

一同廿四日・五日、鎌倉飯嶋・椙本合戦、捨身命、致忠畢、

一今年正月廿四日・廿八日、美濃国安時河・赤坂合戦、致忠者也、

一同二月十四日・十六日、伊勢国河又河口合戦、抽軍忠畢、

一同廿八日、奈良合戦致忠了、

一同三月八日、河内国古市河原合戦、抽軍忠者也、

一同十三日・十五日・十六日、八幡（山城国）・渡野辺（摂津国）・天王寺、於所々合戦、致忠節畢、

所詮自動乱最前、至于今、抽忠節之条、大将軍御見知之上者、預御証判、為施弓箭面目、恐々言上如件、

延元三年三月　日

〇奥に証判の残画かと思われる墨跡がある。

〇三八八　北畠顕家感状写　〇武家雲箋

今度於洞当下（峠）男山所々、致忠節、敵数多被討捕之段、尤以神妙候、弥可被抽戦功状如件、

暦応元也
卯月七日　（北畠）顕家

千葉新介（高胤カ）殿

貞胤也

○三八九　一色道猷施行状　○肥前武雄神社文書

（北畠）顕家卿已下凶徒、於天王寺太略被討取由事、去月十七日
御教書如此、早任被仰下之旨、有没落之与党人者、尋捜
之、且加誅伐、且可被召進也、仍執達如件、
建武五年四月十日　沙弥（一色範氏・道猷）（花押）
（諸久曾）武雄大宮司殿

○三九〇　石塔義房奉下知状　○相馬市教育委員会寄託相馬岡田文書

陸奥国岩崎郡□事、為勲功之賞、任先□知
行之状、依仰下知如件、
建武五年四月廿四日　沙弥（石塔義房）（花押）
相馬岡田五郎（胤康）殿跡

○三九一　後醍醐天皇綸旨写　○肥後阿蘇文書

奥州官軍上洛之間、近日合戦最中也、仍度々○雖被仰、于
今遅参、何様事乎、閣国中合戦、不依三位中将参洛遅速、
相催一族幷軍勢等、以夜継日、可馳参者、
天気如此、悉之、
（延元三年）四月廿七日　勘解由次官（吉田光任）花押
阿曾大宮司（宇治惟時）館

○三九二　相馬朝胤申状、裏書石塔義房奉下知状　○相馬胤道氏所蔵大悲山文書

相馬次郎兵衛尉朝胤謹言上
欲早任代々手継証文旨、下賜安堵御判、備末代亀鏡、当
国行方郡内大悲山幷小嶋田・竹城保長田村内蒔田屋敷事
副進　系図　手継証文　御下知等案
右彼所々者、為朝胤重代相伝私領、当知行無相違之上者、
任手継証文之旨、下賜安堵御判、為備末代亀鏡、恐々言上
如件、
（裏書）「任此状、可令領掌之由、依仰下知如件、
建武五年五月六日　沙弥（石塔義房）（花押）」

〇三九三　大悲山氏系図　〇相馬胤道氏所蔵大悲山文書

相馬五郎左衛門尉
胤村 ── 胤氏（次郎左衛門尉）
　└ 通胤（与一）
　　├ 行胤（孫次郎　法名明戒〻（円））── 朝胤（次郎兵衛□）
　　├ 女子（□□）
　　└ 女子（鶴夜叉丸）

○この系図は作成年次不詳であるが、右の文書に併せて、仮にここに収める。

〇三九四　後醍醐天皇綸旨写　〇結城古文書写有造館本　乾

凶徒可没落東国之由、有其聞、然者、於路次可被誅伐旨、其沙汰候也、

奥州国司参着之後、連々合戦最中也、以夜継日、忩可令馳参者、

天気如此、悉之、以状、

（延元三年）五月八日　　右中弁（高倉光守）（花押影）

白川一族等中

〇三九五　浅利清連軍忠状　〇南部光徹氏所蔵遠野南部文書

浅利六郎四郎清連注進事

去建武三年正月十三日、清連為令退治国司方凶徒等、馳越津軽中之処、曾我太郎貞光、最前馳参御方、於津軽中国代等楯々、抽軍忠、次比内郡凶徒新田彦次郎政持等、并鹿角郡国代成田小次郎左衛門尉頼時、同南部又次郎師行代官等、小笠原四郎、鳴海三郎二郎以下凶徒等、自令株（誅）伐以来、抽度々忠節之間、恐々令注進者也、以此旨、可有御披露候、恐惶謹言、

建武五年五月十一日　　源（浅利）清連（裏花押）

進上　御奉行所

〇三九六　北畠顕家奏状　〇山城醍醐寺文書

鎮将各領知其分域、政令之出在於五方、因准之処似弁故実、元弘一統之後、此法未周備、東奥之境纔靡　皇化、是

乃最初置鎮之効也、於西府者更無其人、逆徒敗走之日、擅履彼地、押領諸軍再陥　帝都、利害之間、以此可観、凡諸方鼎立而、猶有滞於聴断、若於一所決断四方者、万機紛紜、争救患難乎、分出而封侯者、三代以往之良策也、置鎮而治民者、隋唐以還之権機也、本朝之昔補八人之観察使、定諸道之節度使、承前之例不与漢家異、方今乱後天下民心輙難和、速撰其人、発遣西府及東関、若有遅留者、必有噬臍悔歟、兼於山陽・北陸等各置一人之藩鎮、令領便近之国、宜備非常之虞、当時之急無先自此矣、

可被免諸国租税専倹約事

右連年兵革諸国牢籠、苟非大聖之至仁者、難致黎民之蘇息、従今以後三年、偏免租税、令憩民肩、没官領新補地頭等、所課同従蠲免、其祭祀及服御等用度者、別撰豊富之地、以充供奉之数、三ヶ年間万事止興作、一切断奢侈、然後卑宮室以阜民、追仁徳天皇之余風、節礼儀而淳俗、帰　延喜聖主之旧格者、垂拱而海内子来、不征而遠方賓服焉、

可被重官爵登用事

右有高功者、以不次之賞、和漢之通例也、至于無其才者、雖有功、多与田園不与名器、何況無徳行、無勲功而、猥黷高官高位哉、維月之位者、朝端之所重、青雲之交者、象外之所撰也、非其仁而僥倖之者、近年継踵、加之或起家之族、或武勇之士、軽先祖経歴之名、望文官要劇之職、各存登用之志、恣関不次之恩、向後之弊、何為得休、凡名器者、猥不仮人、名器之濫者、僭上之階也、然乃任官登用須撰才地、雖有其功、不足其器者、厚加功禄、可与田園、至士卒及起家奉公之輩者、且逐烈祖昇進之跡、且浴随分優異之恩者、何恨之有焉、

可被定月卿雲客僧侶等　朝恩事

右、拝趨　朝廷昵褻帷幄、朝々暮々咫尺　竜顔、年々歳々戴仰鴻慈之輩、縦尽其身、争報　皇恩、爰国家乱逆宸襟不聊、或移乗輿於海外、或構行宮於山中、作人臣而竭忠義者、

此時也、然而存忠守義者、幾許乎、無事之日、貪婪大禄、艱難之時、屈伏逆徒、非乱臣賊子而何哉、罪死有余、如此之族、何以荷負新恩乎、僧侶護持之人、又多此類也、逮于辺域之士卒者、雖未染　王化、正君臣之礼、懐忠死節之者、不可勝計、恵沢未遍、政道一失也、然者以無功諸人新恩之跡、可分賜士卒歟、凡以元弘以来没官地頭職者、被閣他用、配分有功之士、以国領及庄公等本所領者、被擬宦官道俗之恩者、朝礼不廃勲功不空者歟、抑又累葉之家々不忠之科、雖可悪、偏廃黜其人者、誰又弁朝廷之故実、刷冠帯之威儀乎、近年依士卒之競望、多収公相伝之庄園、理之所推、綷非善政、然者於累家私領者、須被返其家、随公務之忠否、追可有黜陟也、至今度陪従之輩幷向後　朝要之仁者、尤定計略之分限、可被計行拝趨之羽翼乎、

可被閣臨時　行幸及宴飲事

右、帝王所之無不慶幸、移風俗、救艱難之故也、世莅澆季民墜塗炭、遊幸宴飲誠是乱国之基也、一人之出百僚卒従威儀、過差費以万数、況又宴飲者鴆毒也、故先聖禁之古典誡之、伯禹歎酒味而罰儀狄、周公制酒誥而諫武王、草創雖守之、守文猶懈之、今還洛都、再幸魏闕者、臨時　遊幸長夜宴飲、堅止之深禁之、明知前車之覆、須為後乗之師、万人之所企望、蓋在於此焉、

可被厳法令事

右法者理国之権衡、馭民之鞭轡也、近曾朝令夕改、民以無所措手足、令出不行者、不如無法、然則定約三之章兮、如堅石之難転、施画一之教兮、如流汗之不反者、王事靡盬、民心自服焉、

可被除無政道之益寓直輩事

右、為政有其得者、雖芻蕘之民可用之、為政有其失者、雖閥閲之士、可捨之、頃年以来卿士官女及僧侶之中、多成機務之蠧害、動黷　朝廷之政事、道路以目、衆人杜口、是臣在鎮之日、所耳聞而心痛也、大学直措枉者、聖人之格言也、

正賞明罰者、明王之至治也、如此之類不如早除、須明黜陟之法、闢耳目之聴矣、
陛下不従諫者、泰平無期、若従諫者、清粛有日者歟、小臣元執書巻、不知軍旅之事、忝承綍詔、跋渉艱難之中、再挙大軍、斉命於鴻毛、幾度挑戦脱身於虎口、忘私而思君、欲却悪帰正之故也、若夫先非不改、太平難致者、辞符節而、逐范蠡之跡、入山林以学伯夷之行矣、
以前条々、所言不私、凡厥為政之道、致治之要、我君久精練之賢臣、各潤飾之、如臣者後進末学、何致計議、雖然粗録管見之所及、聊攄丹心之蓄懐、書不尽言、々不尽意、伏冀照　上聖之玄鑑察下愚之懇情焉、謹　奏、

延元三年五月十五日　従二位権中納言兼陸奥大介鎮守府大将軍源朝臣顕家上

○三九七　足利貞氏後室上杉清子消息　○羽前上杉文書

(端裏題簽)「果証院殿御文　延元三年五月廿七日付」

この□□(水せカ)のそうつ(僧都)ほうこう(奉公)の人にて候なれハ、こと所をこそたま□(ハカ)りもし候ハむするに、かならすこれの所りやうをそハにてをさへられ候て、これよりのはからひのうへをみ(以下袖上部)ちやられ候ハぬ事心え候ハぬ、まん(政)所をむつなの入道にあつけて候しかとも、しんし(進士)のくら(蔵)人ほうこうの人とて候しほとに、それをこそとりかへ候てたはせまいらせ候て候し(以下行間書)か、この(此度)とはほうこうかきりなき事にて候ほとに、このしんくわう寺をたひて候に、をさへられ候事、心えかたく候、よく〳〵このやうを御心え候へく候、御になへこまかに申て候へハ、その文をも御らん(覧)せられ候へく候、かしく、

(建武五年)五月廿七日

かやうの大事のこと申候ハんをりハ、これのはん(判)をしてまいらせ候へく候、ついてに御らんしもしり候へとてはんもして候□(也カ)

(上杉清子)(花押)

御くたりのゝち、なに事か御わたりさふらふらん、おほつか(覚束)なくこそ候へ、これにハ五月廿二日、てん(天)王寺といつみ(和泉)のさかひ(堺)にてをく(奥)のこくし(国司)あきいゑ(顕家)うたれ候て、くひ(頸)なと

まいりて候、そのいくさにハめにみえて、八(幡)まんすみよし(住吉)あらはれさせをハしまし候て、ふしきの御事にて、ふね(舟)も六そうまてやけしつみて候事、一すちに神〱の御はからひにて候へハ、行するゑもたのもしくおほえ候、さためてそ(以下第二紙)のしきくたり候し人[ ]候らん、ほそかハ(細川)ひやうふのせう(兵部少輔)う、むさしのかみ(武蔵守)かう(高)名とこそ申候へ、きい(紀伊)のくんせひ(軍勢)にけ(逃)候けるか、この二人してかやうに候とこそ申候へ、さても上□(人カ)におやまた(小山田)のしんくわう(真光)寺をたひて候へハ、そら事にてこそ候へとて、をさへて候なる、くたしふみ(下文)のあん(案)に、中さハかうらはん(裏判)して候、御になへもこれの文なとまゐらせ候て候へハ、うたかひ候へき事にても候はぬに、それを猶もち井られ候ハて、をさへられ候て、さま〱の事ともにて候なる、これの所りやうをたにかやうに候、ましての人のなけきをしハ[ ]をしくこそ候、

○三九八　相馬親胤打渡状　○磐城飯野文書

打渡

陸奥国岩城郡好嶋西庄内仁本知行分村々事

右、為最前御方、異他軍忠之上、建武四任御教書文打渡之畢、仍渡状如件、

建武五年六月十一日　出羽権守(相馬親胤)（花押）

伊賀式部三郎(盛光)殿

○三九九　一色範氏道猷施行状　○肥前深堀文書

去五月廿二日辰剋、於摂津(和泉)国堺浦、奥州先国司顕家卿(北畠)・新田綿打・伯耆判官(名和義高)已下凶徒数輩、被討取事、同廿四日御教書(足利尊氏)如此、任被仰下之旨、所残之与党令没落者、致用意可加誅伐也、仍執達如件、

建武五年七月三日　沙弥(一色範氏)（花押）

深堀孫太郎入道(時通)殿

○四〇〇　小俣道剰施行状　○肥前深堀文書

顕家卿已下凶徒等、於和泉国石津、悉被討取由事、去月廿五五日御教書(足利尊氏)如此、早可被存知其旨候、仍執達如件、

建武五年七月三日　沙弥（小俣道剰）（花押）
深堀弥五郎（政綱）殿

○四〇一　小俣道剰施行状　○肥前深堀文書

顕家卿已下凶徒等、於和泉国石津、悉被討取由事、去五月廿五日御教書（足利尊氏）如此、早可被存知其旨候、仍執達如件、
建武五年七月六日　沙弥（小俣道剰）（花押）
深堀孫太郎（時通・明意）入道殿

○四〇二　相馬親胤打渡状　○磐城飯野文書

打渡
陸奥国岩城郡好嶋庄西方伊賀式□（部）三郎盛光知行分并山等事、任御教書旨、盛光仁打渡之畢、仍渡状如件、
建武五年七月八日　出羽権守（相馬）親胤（花押）

○四〇三　田代顕綱軍忠状　○東京国立博物館所蔵田代文書

田代豊前三郎顕綱申、去五月於堺浦、奥州前国司顕家卿以下御敵等、連々寄来之間、毎度御共仕、致合戦之忠節候畢、就中、堺浦御逗留間、於石津取陳（陣）、同廿二日、於合戦之場、家人高岡兵衛三郎為綱致抜群之軍忠之条、無其隠候、且岸九郎左衛門尉・荘十郎等見知之上者、不可有御不審候、然者早賜御判、可備後証之由、相存候、以此旨可有御披露候、恐惶謹言、
建武五年七月十日　源顕綱
御奉行所　「承了（証判）（花押）（細川顕氏）」

○四〇四　三戸頼顕軍忠状案　○長門毛利文書

三戸孫三郎頼顕申軍忠事
右、為誅伐泉州凶徒等、五月十六日御発向之間、属于御手、馳参石津（大鳥郡）、致警固之処、同廿二日、顕家卿（北畠）以下凶徒等、率大勢寄来堺浦之間、捨身命抽軍忠了、次為対治八幡山（山城国）凶徒等、去五月廿九日御発向之間、六月一日馳参洞塔（峠）下御陣、致警固之処、自同十八日就被攻八幡山城候、馳向搦手門口、頼顕捨一命致合戦之処、自城内御敵等打出之時、御方雖引

退、頼顕残留、致軍忠之条、福嶋又五郎・内藤次郎同所合
戦之間、見知之了、次七月五日夜合戦、抽軍功了、仍書(昼)夜○致
忠節之上者、賜御判、可備後証候、以此旨可有御披露候、
恐惶謹言、

建武五年七月十三日　　源頼顕（上裏判）

進上　御奉行所　(モト付箋カ)「守護所」　(証判)「承了　判」(武田信武)

〇四〇五　田代基綱軍忠状　〇東京国立博物館所蔵田代文書

本在京人田代豊前又二郎入道了賢(基綱)申、陸奥国々司顕家卿発
向于和泉国坂本郷並観音寺、構城墎、連々寄来之間、為彼
追罰、去五月十六日、自天王寺堺江御向之時、了賢御共仕、
責口一陣石津之宮取陳、堺浦御逗留之間、新見越中権守相
共、昼夜之致警固、同廿二日之御合戦仁、致軍忠畢、此条
岸九郎左衛門尉・荘十郎四郎等所令存知也、然早賜御判、
為備後証、粗言上如件、

建武五年七月十九日

(証判)「承了　(花押)(細川顕氏)」

〇四〇六　田代基綱軍忠状　〇東京国立博物館所蔵田代文書

本在京人田代豊前又二郎入道了賢(基綱)申、凶徒等依楯籠八幡山、
去六月一日洞塔(峠)下御発向之時、了賢御共仕、御陳(陣)屋近令祗
候、送数日致忠節畢、同十八日、八幡山弱(搦)手御合戦之時、
御共仕故、於責口一木戸、昼夜之御合戦仁、致忠勤段、足
立卿公、佐藤六郎、石河太郎等所令存知也、此外御中戸様
人々皆雖見及、依事繁略之、如此軍忠抜群之上者、早賜御
判、為備後証、粗言上如件、

建武五年七月十九日

(証判)「承了　(花押)(細川顕氏)」

〇四〇七　石塔義房カ感状写　〇相馬市教育委員会寄託相馬岡田文書

度々被致軍忠之訖、尤以神妙、於恩賞者、追可有其沙汰候、
仍如件、

建武五年七月廿四日　沙弥（石塔義房カ）在判

相馬新兵衛尉（胤家）殿

〇四〇八　相馬胤家代恵心申状案　〇相馬市教育委員会寄託相馬岡田文書

相馬新兵衛尉胤家代恵心言上

欲早任由緒相伝旨、宛給陸奥国行方郡院内村三分壱事、

右地者、曾祖父相馬五郎胤顕相伝所領也、仍三男孫七入道伝領之後、数年知行之、他界、為闕所之由、相馬出羽権守親胤進注進之間、被付給人云々、爰胤家亡父相馬五郎胤康、自最前参御方、致軍忠、奉属斯波陸奥守（家長）殿于時弥三郎殿、建武三年四月十六日、於相模国片瀬河打死畢、胤家又当国行方郡所々合戦、若干致戦功之条、一見状明鏡也、仍相待恩賞之処、殊被付給人之条、不便次第也、雖為少所、父祖為跡上者、宛給之、為致奉公忠、恐々言上如件、

〇相馬胤家が新兵衛尉と称しているところから、同じく新兵衛尉と称している前号にかけて仮にここに収める。

〇四〇九　沙弥性観書状　〇相馬市教育委員会寄託相馬岡田文書

新春（カ）□吉事等、最前□以状改事□候、尚以□志候、□可有尽期候、兼又旧冬御□付候時、尤罷入見参候事、可□候処、折節歓楽事候て、無其儀之条、于今歎入候、尚以□候、尤可然候、雖無何事候、向後細々可申候、又可承候、諸事期後信候、恐々謹言、

正月十三日　沙弥性観（花押）

□□（謹上カ）　相馬新兵衛尉（胤家）殿

〇本書は三九〇号建武五年四月二十四日、石塔義房下知状の裏打紙として使用されていた。相馬胤家が新兵衛尉を名乗る初見は、四〇七号建武五年七月二十四日、石塔義房感状案である。したがって、本文書は暦応二年以降のものであるが、今仮にここに収める。

〇四一〇　伊賀盛光軍忠状　〇磐城飯野文書

伊賀三郎盛光申軍忠間事

右、為被対治霊山（伊達郡）搦手・宇多庄黒木城、六月廿四日依有発向、盛光同廿五日馳参当陳（陣）之処、御敵出張之間、馳向、追返凶徒等畢、此段相馬四郎令見知畢、同廿七日押寄御敵楯横川（田村郡）城際、彼楯近辺焼払畢、此段相馬九郎左衛門尉令見知

畢、次七月三日夜半、凶徒等引率数多軍勢、当御城宇多庄熊野堂
寄来之処、盛光下向搦手一木戸口、追返御敵畢、此条相馬
次郎蔵人令見知畢、軍忠之次第有御尋、不可有其隠者也、
然早賜御一見、為備後日亀鏡、言上如件、

建武五年七月　日

（証判）「承了（花押）」（相馬親胤）

○四一一　岡本良円着到状写

○秋田藩家蔵文書十岡本又太郎元朝家蔵文書

着到

岡本観勝房良円

右、去五月晦日八幡御発向之間、御共仕、為黄検（験）之衆、自
同六月十八日至于七月十一日、於八幡山南尾、昼夜令警固
訖、仍着到如件、

建武五年七月　日

（証判）「（花押影）」（高師直）

○四一二　小野寺摩尼珠丸代某軍忠状写△

○神戸小野寺文書

小野寺遠江入道道呼子息摩尼珠丸代官次第軍忠（マヽ）

右、今月九日於洞之峯後攻之合戦、属御手、親類小野寺三
郎道広并若党矢野次郎左衛門入道円通以下、最前切破大手
鹿墻責入テ、追落御敵畢、此条御見知之上者、賜御証判、
為備証（マヽ）、懇ニ（マヽ）言上如件、

建武五年七月　日

（証判カ）「御判」

○四一三　富永資直軍忠状写

○防長風土注進案徳地宰判所収塩川文書

富永左衛門四郎資直申所々合戦軍忠事

右、去二月属当御手、伊賀・伊勢御発向之時、御共仕、致
軍忠、次南都・天王寺・堺浦合戦致軍忠畢、随而天王寺合
戦之時者、手志河原形（刑）部允行長生捕之、即於六条河原被討
之、次八幡御合戦之時、致忠節、若党伊奈四郎兵衛尉被疵、
此等次第御目（見）知之上ハ、早給御一見書御証判、為備後証
（亀鏡イ）
○恐々言上如件、

建武五年七月　日

○四一四　後醍醐天皇綸旨写　○白河集古苑所蔵白河結城文書

天下静謐事、奉扶持宮、重挙義兵、急速可令追討尊氏・直
義以下党類給、坂東諸□(国カ)軍勢賞罰等事、宜令計成敗給者、
天気如此、仍執啓如件、
延元三年後七月廿六日　右中□(弁光守奉カ)
謹上　陸奥三位中将殿(北畠顕信)

○四一五　足利尊氏下文　○仙台市博物館所蔵伊達文書

(足利尊氏)(花押)
下　伊達長門権守政長
可令早領知当知行地半分除吉野新院朝恩幷得宗領事
右人依参御方、所宛行也、早守先例、可致沙汰之状如件、
建武五年後七月廿六日

○四一六　石河小平光俊軍忠状　○楓軒文書纂七十一合編白河石川文書

石河小平七郎三郎光俊申軍忠事
右為顕家卿後攻、自奥州馳上、当年(建武五)二月十一日、勢
州御発向之時、属御手、同十六日、於伊勢国雲地河、致
軍忠訖、
一同廿八日、於奈良坂、抽合戦忠節畢、
一同三月十三日、於男山洞巓、致軍忠畢、
一同十六日、於安部野、致合戦之忠訖、
一同五月廿二日、於和泉国堺浦、致軍忠畢、此等次第、同
所合戦之間、須賀兵庫允・佐々木左衛門六郎令見知訖、
然早預御証判、欲備亀鏡之状如件、
建武五年閏七月
「(証判)(高師直)(花押影)」

○四一七　岡本良円軍忠状写　○秋田藩家蔵文書十岡本文太郎元朝家蔵文書

岡本観勝房良円軍忠事
一去二月廿八日、南都御共仕、於奈良坂本、致軍忠畢、
一同三月十二日、男山御共仕、同十三日合戦抽軍忠畢、
一同十四日、天王寺御共仕、同十六日安部野合戦、致軍忠、

則攻入天王寺、致合戦之刻、新田西野修理亮之手者一人生捕之条、於天王寺面之□（野カ）、石河孫太郎入道・長田左近為奉行、被遂実検之上、高橋中務丞為奉行、重被実検畢、
一同五月廿二日、於泉州堺浜合戦、致忠節畢、
一同晦日、男山御共仕之処、被定黄笠注衆之間、良円為其人数、同六月十八日、攻登男山城之南屏際、致合戦刻、被射左肩畢、同七月二日、於善法寺口致合戦之時、（脱アルカ）被右手訖、此等次第、石河孫四郎・同弥次郎同所合戦之間、令見知之、上野介・大弐房被遂実検畢、凡御発向最初自六月十八日、凶徒没落之期至于七月十一日、云不退宿直、云所々御発向御共、着到等分明也、然早賜御判、為備亀鏡、恐々言上如件、

建武五年潤七月　日

「（証判）（高師直）（花押影）」

「其書ノ裏ニ　（花押影）
如此ノ判二ツアリ」　（花押影）

○四一八　佐々木頼氏軍忠状　○内閣文庫所蔵朽木文書

佐々木出羽四郎兵衛尉頼氏軍忠事
右、属御手、去正月廿八日、馳向黒血構要害致忠畢、次同四月五日、於相賀城致合戦、追落御敵畢、次同四月晦日、打破荒地中山関、同日押寄疋田、追落但馬房以下凶徒、燈（焼）払城郭、同四日致金崎合戦之間、騎馬射畢、次同七月十八日、為息嶋責、（近江国）高嶋郡内横江浜罷向処、息嶋凶徒□可夜討之間、捨頼氏身命坊（防）戦之処、若党佐々木右衛門三郎・辻兵衛太郎令討死畢、其外手負人小笠原十郎五郎・多胡兵衛次郎・松井治部・日置彦七郎・中間二人、剰於頼氏頭蒙疵畢、則凶徒等船壱艘奪留畢、次奥州栗原一迫所領代官板崎次郎左衛門尉為重、致度々之抜郡（群）軍忠之間、将軍家御教書幷陸奥□伊与式部大夫殿御感御教書、将又可賜御恩賞□御注進□之畢、如此抽忠節上者、早賜御判、為備後証亀鏡、□（恐）々言上如件、

建武五年閏七月　日

「（証判）承了　（佐々木道誉）（花押）」

○四一九　足利尊氏下文写　○秋田藩家蔵文書五一城下諸士文書十二

(足利尊氏)
(花押影)

下　岩城正乾房頼舜

可令早領知、当知行地半分地頭職除吉野新院朝恩并得宗領事

右人、依参御方、所宛行也、任先例、可致沙汰之状如件、

建武五年八月三日

○四二〇　石河兼光軍忠状　○東京大学文学部所蔵結城白川文書

石河五郎太郎兼光軍忠事

右、去五月廿九日、為御手馳向山崎(乙訓郡)、六月十八日一族等并安積新兵衛尉相共、乗船渡河所凶徒楯籠焼払橋本(綴喜郡)在家等、追散御敵等、即押寄八幡(綴喜郡)北搦手、至于今月十二日、居住彼所、連々合戦抽忠節之条、無其隠之上、就中同廿四日合戦押寄矢蔵下、尽忠節之条、安積新兵衛尉以下所存知也、加之今月二日自大渡手押寄之処、凶徒等出合、散々戦之間、兼光自上山下降、懸入合戦之場、捨身命、度々入替戦、追籠御敵等於城内、抽群次第、大蔵兵衛尉・小早河備後守等所存知也、将又同五日炎上社頭之刻、到(ママ)合戦忠之条、山口小太郎所存知也、随而此等次第大草三郎兵衛尉悉見知畢、兼光又一族相共属仁木右馬助(義長)殿、馳向尼崎(河辺郡)、自去七月十二日至于八月三日致忠畢、然者為賜御証判、恐惶謹言、

建武五年八月　日

「承了(証判)　(上杉重能)(花押)」

○四二一　義良親王令旨カ案　○白河集古苑所蔵白河結城文書

早令静謐東国、重可被挙義兵之由、所被下綸言也、相催坂東諸国軍勢、急速□(可令追)討尊氏(足利)・直義以下党類給者、依□(宮令旨上啓)如件、

延元三年九月三日　□(右中弁光守奉)

謹上　陸奥三位中将殿(北畠顕信)

○欠損部は『大日本史料』第六編之四で補う。

○四二二　石塔義房軍勢催促状　○石水博物館所蔵佐藤文書

為渋江城凶徒対治、近日可発向也、早相催庶子、可被致軍
忠之状如件、
建武五年九月四日　　沙弥（石塔義慶、義房）（花押）
佐藤十郎（性妙、清親）左衛門入道殿

○四二三　法眼有禅譲状　○陸中中尊寺文書

ゆつりわたす（譲渡）
白山修正田八段（江刺郡）瓶尻村在之、但藤五郎いてあるところハ是除、
とをいち女分
右、かのところ（彼所）ハ、有禅ちきやう（知行）の分た□あひた、とをい
ち壱期ゆつるところなり、たゝしかきりある社やく（役）にをい
て、けたひ（懈怠）あるへから（す脱カ）、はた又たまき□きやうしやう（経誦）、た（大）
いしかう（師講）の時ハ、心さしあるへし、仍譲状如件、
けんむ（建武）五年九月八日　　法眼有禅（花押）

○四二四　室町幕府裁許状写△　○神戸小野寺文書

小野寺摩尼珠丸代景継申丹後郷事、雑掌実証掠給院宣幷施
行、合（令カ）管領一円於下地之条、無謂之由、景継訴申之処、本
所備遣指（ママ）下地進止所見上ハ、沙汰付当郷於地頭代、任先例
可令企所務也、但遵行之後、重及其妨之由、触訴者、数度
雖不被仰下、如元沙汰付之、載起請之詞、可被注申狼藉之
廉、使節令緩怠者、可処其咎之状、依仰執達如件、
暦応元年
九月十八日　　左京大夫（吉良満義カ）尊氏（ママ）
今河駿河守（頼貞）殿

○四二五　北畠親房御教書写　○松平基則氏所蔵結城文書

（北畠親房）（花押影）
御着当国（常陸）之後、無殊事候、凶徒等打廻之由、其聞候之間、
小田（治久）以下発向候畢、
抑宮（義良親王）御船、直令着奥州給之由、其聞候、宇多歟、牡鹿歟、
両所之間、相構忩被尋申御坐之所、可被馳申候、件御船、
禅門（結城道忠、宗広）乗船候、新国司（北畠顕信）三位中将家・春日少将（顕国）幷四保・長沼・
大内以下、同参彼御船候、経泰（広橋）等も祗候候、依風難義無御
同道候之間、不審無極候、船少々於海路及難義之由、其説

候、頗雖無念之次第候、御坐之船等無為条、　聖運神慮令然候歟、御坐之所治定之後、可被申成　令旨・国宣候、猶々忩々被尋申奥左右、不廻時剋可被馳申候、諸事其時委細可被仰旨所候也、恐々謹言、

(延元三年)九月廿九日　　越後権守秀仲奉

結城大蔵権大輔(親朝)殿

○四二六　北畠親房御教書写　○松平基則氏所蔵結城文書

(北畠親房)(花押影)

宮(義良親王)・国司(北畠顕信)御船、令着勢州給候、自禅門(結城道忠、宗広)方定音信候歟、令着奥州給候之由、其聞候に延引之条、雖無心本事候、公私無為、無事大慶不能左右候、且諸船多遇其難候之処、只両船無別子細候、憑敷御事候、抑宮・国司令着奥給候者、自彼方可有御発向ニて候つ、如只今者、延引之間、如何ニも御下向候て、奥輩可被催立候、且葛西(清貞)進使者候、申入此趣候也、而路次難治候云々、忩々催促郡々勢、連々近辺ヲ被対治候ハ目出候、以此辺勢、先白川まて御進発、自其次第奥へ可有御発向之条、不可有子細歟、相構急速可令計沙汰給之由仰候也、仍執達如件、

延元三十一月六日　　越後権守秀仲奉

結城大蔵権大輔(親朝)殿

追申

宮令旨幷新国司国宣、殊更被遣之候之由、同所候也、

○年号は追筆か。

○四二七　石塔義房軍勢催促状　○磐城相馬文書

凶徒対治事、早相催一族、参御方、可被抽軍忠之状如件、

暦応元年十一月十日　　沙弥(石塔義慶、義房)(花押)

相馬六郎左衛門尉(胤平)殿

○四二八　北畠親房御教書写　○松平基則氏所蔵結城文書

(北畠親房)(花押影)

去六日状、今日十一日到来畢、

一御船、無為令着勢州給候条、聖運之至候、禅心(結城道忠、宗広)被申音
信候、殊目出候、
一当国静謐事候、先日重被仰畢、相構急速可被致沙汰候、
一石川一族等可参之由、令申哉覧、神妙候、所詮、有其勇
之様、可被計談、随注進、可有沙汰候、本領安堵不可有
子細、有殊功者、可被加其賞候也、
一葛西清貞兄弟以下一族、随分致忠之由、令申間、度々被
感仰畢、
一坂東静謐事、於此方、粗雖被廻計略、無左右事(不脱カ)行候、先
被対治奥州・羽州次第可有沙汰之処、大将無御下向候、
難事行候由、葛西令申候、国司(北畠顕信)以下御下向、猶令遅々者、
先可有御下向候、至白川之路次、難義候歟、一途可被計
申候、那須城可有対治之由、有披露、被召軍勢、自此方
押合、御下向候者、不可有子細候哉、且可被計申候、此
事、葛西殊急申候、非無其謂候歟、
一田村庄司一族中、少々違変之由聞候、何様候哉、相構先
可被誘試候、

一小山安芸権守・同長門権守等致忠之条、神妙候、仍被成
御教書、
条々伺御下向間事、相構廻思案、急速可被計申候由、内々
所候也、恐々謹言、

延元三十一月十一日　　沙弥宗心

結城大蔵(親朝)権大輔殿御返事

○年号は追筆か。

○四二九　れんせう書状※ ○金沢文庫文書

かまへて〳〵よきやう一御はからひ候ハヽ、悦思まい
らせ候、なにさまにも、ひさしくのふる事ハ候ましく
候、くハしくハ太郎申候へく候、
御ようとう(用途)の事、いわな(岩名)のこその(去年)ねんく(年貢)をもてまいらせ候
ハんするとおもひて候しほとに、ねんくのあし(足)たらす候て、
みなもまいらせす候事、返々心もとなく覚させ給て候、よ
うとうのすこし候を、さた(沙汰)してまいらせ候ハんとて、太郎
おく(奥)へくたり候、さためていそきまいらせ候ハんす覧と覚

て候、もしふしき（不思議）に、秋まてものひ候事も候はゝ、いわな
のねんくのよね（米）をもて

○本文書は剱阿関係文書に関連するものであり、剱阿示寂暦応元年十一月十六日にかけて仮にここに収める。

○四三〇 石塔義房軍勢催促状 ○相馬市教育委員会寄託相馬岡田文書

今月十四日、被討落横川城之由、相馬出羽権守（親胤）注進訖、尤
以神妙也、且為対治黒木（宇多郡）丼霊山城（伊達郡）、忩可差遣軍勢之状如件、

暦応元年十一月十七日　沙弥（石塔義慶、義房）（花押）

相馬新兵衛尉（胤家）殿

○四三一 伊賀盛光代川中子与三五郎着到状 ○磐城飯野文書

着到

伊賀式部三郎（盛光）代

川中子与三五郎

暦応元年十一月廿一日

「（証判）（花押）」

○四三二 北畠親房御教書写 ○松平基則氏所蔵結城文書

（花押影）（北畠親房）

去廿一日状、今日廿六日樵到来、令申給条々、具申入候畢、
一石川一族可参之由、令申之条、先神妙、所望已下事、五
大院兵衛入道已参申候、本領安堵事、如被申、当時上
州禅門（結城道忠、宗広）已下有功之人々、当知行候間、頗雖其煩候、近日
之時分、凶徒一人も降参、外聞実義可然事候、於有功人々
者、雖行（少カ）所被行其替候者、始終又可心安候歟、然者先本
領安堵事、以此御教書、可被仰聞候、所望地事、只今御
許容不可然候歟、凡面々重代弓箭之家也、然而依時乱、
所存不一之条、雖為無念之次第、所詮、悔先非令参者、打
任てハ所領之半分・三分一ヲも安堵こそ、古来風儀ニハ
候へ、而安堵本領、猶以随分善政候哉、而年来深為御敵、
今又不参、以前度過分所望候之条、且非弓箭之恥辱候哉、
又自公方も、任正理被召仕候てこそ、向後者一図ニシ、
被憑仰候ハんすれ、偏如商人之所存ニてハ、如何ニして

持(将)来可叶朝用候哉、然者先於本領者、可令安堵、致別忠者、可被行其賞候也、得其意可令下知給、所望之所ヲ、強非被惜候、然而於御方、当時致無二之忠輩、猶以于今不預恩賞輩多候歟、而為被誘朝敵、重被付闕所候者、始終御沙汰も可及難義候哉、如此事、一旦ハ交さる道も候へとも、始終又難義ニて改動なとも候へハ、弥不可有天下一統之期候歟とても只以可被行之図こそ御問答も候ハめ、其上不参候ハんハ、本来之御敵ニ候へハ、無力事候歟、又依彼等参、天下も一国もよも静謐候はゝ、此等条々ヲ心得て可被仰候、但度々引弓為御敵之条ハ、雖勿論候、天下御大事之最中、争小道ニ入て、被挿御意趣事候へき、此等皆参差之儀候、其段ハ能々令心得給候て、以内縁可有教訓候者、本領安堵等事、面々申御教書候ハ、重可被執申候、

一小山事、被誘出候者、尤可然候、度々以案内者被仰遣候、しかも未申是非候、仍母子方へ被遣御教書候、案内者候ハ被付遣候て、可令聞事体候歟、足利方も不悦之様ニ聞候、御方へ参候て失面目事ハ、何事かハ候へき、但彼も自只今可被行其賞なとゝて候ハん事、為家可為瑕瑾候歟、相構存正理、不付弓箭瑾候てこそ、向後被召仕候ハんにも、公私本望候へ、参候ハ一方被憑仰、何所ニて候とも被申行候条、不可為難義候、可安候事ヲあしく心得て、家ヲも名ヲも不顧之条、末代之遺恨候歟、能々可令誘聞給候也、

一当国(常陸)辺事、小田(治久)・伊佐(伊達行朝)・関(宗祐)已下、存無二忠之条ハ勿論候、自然ニ凶徒も競来、又近々少々推廻之程ハ候ハんすらん、然而実事しく坂東辺ヲも対治候ぬへき体、不見候歟、下総・安房・上総辺まて申給御教書可参之由申輩ハ、其数済々候也、然而彼等も御勢之真実、打出候ハん時剋ヲ伺候間、只今ハ例式候、奥州御下向事、路次難義、誠以難義候、但如何ニも奥へ御伝候て、次第ニ被押出候ハヽ、自此辺ハ、可有早速之功哉らんと、葛西(清貞)も度々以使者申候、但両様候間、得益之軽重、兼無御才(覚)学候、猶能々廻思案可令申給候者、如何さまニも此辺も、近日ハ難被打

捨候、宮(義良親王)・国司(北畠顕信)御下向事、度々被伺申候畢、宮御事ハ、今度令定春宮給候、不思議ニ御着勢州候間、若又辺土御下向ヲ、神も被惜申御事や候らんと不審候、其篇ニても、弥　聖運ハ憑敷候間、重御下向事、被申合吉野殿(後醍醐天皇)候畢、国司相構早々可有御下向之由、被申しかとも、年内ハ不定候歟、且禅門も、さこそ被忩存候しめとも、海上事於今ハ楚忽之儀候ハし、能々可被待時節候歟、春日少将(顕国)ハ、近日下向候歟之由、御推量候也、彼仁被下向候ハ、此辺事被申付候者、弥奥方御下向大切候、所詮、能々可被加御思慮候、又此辺ヲも猶々誘沙汰候て、重可被仰候、諸事被憑仰畢、禅門励老骨、不惜身命、被致忠ハ、中〳〵非言語之所及、当時も、於勢州も、宮・国司一向被憑仰候云々、心安候、如然事も相構早々御対面も候て被談候ハヽ、やと、無心本之由、可申旨候畢、恐々謹言、

興開(国カ)元(延元三年カ)十一月廿六日　沙弥宗心奉

結城大蔵大輔(親朝)殿

○年号は追筆。

○四三三　北畠親房御教書写　○松平基則氏所蔵結城文書

(北畠親房)
(花押影)

石河一族間事、先日被成国宣畢、其後何様令申候哉、件輩年来、専為御敵、然而悔先非令馳参者、可令安堵本領、有殊功者、可被行其賞之由被仰畢、而不参以前差申所望地、為傍例不可然、所詮、真実当参致別忠者、於当郡内村々者、随功先可被計宛歟、当給人事、当時少々為闕所哉、至可被行替之輩者、忩可被経御沙汰候也、得其意可令致沙汰給之由仰候也、仍執達如件、

延元三年十二月三日　越後権守秀仲奉

結城大蔵権大輔(親朝)殿

暦応二年・延元四年（西紀一三三九）

○四三四　北畠親房御教書写　○松平基則氏所蔵結城文書

（北畠親房）
（花押影）

改年祝言、逐日重畳、天下静謐、宝祚長遠、朝敵党類悉伏
天誅、有功官軍須誇皇恩、幸甚々、且軍忠無弐之忠節、迎
此春、弥被開眉歟、殊可被自愛候、抑石川輩参御方之条、
尤神妙、可被注申実名候、有功者、可被行其賞之条、無異
儀候歟、兼又小山事、去月廿九日進請文畢、殊目出候、此
辺事、可有沙汰之子細候、随彼体可有御下向候、面々有談
合、早速対治国中、可被待申之由所候也、恐々謹言、

（延元四年）
正月七日　　越後権守秀仲奉

結城（親朝）大蔵権大輔殿

追申

金吾御事、当山御祇候之間、連々申承候、心中
更不存等閑候、又彼御状御書付候、即同進之候、
当時改名字判形候、為御不審申候、重恐々謹言、
委細弐色事等候間、熊召進円経候、且又不可所（脱字アルカ）
存候給間、進之候也、

○四三五　○法印某書状写※　○結城古文書写有造館本　坤

委細預御札之由、雖承候、於路次紛失之間、不及到来、然
而円経委申趣、具承候了、此間事、凡無申計候、付其、度々
被下　綸旨等候了、於今ハ定到来候歟、御心中殊察申候、
相構幷達叡旨様、厳密可被廻籌策候、委旨円経可申候由、
仰含候、便宜之時者、可示賜候、円経連々参仕当山候、被
仰含候者、慥可承存候歟、心事期後信候、謹言、

九月廿六日　　法印（花押影）

結城（親朝）大蔵大輔殿

○前号文書の円経にかけて仮にここに収める。

○四三六　春日顕国軍勢催促状　○白河集古苑所蔵白河結城文書

□(今カ)月四日下着候、此辺凶徒等悉□(対カ)□治候、其堺事、無相違之由、□候、先令対治那□(須)・宇都宮□可通路次候、東海道以下事、対治不可有子細候歟、以其時分、重可被仰候、同心可被致沙汰候歟、仍執達如件、

(延元四年)(二カ)□月十二日　左中将(春日顕国)（花押）

(結城親朝)大蔵権少(大)輔館

○四三七　北畠親房御教書写　○松平基則氏所蔵結城文書

(北畠親房)(花押影)

其境事、何様候哉、石川辺大略為御方之由、其聞候、先以目出候、当参輩可被注進実名候、尤悉可被賀仰候也、禅門(結城道忠、宗広)事已送日数候、悲歎無極候、自吉野殿(後醍醐天皇)も度々被仰下旨候、忠節無退転者、併可為追善歟、兼又此辺事、当時重々御沙汰之最中候也、春日中将(顕国)被下向候間、近日先可被対治近国候、路次無為候者、忩々可有御下向之由、御有増候也、又故将軍(北畠顕家)御息女辺事、構被懸意候者、可為御本意之由、内々所候也、恐々謹言、

(延元四年)二月廿二日　沙弥宗心

結城大蔵権大輔(親朝)殿

○四三八　北畠親房御教書写　○松平基則氏所蔵結城文書

故禅門(結城道忠、宗広)事、悲歎之御心中、皆以御察候也、御悲歎更不劣面々心底ハ(候カ)、吉野殿(後醍醐天皇)ニも、殊被歎思食之由仰候也、不被待付一統時分、猶々雖無念、面々被相続之上、又同事候歟、国中対治事、相構可被忩候、於坂東者、春日中将(顕国)下向候間、近日可被対治方々ハ(候カ)、路次開候者、早速可有御下向候、石川内村松・牧両城凶徒被追落候条、尤以神妙候、郡内無御敵之条、併高名ハ(候カ)、彼一族当参輩、各可被成御感御教書ハ(候カ)、随功之浅深、委細可令注進給候也、

恩賞等事、内々令申給之趣、披露候畢、忠節異他ハ(候カ)、争可有御等閑候哉、故禅門、吉野祇候之時、於今度ハ有存旨不申新恩、於国被拝領之、下州本領等事、可被申給安堵之由、被申請候処、然而坂東国可為御管領候、武州・相州辺便宜

之闕所候歟、為向後可為至要候、可被懸御意之由、御私ニ被約仰候き、且可然之所候ハヽ、可被申候也、又被懸御意候、官途所望輩事、為人家人輩、関東代無左右不及沙汰、中〳〵以私秘計申公家拝任候歟、当時御沙汰之体、頗雖難義候、又面々致軍忠之時分、難被黙止候間、被経別儀御沙汰候、直申左衛門尉輩候、当時無其例候、仍先被挙申任官之由仰候也、恐々謹言、

（延元四年）二月廿五日　　沙弥宗心（花押影）

結城大蔵権大輔（親朝）殿

○四三九　権少僧都隆賢旦那譲状写

○岩城文書抄出上　上、平光明寺古文書

譲渡壇那事

佐竹豊間（義熙）殿、□□一族内人々、

奥野田地頭白河源蔵人殿、同内人々、岩城殿、玉山殿、

同内人々、

白土殿、好島殿、

磯崎太郎兵衛尉殿、高久殿、藤三郎入道、三箱湯本、

楢葉郡、椎葉郡人々、

右彼諸壇那者、隆賢依為代々相伝、弟子大進阿闍梨快賢所譲渡也、然而致御祈禱之精誠、可被先達申者也、彼譲状明白上者、隆賢跡輩不可有違乱妨、仍為後日状如件、

暦応弐年三月一日　　讃岐権少僧都隆賢（花押影）

○四四〇　権少僧都隆賢旦那譲状写

○岩城文書抄出上　下、船尾大宝院所蔵文書

譲渡檀那之事

赤井加治一族高久村、

荒河殿、同被管人、

好島殿一（族被）俗非官人、

同飯野殿一俗非官人、

佐竹小河殿、同御兄弟、国井、

右、彼諸檀那者、依為代々相伝、弟子能登房譲渡処実也、然而致御祈禱精誠、可被先達申者也、彼譲状明白上者、隆

賢之跡輩不可有違乱妨、仍為後日譲状如件、

暦応弐年己卯三月一日

讃岐権少僧都

隆賢（花押影）

○四四一　教源書状※　○金沢文庫所蔵四分律行事鈔見聞集十七紙背文書

新春御慶等、於今□（者）事旧候了、去年御下□時、依急事鎌倉
へ罷上候、
気候、即禅房奥より霜□（月カ）罷上候、当時者、極楽寺居住候、
極楽寺長老も、此年始ハ□以外平癒候、七ヶ日出仕、無相
□（違カ）候、其外鎌倉へもすく出行候□候之間、付惣別喜申合候
也、□便宜悦入候之間、乍立馳筆□金沢様にも無異候事候
□承候也、恐惶謹言、

正月廿三日　教□（源）

謹上　東禅寺（湛睿）御侍者

○湛睿は嘉暦元年七月以前下総国東禅寺長老となり、暦応二年三月六日足利直義より武蔵国金沢称名寺住持職を安堵される。本文書は鎌倉期の可能性もあるが、湛睿の金沢称名寺住持職就任にかけて仮にここに収める。

○四四二　東禅寺知事某書状※　○金沢文庫文書

京都近国不静候之由、自千葉承候、如何被召聞候、無心
本候、又奥州難義之由伝承候、鎌倉中者、何体候覧と無心
本候、兼又御茶一袋、并乾飯三斗、令進候、自三（上総国）ヶ谷御茶同進
候、又自長老上代（下総国東庄）事蒙仰候、麦時煩候之間、遣行者静謐仕
候、此等子細箕田入道定被申候歟、秋成候て、何様にも煩
候ぬと令存候、其内可有御量候、諸事期後信候、恐惶謹言、

六月十七日　（下総国東禅寺）土橋知事（花押）

進上　東禅寺（湛睿）御侍者

○神奈川県立金沢文庫所蔵湛稿演五紙背文書五月廿日、知事某書状の関連文書。前号文書と同様に湛睿の金沢称名寺住持職安堵にかけて仮にここに収める。

○四四三　法眼行慶打渡状　○磐城飯野文書

打渡

陸奥国岩城郡好嶋山事、任御教書之旨、令伊賀三郎左衛門
尉盛光沙汰付候畢、仍渡状如件、

暦応二年三月十三日　法眼行慶（花押）

○四四四　足利直義御判御教書　○南部光徹氏所蔵遠野南部文書

参御方者、本領事□（任カ）被定置之旨、可有其□（沙）汰之上、致軍忠
○者、可抽□（賞）之状如件、

暦応二年三月十七日　（足利直義）（花押）

南部六郎（政長）殿

○四四五　北畠親房御教書写　○松平基則氏所蔵結城文書

（北畠親房）（花押影）

春日羽林（顕国）発向下野国事、先度被仰候畢、去廿七日矢木岡（東真壁郡）城
被落候、城中輩惣領以下、不漏一人被誅畢、同月益子（東真壁郡）城被
落候、桃井舎弟上三川（河内郡）城・箕輪（都賀郡）城、即日自落畢、富山・
宇都宮（河内郡）後措悉被退散、数輩被討取候歟、合戦之初、如御所
存候、目出候、次第ニ可被対治候、相構々々忩被出東海道歟、
被向那須歟、両様之間、可被忩候、常陸・下野事ハ、不可
有子細歟、然者、早々被開奥州一所、先可有御下向候也、
存別忠、可被致沙汰之由仰候也、恐々謹言、

延元四三月廿日　越後権守秀仲

結城大蔵権大輔（親朝）殿

○年号は追筆か。

○四四六　氏家道誠注進状案　○磐城相馬文書

（端裏書）
「暦
雑正文
氏家十郎入道注進状案　暦応二　三廿六
四」

注進

相馬松鶴丸（胤頼）軍忠事

右、彼祖父相馬孫五郎重胤、属陸奥守家長（斯波）、於鎌倉殞命由、
証判状所見也、養父弥次郎光胤（相馬）、属兼頼（斯波）向奥州東海道討手、
同国小高郷（行方郡）構要害、建武三年三月十六日、率一族等、馳向
同国宇多庄熊野堂、令対治凶徒、同月廿二日・同廿四日・
同廿七日・同五月六日・七日合戦、雖励忠戦、同廿四日当（陸
奥）国前国司顕家卿（北畠）下向之刻、以人勢被攻小高城之間、光胤幷
一族相馬六郎長胤・同七郎胤沼（治）・同四郎成胤令討死訖、其

後、松鶴丸又率一族、同四年正月廿六日、重馳向熊野堂城、令対治凶徒訖、凡所々合戦一族郎従等殞命被疵、前懸・分捕以下戦功之条、注文別紙進覧之、爰奥州合戦事、先日粗雖捧注進、相漏之輩追所令言上也、将又正員式部大夫兼頼年少之間、代官氏家十郎入道々誠、所令加判形候也、此条若偽申候者、
八幡大菩薩御罰可罷蒙候、以此旨可有御披露候、恐惶謹言、

暦応二年三月廿日　　沙弥道誠上　在判

進上　御奉行所

○四四七　氏家道誠注進状写　○渡辺正幸氏所蔵文書

去月如註進書、相馬孫五郎重胤属陸奥守家長（斯波）、於鎌倉胤命（損）由、証判状所見、養父弥次郎光胤属兼頼（斯波）、奥州東海道討手、同国小高郷（行方郡）構要害、建武三年三月比、軍兵揃馳向同国宇田荘於熊野堂、同月廿二日ヨリ同五月七日迄日隔日数六日之合戦、無比類軍忠、国司顕家卿（北畠）下向之刻、以大勢小高城隆攻落、光胤幷相馬六郎長胤・同七郎胤治・同四郎成胤令討死、雖然、其後茂其方大勢卒、同四・正月廿六日又馳向熊野堂城令対治凶徒、殊胤命（損）被蒙疵候、分捕高名数書目録進覧之、奥州合戦茂明白、先立令言上之所、向数万騎、抽軍忠所神妙也、正員式部大輔兼頼少年之間、代官武家（氏）十郎入道道誠、当時々判形畢、重而御下知之書付可給也、此条若偽申候者、
八幡大菩薩御罰可罷蒙也、

暦応二年三月廿二日　　沙弥道誠

相馬松鶴丸（胤頼）殿

○四四八　沙弥勝義（佐竹義熙）・法眼行慶連署打渡状　○磐城国魂文書

打渡
八幡降人所領半分事
右、陸奥国岩城郡国魂村田畠在家等、為中分、任　将軍家（足利尊氏）御下文幷御施行之旨、所沙汰付于国魂太郎兵衛尉行泰也、坪付有別紙、仍渡状如件、

暦応弐年三月廿三日

法眼行慶（花押）

沙弥勝義（佐竹義熙）（花押）

○四四九　沙弥勝義（佐竹義熙）・法眼行慶連署所領坪付注文　○磐城国魂文書

陸奥国岩城郡国魂太郎兵衛尉行泰所領半分坪付注文事

一国魂村内田数

五段　筒口　本主分

壱段　漆名田

壱段　筒口

肆段　柚木前

弐段五合西付、　榎木町

壱段　王藤次入道作

以上壱町肆段五合

同村内居屋敷

一国魂村内田数

壱町　二平町　闕所

弐段　根搦□□

弐段五合東付、　榎木町

以上壱町四段五合

同村内在家事

一所　平三郎在家

一々　筒峯野畠壱所

暦応弐年三月廿三日

法眼行慶（花押）

沙弥勝義（佐竹義熙）（花押）

○四五〇　石塔義房軍勢催促状　○石水博物館所蔵佐藤文書

為対治所々凶徒、所発向也、早相催一族、可被致軍忠之状
如件、

暦応二年三月廿九日　沙弥（石塔義慶、義房）（花押）

信夫佐藤十郎左衛門入道殿（性妙、清親）

○四五一　相馬胤頼軍忠状案　○磐城相馬文書

注進

松(相)馬松鶴(胤頼)丸申、養父相馬弥次郎光胤討死以下軍忠事

一建武三年三月十六日、陸奥国東海道宇多庄熊野堂合戦事

相馬弥次郎光胤家人須江八郎分取一人白川上野入道(結城道忠、宗広)家人六郎左衛門入道□□、

同人家人木幡次郎討死、

相馬九郎五郎胤景分取二人、　相馬小次郎胤顕主捕二人、白川上野入道家人小山田八郎、同人中間四郎三郎、

相馬小次郎家人木幡三郎兵衛尉分取一人、

相馬彦次郎胤祐分取一人、

一同年三月廿二日、広橋修理亮(経泰)以下凶徒等、寄来小高城(行方郡)、致□之時、追散御敵討取凶徒等事

相馬弥次郎光胤家人石町又太郎討取御敵標葉蒔田十郎□□、

相馬小次郎胤盛分取一人、　相馬小次郎胤顕御敵一人討取□人、

相馬孫次郎行胤家人小嶋田五郎太郎被討取了、　相馬孫五郎長胤家人三郎太郎討死、

相馬五郎胤経家人大畠彦太郎被疵、　相馬九郎胤国中間五郎太郎討死、

相馬弥次郎実胤中間九郎太郎被疵、

相馬五郎胤経家人増尾十郎被疵、

一同月廿七日、大泉平九郎相共、標葉庄凶徒対治事

相馬弥次郎光胤家人田信彦太郎主捕一人標葉孫七郎、

相馬九郎五郎胤景討取標葉孫四郎了、

相馬孫次郎行胤主捕二人標葉弥九郎・同孫十郎、

相馬小次郎胤盛主捕二人、自身被疵、標葉三郎四郎、長田孫四郎、

相馬小次郎胤顕主捕一人落合弥八、

(相馬弥次郎光(マ)胤家人田信彦太(マ)郎主捕一人)標葉孫□郎、

相馬六郎長胤被疵畢、

相馬弥次郎光胤家人木幡三郎左衛門尉分取一人、

一同年五月六日、宇多庄熊野堂合戦事

相馬弥次郎光胤家人五十嵐弥次郎入道、田信乗阿、同子息左衛門三郎等討死、

一同七日、同所合戦事

相馬弥次郎光胤差遣家人等、討取御敵十三人畢、

一同五月廿四日、顕家卿(北畠)攻小高城之時、相馬一族以下討死事

相馬弥次郎光胤討死、　相馬六郎長胤同、

相馬七郎胤沼(治)同、　相馬四郎成胤同、
相馬十郎胤俊同、
一若党討死事
田信彦太郎　光胤家人、
吉武弥次郎　胤俊家人、
田中八郎三郎　長胤家人、
松本四郎　光胤家人、
一建武四年正月廿六日、松鶴丸引率一族、押寄宇多庄熊野堂致合戦事
右、粗注進如件、
暦応二年三月　日

○四五二　法眼盛祐申状案　○宮内庁書陵部所蔵法勝寺領美濃国船木荘訴訟文書

法勝寺領美濃国船木庄内只越郷領家法眼盛祐謹言上
欲早為　朝敵人坊門大夫清定本名在定、無体作名菅原氏女立面、或備清定所帯法勝寺役請取等於氏女当知行所見、或以寺家公文所非拠請文、為坊城中納言家御奉行去々年八月十八日氏女雖預　勅裁、於郷務者、清定致在庄管領間、去年春顕(北畠)家卿率奥勢上洛時、件清定自当郷馳加彼勢、就致合戦、同八月塩屋五郎・同卿房・業田卿注記等於当郷召捕清定并坊門三位清房父子間、土岐伯耆(頼貞)入道存考(孝)今者死去、於当郷者、宛賜捕手三人畢、彼等至今所令知行也、凡氏女者清定所変由、盛祐再三雖歎申、終以不被聞食入、果而及此沙汰上者、早任正慶・建武　勅裁、如元可全知行由、預御裁断、弥専忠貞、当郷領家職事
副進
二通　系図并譲状
二通　院宣正慶二年後二月盛祐子息説光一円賜之、建武四年二月十八日同預安堵　勅裁、
一通　将軍家証判状元弘三年五月廿五日盛祐当知行之支証、
一通　守護人存考(孝)代道忍書状建武二年八月　日同前、
右当郷者、自本主肥後守基実至亡父静全律師七代相伝、依無相違、正応二年九月十日静全譲与郷内半分惣領職於嫡男経意、譲賜残半分庶子分於次男盛祐状偁、若於妨此旨輩者、

可付知行於一方、其上可申行不孝罪科云々、仍経意・盛祐任亡父行事令知行之処、元応二年禅林寺僧禅観掠賜当郷之間、経意・盛祐申披所存、同年十二月廿九日為左中弁藤房(万里小路)朝臣奉行、当郷如元可知行之由、宛惣領経意下賜院宣畢、而正慶元年四月廿三日経意他界之後、同九月廿一日経意一男宮内大夫在定坊門大夫清定改名、忽背父祖遺誡追出盛祐、焼払住宅之間、以盛祐子息兵衛蔵人説光就申披相伝子細、同二年後二月十六日任静全譲可知行之由、下賜　院宣当知行之間、元弘三年五月廿五日盛祐依馳参御方、当将軍家(足利尊氏)被出証判畢当知行支証、爰清定為散彼宿意、成右大弁清忠幷坊門三位清房卿之養子、捨菅原姓令改名坊門大夫清定、以養兄坊門少将雅輔西岡大将清房実子之権、令濫妨当郷、建武二年十一月清定為中山道大将東国発向之刻、又焼払盛祐住宅、奪取資財物畢、而盛祐老体之間、進説光於御方致合戦証判状分明也、同三年六月以来当知行之条、守護代道忍状明白也当知行支証、依之同四年二月十八日為日野中納言家(資明)御奉行下賜安堵　院宣、弥全知行之処、同七月三日号菅原氏女幸増代、定家申子細云々、就之

同十三日盛祐雑掌彼定家者、清定年来家人也、於幸増者、清定所変無体作名仁也、下賜訴状可捧巨細陳状之由、再三言上之処、不及下賜謀訴状、同八月十八日被下　勅裁於作名幸増云々、然間清定令知行当郷、去年二月奥勢上洛之時、清定自当郷加彼勢、落自吉野、又令隠居郷内之間、同八月日被召捕之、被籠舎之時、清房父子同被召捕畢、幸増者、清定所変既露顕畢、爰説光重病之間、本人盛祐所令言上之也、抑建武四年八月十八日幸増如所賜　院宣者、只越郷事、説光捧正慶　院宣当知行之由、雖諍申之、元応　勅裁以後経意余流領掌之由、寺家注進上、元弘三年以来寺用請取分明之間、被下説光　院宣被召返畢、此上知行不可有相違之由、可被伝仰菅原氏女之旨、院御気色候也、坊門三位殿云々、此条悉御沙汰参差也、其故者、清定者清房卿養子之間、清定所変之氏女加就進挙状、被仰清房卿所見也、争可被下勅裁於眼前之御敵哉、次元応　勅裁者、如先段言上、経意・盛祐兄弟合体之時、就□(他カ)人相論申披之、惣領経意返賜当郷院宣也、不足氏女相伝指南、弥盛祐潤色也、次経意余流

領掌之由事、経意他界者、正慶元年四月廿三日也、経意存生程者、曾無確執、而経意死後就清定濫妨、同二年(後脱カ)二月盛祐代説光預一円　勅裁之条、厳重上者、何以寺家胸臆注進可被棄捐之哉、就中船木庄者、十四・十六・十九・本田・只越・別符以上六郷也、彼領主等事、先立御尋之処、於只越郷者、不知領主之由、乍捧寺家注進、又経意余流知行之由令注進之条、一事両様眼前也、次元弘三年以来寺用請取事、是又於寺用等者、全不直進之、下司・公文令運送之取請取者也、其上元弘三・建武元・二者、清定濫妨之由盛祐自元言上畢、自建武三年者、盛祐当知行之条、守護人書状分明也、但於彼年々貢者、就　院宣出武家之間、不及進納、争以彼非分知行之請取、忝可被対揚一円　勅裁哉、

以前条々若斯、所詮、於盛祐者、任亡父静全行事之処、依清定悪行、正慶二年仁下賜一円　勅裁之訖、清定雖募武威、成　朝敵畢、仍盛祐代説光任正慶　勅裁、令知行当郷、同四年二月十八日賜安堵　院宣之条、更不背理致者哉、至氏女者、清定所変無体作名分明之上、云所持文書、云召仕家人、皆以清定所持物也、清定　朝敵之段、武家召捕之、令収公当郷上者、任正慶・建武　勅裁、盛祐可返賜当郷之条、無子細者哉、就中雅輔幷清定子息輔清号雅輔養子、共以建武三年正月十六日於常住院四足前討死、其頸被懸六条河原之条、公家・武家無其隠、雅輔子息坊門侍従国清又為若州大将去々年七月四日被生捕畢、清定又加奥勢、令隠居当郷、同時被召捕被収公当郷上者、云子息孫子、云養子養孫、皆以眼前朝敵也、而不恐自科、清房卿造出養子清定所変幸増進挙状、果被召捕顕重科畢、然早於当郷者、任代々相伝道理、就正慶・建武後日　勅裁、如元盛祐返賜之、全知行為専寺用言上如件、

暦応二年三月　日

○四五三　沙弥宗心書状写　○結城古文書写有造館本　乾

此辺対治事、先日以便宜委細被仰候了、宇都宮(河内郡)幷鵰山輩、合戦両度、御方打勝、兵庫助綱世(宇都宮)子息金此間破損以下、多以被討取候了、彼綱世妻舎弟御房丸、此間馳参候也、

目出候、春日羽林(顕国)此間欲責中郡城候、次第ニ可有沙汰候也、其辺対治事、相構可被忩候、被開路、早々御下向可宜候者也、

一恩賞事、度々被申候、近日被召諸軍勢之間、無左右難被治定、闕闕(ママ)所之間、面々今暫可待申之由被仰候、努々無御等閑之儀候、但石川・那須等内本主等返給候、替事誠尤急可有沙汰事候由、小山事乍申分明之領状、于今不参、雖不可然、猶可参之体候間、只今難及沙汰、武州・相州之間、闕所事、為始終ハ可為大切候歟、可被差申候歟、不然者、羽州取別、可為御分国候へハ、其内可被申候、同ハ案内候ハん地ヲ被申候ハ、尤可宜候哉、

一御(三)春輩無申旨候哉、凡件一族、故国司(北畠顕家)御上洛之時、可御共之由偽申、掠給安達東方、遂不参、比興之次第候、仍宇都宮御経廻之時、被進故冷泉羽林候了、致忠輩出来候者、可被経別儀御沙汰候、其間事、可被得意候哉、

一故国司小女御事、於今者、只一身モ御名残ニても候へハ、相構被懸意者、可為御本意候、依上なとハ被打開之条、

可安候哉、凡彼地ハ、別為吉野殿(後醍醐天皇)御領、被召貢金候、故禅門(結城道忠、宗広)被申預候キ、不可混朝恩国恩等候、然而奉行之段、不可違日来歟、公領ニ候へとも、先彼内ヲモ被思宛候て、被扶持申候ハ可宜候歟、其外も若可有便候料所なと候者、可被申候哉之由、内々所候也、恐々謹言、

(延元四年)四月十二日　　沙弥宗心（花押影）

結城大蔵権大輔(親朝)殿

○四五四　北畠親房御教書写　○結城古文書写 有造館本 乾

高野郡郷々相伝事、伊達一族為度々恩賞拝領候、或帯綸旨、或帯故国司(北畠顕家)宣候、相伝之段、自公方被執仰之条、彼等定失其勇候歟、直被談合、令承諾申者、就其可有計御沙汰候、伊香郷(高野郡)者、○平賀兵庫助景貞為恩賞拝領云々、於海上令討死候了、一腹兄弟数輩子息等、定申子細候歟、当時凶徒未退散候上、先被加対治、且景貞跡ニも、同被直談合候者、可宜候、近日時分面々難被空功之条、可被察申候、手沢郷(高野郡)者、藤蔵人房雄拝領候云々、房雄当参候、於此所者、被召替他所之条、無子細歟、早加対治、追可被申之

由、内々仰候也、恐々謹言、
（延元四年）五月三日　　沙弥宗心（花押影）
結城（親朝）大蔵大輔殿

○四五五　北畠親房御教書　○岩代相楽結城文書

（北畠親房）（花押）
田村庄司（宗季）一族穴沢左衛門五郎成季任官事、先可被任下官条、凡国中諸軍勢任官恩賞等事、面々競申候、功之浅深、闕所之有無、於遼遠者難被知食、若参差事候者、可為諸人之怨之間、可待申御下向之由、此間面々被仰候也、得其意可被仰聞所望輩候、又取別可有沙汰事候者、委注子細可被執申候也、其城中（結城）朝胤等事ハ、不可被准他之間、武衛事も即申御沙汰候也、庄司一族等事、宗季可為庄司之由、先日経沙汰被仰候了、惣領事ハ未被仰出候也、一族中ニも別構城墎致忠輩候歟、所詮、彼方事、注申忠之実否、面々自称、非無御不審候、委可被注申候、
南部遠江権守（政長カ）使者事、被聞食候了、凡奥往反輩事、云忠之実否、云往反之煩、誠被察思食候、能々可被糺明候、自是被下遣御使事、向後各可被持過所候、可為宗心判形候也、使節等毎度申旅粮等之条、無謂候歟、随事体可有計沙汰候哉之由仰候也、恐々謹言、
（延元四年）五月四日　　沙弥宗心
結城（親朝）大蔵大輔殿御返事

○四五六　北畠親房官途推挙状　○岩代相楽結城文書

（北畠親房）（花押）
所被挙申也、
中　左兵衛尉
（結城）藤原朝胤
延元四年五月四日

○四五七　北畠親房御教書写　○結城古文書写有造館本　乾

（北畠親房）（花押影）
高野郡郷之相伝事、伊達一族為度々恩賞拝領候、或帯綸旨、

或帯故国司(北畠顕家)宣候段、相伝候段、自公方被執仰之条、彼等定失其勇候歟、直被談合、令承諾申者、就其可有計沙汰候、且此間打渡事、任申請、先被成国宣候了、伊香(高野郡)郷者、平賀兵庫助景貞、為恩賞拝領云々、於海上令討死了、一腹兄弟数輩子息等、定申委細候歟、当時凶徒未退散之上、先被加対治、且景貞跡ニも同被致直談合候者、可宜候、近日時分面々難被空功之条、可被察申候、手沢(高野郡)郷者、藤蔵人房雄拝領云々、房雄当参候、於此所者、被召替他所之条、無子細候歟、早加対治、追可被申之由、内々仰候也、仍執達如件、

(延元四年)五月十日　沙弥宗心

結城大蔵大輔(親朝)殿

○本文書は四五四号とほぼ同文である。

○四五八　石塔義房軍勢催促状写　○南部光徹氏所蔵遠野南部文書

凶徒対治事、忩可発向也、早致用意、随重左右、可被馳参之状如件、

暦応二年五月十五日　沙弥(石塔義慶、義房)(花押影)

閉伊左衛(門脱)三郎殿

○四五九　曾我貞光軍忠状　○南部光徹氏所蔵遠野南部文書

目安

曾我太郎貞光大光寺(津軽平賀郡)合戦忠節次第事

一去三月、為大将軍先代越後五郎殿、南部六郎(政長)普(親)類幷成田小次郎(頼時)左衛門尉・同六郎・工藤中務右衛門尉跡若党等・安保小五郎・倉光孫三郎・瀧瀬彦次郎入道以下御敵等、令乱入国中、大光寺外楯打落之処、馳向貞光最前、令致散々合戦之間、一族曾我孫次郎師助代官等馳来、令致合力候処、経三ヶ月令退散了、此間分取・打死・手負、不可勝計、仍賜御判形、為備後証、粗々目安言上如件、

暦応二年五月廿日

(証判)「承候了　(安藤師季)(花押)」

○四六〇　板崎為重軍忠状　○国立公文書館内閣文庫所蔵朽木文書

板崎次郎左衛門尉為重致軍忠次第事

右、当年暦応二四月廿八、大将御供仕、本良(吉)郡押寄、大犬河原楯、一迫太掌(大掾)一族相共、為大手合戦致忠節処、為重若党猪俣孫六被射右脇候了、幡差又五郎男以遣左面崎(鑓)切了、此条、太田太郎四郎・同牛田令見知畢、彼手負五月六日為水越宿死去仕了、次加羅目手(搦)馳向致忠節、如此次第、両侍所後藤一族令見知了、然間、賜一見状御判下、為備後証、言上如件、

暦応二年五月　日

「承了(証判)（花押）(石塔義慶、義房)」

○四六一　日道書状※　○駿河大石寺文書

旧冬十二月廿四日御札、二月十三日到来、委細拝見候了、抑御使交名事、三迫(栗原郡)ニハ下妻九郎岩崎地頭、柳戸保ニハ米谷八郎、後藤壱岐八郎ト御教書ニハ成候也、加賀野(登米郡)からハ廿里にて候、一迫(栗原郡)ニハ大掌(掾)甲斐守、大掌周防九郎左衛門為広、登米郡ニハ杵(枡)淵孫三郎行宗、此人々そよく候へく候、仰かたしけなく候つるよし、御披露あるましく候、

一去年度々連歌会紙給候事、何よりも恐悦無極候、猶も可給候、

一大坊への御請取ハ如仰申て候、墨の未進ハ、今度の土産ニ進候、

一今度思立て候つるを、あまりに〳〵人々留られ候間、逗留仕て候、来八月の御まらくし候也、李陵様のもの持参すへく候、諸事期後信候、恐々謹言、

二月十三日　僧日道（花押）

謹上　民部阿闍梨御房御返事

○前号文書の「太掌一族」にかけて仮にここに収める。

○四六二　佐藤清親軍忠状　○石水博物館所蔵佐藤文書

信夫佐藤十郎左衛門入道性妙(清親)謹言上

欲早当国本吉庄内大犬尾楯御新発(進)刻、相触一族等、可抽軍忠由、依充賜御教書、令催役、一同馳参於当城大手中手搦手、致至極合戦、子共若党以下多被疵、至于河渫警固令勤仕上者、預御感証判、備亀鏡間事

右、任被仰下旨、性妙父子以ト廾一族等相共、於彼楯前後、

致散々軍功之条、無其隠、所詮、預御感証判、為捧後鏡、恐々言上如件、

暦応二年五月　日

「承了（証判）（石塔義慶、義房）（花押）」

○四六三　高師冬奉書　○埼玉県立文書館所蔵安保文書

下総国豊田弥次郎入道跡事、為勲功之賞所被預置也、守先例可令領掌、於不足者、下総国幷奥州七郡闕所注文到来之後、可有其沙汰之状、依仰執達如件、

暦応二年六月十一日　参河守（高師冬）（花押）

安保丹後入道（光泰）殿

○四六四　北畠親房御教書写　○結城古文書写有造館本　乾

（北畠親房）（花押影）

陸奥国高野郡北方事、伊達宮内大輔行朝申状如此、々事先度被仰候了、如状者、未被渡云々、何様事候哉、早可被沙汰付歟之由、重仰候也、仍執達如件、

延元四年七月六日　越後権守秀仲奉

結城大蔵大輔（親朝）殿

○四六五　相馬長胤後家尼着到状　○相馬市教育委員会寄託相馬岡田文書

着到

相馬孫六郎長胤後家尼中、

右、今年暦応二七月九日、於下河辺庄合戦之時、最前代官進了、仍着到如件、

暦応二年七月十六日

「承候了（証判）　同廿日　左衛門尉重兼（花押）」

○四六六　伊達為景相博状写　○常陸結城家蔵文書

みちのくにたかのこほりきたかた（陸奥国高野郡北方）、いのゝかう（入野郷）のうち、にしたかわらひ、ひんかしたかわらひ二かしよは、ためかけ（為景）

かしそくいたてのさへもんのくらんとためあき《伊達左衛門蔵人為顕》、なかくら《長倉》
かっせん《合戦》のおんしやう《恩賞》に給はり候、しかりといへとも、お
やのはからひとして、にこうきのむら《仁公義村》にそへて三かしよを、
同こくかなはら《金原保》のほうのうち、ひつほのむら《筆甫村》に、ゑいたい《永代》
かへ《替》申候うへは、いかなる事候とも、しさい《子細》を申ましく候、
このうへしそくにて候ためあきも、しさいを申ましく候へ
は、かへしやう《替状》をかゝせて、おんてまいらせ候へく候、ま
つためかけかはからいとして、かへ申候しやうくたんのこ
とし、

えんけん《延元》四年七月十八日
いたてのかもんのすけ《伊達掃部助》為景（花押影）

○四六七　石塔義房感状案　○南部光徹氏所蔵遠野南部文書

於津軽被致軍忠云々、尤以神妙也、向後殊被戦功者、可有
恩賞之状如件、

暦応二年七月廿三日　　沙弥（石塔義慶、義房）在御判
□《曾》我太郎《貞光》殿

○四六八　伊達行朝申状写　○結城古文書写有造館本　坤

伊達宮内大輔行朝重申
奥州高野郡北方事
副進
二通　御教書案
右先々具言上畢、当庄者、建武二年八月十三日、為長倉合
戦恩賞、行朝幷一族等令拝領畢、仍任本知行之旨、可沙汰
付行朝代官之由、去五月八日・同六月八日両度、雖被仰下、
不遵行云々、早云行朝知行分、云黒子拝領之分、任本知行
之旨、可打渡之由、重為被仰下大蔵権大輔親朝《結城》、重言上如
件、

延元四年七月　日
右之状のうらに　（花押影）《宣宗カ》

○四六九　石塔義房軍勢催促状　○石水博物館所蔵佐藤文書

凶徒蜂起之由有其聞、早相催一族、可被致軍忠之状如件、

暦応二年八月三日　沙弥(石塔義慶、義房)（花押）
佐藤左衛門(性妙、清親)入道殿

○四七〇　後醍醐天皇綸旨写　○松平基則氏所蔵結城文書

道忠(結城宗広)々節之次第、異他之処、不相替励其忠之由、被聞食之条、尤以神妙、其境事、不遅々之様、運籌策、忩速可被発向京都之由、
天気所候也、仍執達如件、
延元四八月十五日　左中弁（花押影）
結城大蔵大輔(親朝)館
○年号は追筆か。

○四七一　某書状※　○伊勢光明寺文書

「(ウワ書、切継)ふきあけの□寺方丈御房まいらせ候　白河より」
ふなた(船田)の入道なと下候ハヽ、やかて人をもまいらせ候へき心地し候て、まち入て候へハ、この物とも、みちにて思の外事候て、下候ハす候へハ、歎入て候、そのゝちことさらみちもなんちになりて候よし申候程ニ、いまゝて人をもまいらせゐす候へハ、あまりに〱心もとなくおほへ候て、御したのひしり(聖)二人やとい申候て、下部一人そゐ候て、御おとつれ申候ハんためはかりにまいらせ候、さしも入道の存生の時より申承まいらせ候て候けるゆゐに、たかい(他界)の後も一向御はからひにて、けうやう(孝養)なともこゝろやすくして候けるよし承候程ニ、とかく申はかりなく悦入まいらせて候なから、みち心にまかせす候て、いまゝて御おとつれをも申候ハす候へハ、人ならぬ心ちして候、すこしもみちこゝろやすくなり候ハヽ、のほり候て、御けさん(見参)ニも入まいらせ候、又はか所をも見候へく候程ニ、あハれ〱とくみちあき候へかしとねかい(願)申てこそ候へ、仏事なとも同候ハヽ、御寺にてと心はかりハ思候へとも、かなハす候へハ、歎存候、又ゆめ(夢)かましく候へとも、むらさき(紫)のそめ物二、きぬ一まいらせ候、これもみちなんちに候へきよし□の人々候へハ、まいりつかてや候ハすらんと心もとなく候、よろつこのひしり(聖)たち申さるへく候程にとゝめ候、あなかしく、

（八）
□月廿日

○前年十二月に没した結城宗広の仏事に関する文書と見なし、仮にここに収める。

○四七二　北畠親房御教書　○白河集古苑所蔵白河結城文書

（包紙ウワ書）
「十三
越後権守秀仲」

（北畠親房）
（花押）

高野郡内伊香・手沢両郷、為石川郡知行分替、可被管領之由仰候也、仍執達如件、

延元四年八月廿一日　越後権□□（守秀仲奉カ）

結城大蔵大輔殿（親朝）

○四七三　北畠親房御教書　○岩代相楽結城文書

（北畠親房）
（花押）

去月廿六・七日両日、高野郡長福楯合戦事、注進趣具披露候了、凶徒退治之条、殊以神妙、致軍忠之輩事、面々加詞可被感仰、且其間子細、以御使経泰（広橋）被仰遣之由仰候也、仍執達如件、

（延元四年）
八月廿一日　越後権守秀仲

結城大蔵大輔殿（親朝）

○四七四　某書状写※　○松平基則氏所蔵結城文書

高野海道合戦之次第、先日被仰畢、相構重被出軍勢、被対治近郡候者、奥方幷常陸・下野宮軍共可得其力候、可被存別忠候哉、於当国事者、先日数ヶ所対治之次第、定令存知仰候、来月二三日間、春日羽林（顕国）重以被発向下野候也、凶徒方少々下向鎌倉云々、然而於坂東対治之雌雄、可在近候、且被任御運候、何可有子細哉、心安可被存（令カ）給候也、抑恩賞等事、無御等閑之次第、度々被仰畢、当時坂東国闕所未定之間、即時不事行候、而不入御意之様、被述懐申候歟、非御本意候、但今度恩賞事、故禅門（結城道忠、宗広）於吉野殿、重々被　奏聞之子細候き、依有所存、今度父子不可申賞、仍以四品昇進為本望、又以国宣被申談候、所々内被申　綸旨事等候き、達　上聞事候之上ハ、不私事候、其段難被尽紙上候、然而故国司（北畠顕家）御上洛時分事、幷故禅門被申候之事も、於今者、事

旧畢、如当時御在国候て、被致忠候こそ、返々御忠節候へハ、争可有御等閑之儀候哉、云所々替、之(云カ)行恩賞、殊可被懸御意候、」

○高野郡の合戦にかけて仮にここに収める。

○四七五　北畠親房御判御教書写　○松平基則氏所蔵結城文書

(北畠親房)(花押影)

経泰(広橋)下向之間、条々所仰含也、委可被尋聞之状如件、

(延元四年)八月廿一日

結城大蔵大輔館(親朝)

○四七六　北畠親房御教書写　○松平基則氏所蔵結城文書

(北畠親房)(花押影)

条々、以経泰(広橋)被仰遣之、凶徒対治以下事、被談合方々、可有忩速沙汰候也、其外事等、相構忩可被申左右之由所候也、仍執達如件、

延元四八月廿一日　沙弥宗心奉

結城大蔵大輔殿(親朝)

○年号は追筆か。

○四七七　源英房カ奉書写　○結城古文書写有造館本　坤

忠節之次第、殊被感思食候、相構忩可被上洛と被　仰下候也、謹言、

(延元四年カ)八月廿七日　英房(カ)

結城大蔵少輔殿(親朝)

○四七八　石塔義慶義房推挙状　○佐竹文書

軍忠事申状進上之候、当国(陸奥)合戦無隙候之間、其身不及参洛、令進代官候、以此旨可有御披露候、恐惶謹言、

暦応二年九月七日　沙弥義慶(石塔義房)(花押)

進上　武蔵守殿(高師直)

○四七九　北畠親房御教書　○岩代相楽結城文書

(北畠親房)(花押)

高野北方事、伊達宮内大輔行朝々臣、頻申子細、依無勢、

無難（ママ）被打渡之由、先度雖被申、一族以下差下之由令申之上者、如先度被仰、急速可被沙汰付、且彼朝臣幷一族等忠節異他候、依如此事、胎所存之候、自他無其詮、相構諸事無隔心之様、可被談合之由、内々其沙汰候也、仍執達如件、

（延元四年）九月十日　越後権守秀仲奉

結城（親朝）大蔵大輔殿

○四八〇　源英房書状写　○結城古文書写有造館本坤

（岩瀬郡）河東郷内大栗・狢森両郷、道存（二階堂時藤）家人矢部又次郎、自白河被預置之由令申、未渡候、若軍忠候者、可申恩賞候歟、領主分明之地、難致管領候乎、一円可渡之由、可被仰付大蔵大（結城親朝）輔方候之由、可有御申候、恐々謹言、

（延元四年）九月十六日　（源）英房

卿（宣宗カ）法眼御房

○四八一　陸奥国国宣　○岩代相楽結城文書

（北畠親房）（花押）

岩瀬郡河東郷内大栗・狢森両村事、式部少輔（源英房）状如此、子細見状、早可被沙汰付彼代官之由、国宣所候也、仍執達如件、

延元四年九月十七日　越後権守秀仲奉

結城（親朝）大蔵大輔殿

（礼紙書）「被申条々、当代未被始御沙汰候、其沙汰候者、内々殊可得御意候、」

○礼紙書は結城古文書写有造館本乾により補う。

○四八二　成田基員譲状案　○山城八坂神社文書

ゆつりわたす所領事

一所　武蔵国きさいのこほり（埼西郡）成田郷成田・箱田・平戸村くんしゝき（郡司職）、今度基員おんしやう（恩賞）ニ給たる地、成田四郎太郎秀綱跡・同五郎左衛門入道跡・平戸小八郎跡事

一所　同国かんのこほり（賀美郡）安保郷内中原屋敷一所・在家弐宇・志方入道給分田壱町事

暦応二年・延元四年九月

一所　陸○(奥)国かつのゝこほり(鹿角郡)東根内大里太郎四郎在家・

田山入道給分在家壱宇并田山郷事

一所　はりま(播磨)の国すとみのしやう(須富庄)の北方半分、ともやす(友安)・

のりすへ(則末)二名事

右、件の所領者、基員重代相伝の私領たるあいた、代々てつきせうもん(手継証文)、信阿(安保行員)ゆつり状をあひそゑて、子息くすハうをちやくし(嫡子)としてゆつりわたすところ也、後家女子ニすこしつゝゆつりたるほかは、のこさすくすハうちきやう(知行)うすへき也、子々孫々といふとも、他のさまたけ(妨)あるへからす、仍ゆつり状如件、

暦応二年九月廿日　左衛門尉基員(成田)判

○四八三　北畠親房御教書　○岩代相楽結城文書

(北畠親房)(花押)

吉野殿(後醍醐天皇)御譲国事、定風聞候歟、奥州宮(義良親王)被開御運之条、聖運令然候哉、其間事、態被立御使候也、委細事ハ、其時可被仰候、兼又此間ニ、鎌倉凶徒率武蔵・相模等勢、寄来之由其聞候、今明之間、定寄歟之由、被待懸候也、鎌倉辺まても忩可被打上之処、所々城墎等難被打捨、面々加斟酌了、今寄来之条、中〱早速静謐之基歟、就之、忩可被措合于常陸堺候、其子細先度被仰候了、無等閑被致沙汰候者、可為別忠候之由仰候也、仍執達如件、

(延元四年)九月廿八日　越後権守秀仲

結城大蔵大輔(親朝)殿

○四八四　致友施行状　○小早川文書椋梨家什書一

小早河左衛門五郎入道性善(宗平カ)代直平申、出羽国由利郡小友村事、御教書案文遣之、早任去八月十五日御施行之旨、可沙汰付性善代於当所状如件、

暦応二年十月廿三日　致友(花押)

兵衛次郎殿

○四八五　曾我貞光軍忠状　○南部光徹氏所蔵遠野南部文書

目安

曾我太郎貞光軍忠次第事
一去六月、安藤四郎以下御敵等、尻引楯《(津軽鼻和郡)》打入、依令致合戦、御奉行発向之時、同心致軍忠之間、若党中間等、或打死、或手負、分取不及、注文御披見候了、同九月廿三日、又御敵等、貞光楯寄来之時、若党矢木弥次郎・同太郎・中野弥八・野呂彦八・恵藤三郎・中間二郎太郎打死仕候了、同十月、尾崎《(津軽平賀郡)》合戦之時、分取五人仕候了、其外毎度合戦、於軍忠者、不可勝計、仍賜御判形、為備後証、粗目安言上如件、

暦応二年十一月一日

「承候了《(証判)》　(花押)」

○四八六　山内経之書状　○武蔵高幡山金剛寺不動明坐像胎内文書

「してく□かと申候へく候ハて候、ところ《(所)》もミち《(道)》のはた《(端)》にて候へハ、ほり《(堀)》のうち《(内)》ちか《(近)》く候ても候へと仰候へく候、さ程してのほり《(上)》候て、悦すへく候よし《(由)》、申つ《(付)》けへく候、ひこ《(彦)》三郎によくく〱とき《(説)》申へく候、いとき《(一時)》もほか《(他)》へたか《(違)》う事あるよしく候、

「□をも申下されく候、さとう《(佐藤)》三郎わらハ《(童)》へめらか候し□、あひかまへて《(相構)》く〱、はせ《(馳)》させ給へきよし、おく《(奥)》ゐも申つかは《(遣)》せ給へく候、さきに《(先)》申候しにけのほり《(逃上)》候し又めら、とく《(疾)》一人ももらさ《(漏)》す、とり《(捕)》候て下されく候、それのるす《(留守)》の事、返おもひやり《(々脱カ)(思遣)》て、心もと《(許)》なくこそ候へ、よろつ《(万)》又く〱申候へく候、恐々謹言、

十一月二日《(暦応二年)》　経之《(山内)》（花押）

山内又けさ殿御返事

ハ、こゐ《(母御)》の御ふミ《(文)》に申おとし《(落)》て候、てら《(寺)》かさい《(在家)》けニたへ《(絶)》く〱いまた《(未)》人ハしいす《(居カ)》候へく候おり□へきよし申あハせ《(合)》給へく候、又やつ□□ゐん太郎八郎ニもこ□しのとく□□返よし申へく候、

(切封墨引)

□内《(山)》又けさとの《(殿)》□

○以下、山内経之書状と関連文書を収める。

○四八七　山内経之書状※　○武蔵高幡山金剛寺不動明王坐像胎内文書

「（端裏書）（切封墨引）

□房□（方カ）へつけ（付）て給へく候、」

又さんうしのそ□□ようとう（用途）、きた□□か
りにて候よし（由）、□それもさた（沙汰）させへく候、まつ（先）この
ようとう□□事□いま四五日こそ候へハ、と
く〳〵して、ひやくしやう（百姓）とも（共）にさた（沙汰）してもち（持）候て、
のほれ（上）と仰あるへく候、身もいかやう（如何様）にしても、
しろうけ（代受）候て、とく（疾）下やうに□□く候、
ひんき（便宜）をよろこ（悦）ひ候て申候、ぬまとへ下へき事におもひ（思）候
て、子をもよひのほせ（呼上）て候し□（かカ）とも、そかとの（曾我殿カ）もはやたち（立）
候よし申候、又あまり（余）にのりかい（乗替）の一き（騎）たにも候ハてと存
候て、下候ハて、これより子を下て候へハ、れ□□
みち（道）よりかゑ（返）□（しカ）て候し□□に、この文をは

○四八八　山内経之書状※　○武蔵高幡山金剛寺不動明王坐像胎内文書

身□□□□候事にて□□□

つ御めん□□やうニ候と□□御
てら（寺）へしても、御さ□□へく候ニ、かやうにうせ（失）給
候へハ、なけき（歎）入候、身ハぬまとへまかり候ハんと存候也、
有本よりの物見候ハヽ、□やかて〳〵のへまかり候へく□（候）、何事
けうんに申へく候、恐々謹言、

七月十九日　経之（花押）

（切封墨引）
そう（僧）の御□（方）へ　進之候、

○四八九　山内経之書状※　○武蔵高幡山金剛寺不動明王坐像胎内文書

ふともおはさいけ（在家）ニより候て、十四五日、廿もこゝら
ゐ候もあるへく候、のはく（野畠）ハかりつ□□十
日はかり（許）なんとのふん（分）をもあて（宛）候へきよし（由）、申つけ（付）させ
給へく候、いや（弥）七入道めかなんこに候しものか、せふん
〳〵申をも□す候、おほくほ（大久保）のいや（弥）三郎おなしく（同）□し
せぬ物ニて候、このゝち（後）の又の時ハ、ハん〳〵（万々）申
□□□し候、

やすのふの下のふミ（文）、くハしく（詳）ミまいらせ（見参）候ぬ、仰のこと（如）
くこれのしんく（辛苦）申はかり（許）なく候、さりなからこれの事ハ、
かね（兼）てよりおもひまうけ（思設）たる事にて候、るす（留守）にかい（甲斐）〳〵し
き物々一人も候はぬこそ、返々心もと（許）なくおほえ（覚）て候へ、
何事よりもおとな（大人）しく、なに事もはゝこ（母御）にも申あハ（合）せて、
ひやくしやうとも（百姓共）の事もあまり（余）ニふさた（無沙汰）ニて候、よく〳〵
はから（計）ハせ給へく候、兼又おくゐ（奥）□ひんき（便宜）候ハヽ、
さうとう（佐藤カ）二郎か□もさりとも御し□□少し人す
く□□て下たる事□□ぬを

○四九〇　某書状※　○武蔵高幡山金剛寺不動明王坐像胎内文書

何事よりも御おとつれ（訪）くハしく（委）□悦入候、
さき（先）□候しことく（如）□しり候ハす
□御ひとゝ（一所）ろ（こ脱）に□存候としのミ、
しせん（自然）とかくうち（内）心々何□返候ハん、いを（意）そむき（背）□
ん□入られ候て、かやうに御ねんころ（懇）にうけ給候
御事□このうちにハすハ（諏訪）、八まんせうらん（幡照覧）候へ、わす（忘）
れ申ましく候、やかてもまいり（参）候て□事、申うけ給事
□ニ□殿御存知候こと□んハ、かち（徒歩）にてハ
一ちやう（定）□わす候あいた（間）、むま（馬）にてハ、よもかない（叶）候
ハしと存候て、まいら（参）す候、こんとまいり（今度参）候ハねハとて、
御心さしの候ハねと、おほしめ（思）（召）され候ましく候、ゐ中（田舎）も御
くたり（下）候ハヽ、むさし（武蔵）にても候へ、おく（奥）にても候へ、まい（参）
り候へし、いすく（何処）にても候へ、御わたり（渡）候をにそ（こカ）たの（頼）ミ入
まい（参）らせ候、こなた（此方）の御世のたの（頼）ミか候て、まいり（参）候ハぬ
事ハ、ゆめ〳〵候ハす候、何事もこの人くハしく（詳）申へく候、
六郎殿御ことつけ（言付）うけ給候、悦入候、しさいなく（子細無）御わたり（渡）
候へハ、返々悦入候、あらまし申候しことく（如）ニも、御わす（忘）
れ候ハて、まいりあい（参会）候へく候、返々いつくにても候へ、
御わたりとゝの（調）へまいり（参）候へく候、□御心さし申

○四九一　左中将道世書状　○岩代相楽結城文書

去七月廿二日御札、十一月三日到来候畢、連々御音信尤承
悦候、実雖無指事候、就公私常可申承之由、相存候之処、

御同心之至本望候、抑小田合戦事、御方毎度得利候覧、目出候、聖運令然給候者、落居不可有程候歟、下野留守事、自公方被仰出之間、度々委細仰遣了、相待左右時分候、小山辺御秘計事、目出候、兼又御志物事、在山難儀之折節処、被懸御意候之条、殊為悦候、此事去七月之比、御札到来之間、御志物相尋御使候処、未到着之由返答之間、其後連々雖相尋候、依無其儀候、去月態進使者候了、而今五千疋到着由、御使自京都令申候之間、則上使者候、先云御志、云折節、更不知所謝候、委細追可申候、恐々謹言、

(延元四年カ)十一月三日　左中将道世（花押）

(結城親朝)白河殿御報

○**四九二**　越後権守秀仲書状写　○結城古文書写有造館本　乾

御書被進候、

抑海道勢楢《ナラ》葉九郎左衛門入道性円・標葉四郎左衛門入道清閑等、令下向其堺候歟、其辺逗留事候者、可被見継之由、諸事今度駒楯(山川庄)寄勢、退散候者、可被差遣広橋肥後権守経泰候、其時条々、可被申之由所候也、恐々謹言、

(延元四年)十一月六日　越後権守秀仲（花押影）

(親朝)結城大蔵大輔殿

○**四九三**　北畠親房御教書　○岩代相楽結城文書

(北畠親房)（花押）

去比海道一族等下向之時、委細被仰候了、此間於方々合戦、毎度御方得利、凶徒多以或討死、或被庇、悉引退候了、於今者、駒楯(山川庄)一方合戦之最中也、此時分自一方被押合候者、那須・塩谷辺凶徒、定令退屈歟、且被存別忠、可令打出給之由仰候也、恐々謹言、

(延元四年)十一月廿一日　越後権守秀仲

(親朝)結城大蔵大輔殿

○**四九四**　後村上天皇綸旨写　○結城古文書写有造館本　乾

被仰下御状、度々被仰下旨、定承候歟、抑其方事、深憑思食、汝兄弟三人(結城顕朝・朝常・朝胤)相共、成同心思取持当国、可奉授天下、若

然者、先々云軍忠、今云労功、旁以上弓箭之名者也、尚々深被憑思召、此旨得心、可奉守護天下者也、天気如此、

（延元四年カ）
十二月七日　　掃部助時成奉（花押影）

（結城朝常）
白河七郎兵衛尉所

暦応三年・延元五年・興国元年（西紀一三四〇）

〇**四九五**　後村上天皇口宣案　〇南部光徹氏所蔵遠野南部文書

上卿一条中納（藤原公有）□（言）

暦応三年正月十一日　宣旨

右衛門尉平（曾我）貞光

宜転左

蔵人左少弁兼春宮大進藤原宗光奉

〇**四九六**　北畠親房御教書　〇岩代相楽結城文書

（花押）（北畠親房）

陸奥国菊田庄内小山左衛門尉朝氏（朝郷）幷女子跡等事、彼等可参之由雖申之、遅々之上、先加対治、可被預置者、依仰執達如件、

延元五年正月十二日　越後権守秀仲□（奉）

結城大蔵大輔（親朝）殿

〇**四九七**　北畠親房御教書写　〇松平基則氏所蔵結城文書

（花押影）（北畠親房）

改年祝言、更不可有尽期、天下静謐、御方輩可放光華之条、可在此春者也、抑馬一疋黒栗毛、被引進候、返々目出候、相当年始、御自愛無極候也、且随分名馬候歟、即可被進将軍（北畠顕信）御方候、此使者無為引参之条、別忠候歟、可被感仰之由仰候也、恐々謹言、

興国元正月廿二日　越後権守秀仲奉

結城大蔵大輔（親朝）殿

追申

向後、便宜可然候者、相構此御方御乗馬ニ成ぬへく候ハん馬、いたくかさハ候ハすとも、慥こらへぬへく候ハん、大切候也、又春日中将（顕国）殿、連々合戦、一向無馬之由被申候、被送進候者、殊可為本

意候之由、同所候也、

○年号は追筆。

○四九八　北畠親房御教書写　○松平基則氏所蔵結城文書

（北畠親房）
（花押影）

年始祝言、猶以幸甚々、

一経泰（広橋）無為下着、尤神妙候、東海辺事、申談旨候者、能々可被計沙汰候、

一駒楯辺（山川庄）凶徒、今春ハ以外微弱散々式候、仍自去十一日、宗祐（関）並木渡戸（結城郡）と申候所ニ取陣、欲絶凶徒兵粮之道候、一切不及出合之式候之間、重為対治、去廿日春日羽林（顕国）重被出候畢、於今者、静謐無程候歟、

一高国（多賀）苻（府）辺幷両国静謐事、如何ニも御下向候て、有沙汰へく候、駒楯辺凶徒引退候者、忩可思食立候、

一出羽所領代官、軍忠之由聞食候、返々神妙、能々可被感仰候歟、

一坂東輩直　奏事、羽奥両国ハ、別可進当国（常陸）之上、無子細候、其外東八ヶ国輩、御成敗之間、被止直　奏候、而先皇（後醍醐天皇）御代属所縁、官途・恩賞・御感等事、掠給　綸旨之族候歟、被訴申候処、不可然之由、度々被仰畢、此御代ニハ弥不可有楚忽御沙汰候、縦雖掠申給之族候、更不可被許容、若触申輩候者、可為罪科之由、可被仰含候畢、

一田村庄司輩（宗季）官途事、直　奏不被許容候、頻申候間、今度始被任権守候、凡ハ不可然候へとも、於今者、直奉公之分候上ハ、為被成其勇候也、細々所望事ハ、惣領庄司挙申ハ、向後可被執申候、常葉城（田村庄）輩者、属海道、仰連々申旨候処、僧下向之上ハ、自其被待（ママ）申候条、可宜歟、恩賞事、未及沙汰候歟、河曲輩ニ者、以安達郡内公領被預置候者、被召公用候し、さ様事ヲ申候歟、不可混惣恩賞事候也、

一任宮所望輩事、面々被下御判候、

一菊田庄内小山管領分事、先被預置候歟、

条々仰旨如此候、恐々謹言、

興国元正月廿二日　　越後権守秀仲奉

暦応三年・延元五年・興国元年正月

結城(親朝)大蔵大輔殿

○年号は追筆。

○四九九　安保光泰譲状　○埼玉県立文書館所蔵安保文書

定置光阿(安保光泰)跡所領等事

中務丞泰規分、可為惣領職事

一武蔵国賀美郡安保郷事但庶子分在之、

一同国児玉郡枝松名内宮内郷事

一同国秩父郡内横瀬郷事

一同国崎西郡大井郷三分壱事

一同国湊(榛)沢郡内瀧瀬郷事

一備中国耶々智村他人非分押領間、訴詔最中也、度々御施行幷被成御教書畢、

一出羽国海辺余部内余部郷・惣太郷両郷事

一信濃国小泉庄内室賀郷事
但此内仁女子分仁在家一宇・田五段在之、

一播磨国佐土余部内西志方郷事
但此内仁又有丸・犬有丸・弥有丸分在之、
其外又譲状等可在之、

一同国佐土余部内東志方郷事

但雖被成度々御施行、赤松入道円心(則村)押領間、訴詔最中也、

左衛門尉直実分

一武蔵国賀美郡安保郷「弥中」(重ね書)次入道居屋敷幷南野畠事
四至限東地寂堂大道、限南児玉堀、限北原堀、限西楠河、
此内他人知行在之、

一同国児玉郡枝松名内塩谷郷事
但此内女子分在之、

一出羽国海辺余部内阿佐丸郷・阿部郷・袋郷三ヶ郷事

彦五郎光経分

一武蔵国賀美郡安保郷内又太郎入道在家事

一同国児玉郡内太田郷事

一出羽国海辺余部内佐々崎郷事

右、於　光阿跡惣領職以下者、為中務丞泰規嫡子所譲与也、
左衛門尉直実者、条々雖有不孝之儀、依難背貴方御口入、
少々所譲与也、若此上仁有被煩事者、至彼所々者、泰規可
賜申之、其上不可付安保名字者也、於御公事幷一族催促者、
任先例泰規可令支配、将又無子輩者、舎弟共中仁有志輩可
与譲、不可他人譲、仍定置状如件、

暦応三年正月廿四日　　沙弥光阿（花押）

○紙継目二か所に阿保光泰の裏花押あり。

○五〇〇　石塔義房軍勢催促状　○磐城相馬文書

白河城凶徒可蜂起之由有其聞、早相(催カ)□相馬(出羽カ)□□権守親胤、
可被誅伐□□如件、
暦応三年正月廿五日　沙弥(石塔義慶、義房)(花押)
佐竹人々中

○五〇一　太田広光書状写　○結城古文書写有造館本　坤

畏申入候、　抑大事申入候間、態為五郎兵衛入道使者、
差下候、委細之旨、可食聞候也、将又太田庄事、御方之
陣ニ成候者、此手物共候へハ、召具候て、御手人相共入
給候者、畏存也、猶々御笠ハ万事憑申也、
一鶴夜叉殿方へ契約状進候、此趣御覧候て、預返事候者、
殊ニ畏入候〳〵、兼又当山令退出候ハん事、一期之矢先
途候際、令当山祇候族、願御扶持候者、畏入候〳〵、将
又此方式、于今無子細候、足利殿一族尾張将監入道殿、
去年極月被参候、就其、一族之中、猶々可被参由聞候也、
委細之旨、此方式五郎兵衛入道可申上候、恐惶謹言、
(延元五年カ)二月五日　左衛門尉広光上
進上　定掃部亮殿可被申候、

○五〇二　伊賀盛光代細野政義着到状　○磐城飯野文書

着到
常陸国
式部伊賀三郎盛光代
細野与三兵衛政義
右、今月一日下総国(山川庄)駒城御陣馳参、於大旗一揆攻口之役所、
日夜令勤仕候畢、仍着到如件、
暦応三年二月廿八日
「(証判)(高師冬)(花押)」

○裏花押二果あり。

○五〇三　岡本隆広軍忠状写　○秋田藩家蔵文書十岡本又太郎元朝家蔵文書

当国(陸奥)菊田庄大波多山合戦事
岡本加成(金成)三郎四郎隆広、先懸被射右高股、被切左小宇手、
致合戦忠畢、仍言上如件、
暦応三年三月廿三日
「一(証判)見候了(花押影)(相馬親胤)」

○五〇四　北畠親房御教書写　○結城古文書写有造館本　乾

(花押影)(北畠親房)
海道辺事、経泰(広橋)細々令談合候歟、相構早速可有勠力此間破損、
両年及八ヶ月候、城中警固于今無為、宗祐(関)奉行忠節程、
無比類候、連々又依加対治、凶徒以外衰微、又無加増之勢
候也、然而凶徒又構要害之上、於兵粮者、不可尽歟、無左
右被責落候条、為難義(難カ)、且又官軍も面々守自城之間、押廻
之勢不足之間、坂東静謐及遅々歟、此自分被出那須辺候者、
凶徒可退散之条、為所案之内歟、不然者、急速打開海道、
発向衆(茂)連辺(久慈西郡)候者、又以無双之上計候也、且田村輩中之旨
候之間、委被仰遣経泰候、被尋聞能々談合、急速被計沙汰
候者、弥可被表御忠之色候歟、又此外条々被仰経泰之子細
候、可令申聞給候由仰也、仍執達如件、
(延元五年)四月三日　越後権守秀仲奉
結城大蔵大輔殿(親朝)

○五〇五　法眼宣宗書状写　○結城古文書写有造館本　坤

此前無之、
候らめ、然而聊も無一度之瑕瑾事ハ、御辺一方ニてこそ候
らめ、然者故禅門(結城道忠、宗広)も毎度以此事被憑申候キ、遠祖鎮守
府将軍(藤原秀郷)子息幾哉、就中於三流中、小山今まては無指事候、
長沼頗可謂散々式歟、於今者、只一身被続然祖之美名之上、
争可不被思入申候哉、且右幕下(源頼朝)時、被清撰人数之日、足利
不加其数、彼時人数内ニてハ、一身被相残候歟、云先蹤、
云当時之義、被施家門之光美之段、非近日可被期何日候哉、
相構可被廻遠慮、縦又雖有当方之勠力、及難義之程事ハ、
頗可謂天命候歟、猶々適相残坂東及難儀之後ハ、如何ニも

雖被期後栄候、更不可有其益候哉、能々可被九思候、抑鉾（岩瀬郡）月楯事、被廻籌策之次第、殊目出候、合戦致忠賞事、可被感仰候、面々雖可被仰遣、此使者忩罷立候とて忩申候、重御注進之時、可被仰候、人数幷功之浅深可被申之由、内々可申旨候、恐々謹言、

（延元五年）四月七日　　法眼宣宗（花押影）

謹上　結城（親朝）殿事（御返事カ）

○五〇六　太田広光書状写　○結城古文書写有造館本　坤

三月七日芳札今月五日到、謹拝見仕候畢、

抑御座之近郡、参御方候条、悦存候、其上其方様無為、殊ニ目出度候、就其、急速可有世上静謐之御沙汰候歟、

一靍夜叉御前事、蒙仰候条、恐悦無極候、委細之旨、多田修理亮可入申候、

一御加階之事、従四位下奉成申候、当家繁昌目出度、身ノ父面目存候也、将亦近衛殿御内ニ中務少輔ト申仁、多田無内外申候仁候間、今度随分此仁ニ申之、向後此仁方へ可有御状候、兼又官途ハ、毎人成候へ共、加階コソ大事ニテ候間、先奉成申候、此下ニテ直御望官途候、御状遊ハして、近衛殿へ可給（進歟、）○返々上所ハ中務少輔とあそハし候へと、殿上人にて候也、今度モ御状ニハ不見候由、被出仰候しかトモ、様々廻秘計候了、

一金山事承候、自是ハ不寄思事ニテ候、如何成人空事申候けるやらん、不思儀覚候、将又此間疲労以外之処、砂金参両示給候条、御芳志之至、不知所職也、万事御座候ヲ親ニテ候し物候と、ふかく憑存候、諸事令省略候、恐惶謹言、

（延元五年）卯月八日　　（太田）左衛門尉広光状

進上　大蔵大輔殿（結城親朝）

○五〇七　北畠親房御教書　○白河集古苑所蔵白河結城文書

（北畠親房）（花押）

先日委細□□、抑去月廿日経奈（広橋）発向于海道、依無勢、引□（退カ）之由申、無念候、相構可被致勠力沙汰候、凡如□□合戦已渉両年□□微無被加之勢、此上急

速可被退散之処、御方ハいつも同軍勢也、依之疲労之体、無殊一途者、猶及[　]歟、所詮、自東海道、茲連(久慈西郡)辺までにても、那須辺へにても、奥勢競臨候者、凶徒退散不可廻時刻之由、面々申候、如此之時分、被致忠節[　]、本望可満足候也、尚又伊豆次郎男指可被仰含之子細候、可存忠節由、被仰聞[　　　]候也、恐々謹言、

(延元五年)四月九日　越後権守秀仲奉

結城(親朝)大蔵大輔殿

○五〇八　北畠親房書状写　○松平基則氏所蔵結城文書

奥方并羽州辺事、次第ニ得利之体候歟、方々依有申旨、難(雖)有下向之志、此方事、又以難閣之、仍身同事之人々令下向候也、為路次も難義之上、不及披露、中々作悃然ニて可候也、即可被送達宇津峯方候、又海陸無相違之様、可被仰黒木城(宇多庄)中也、猶々一向そらしらす候て候者、可宜、為一身存知蜜(密)々申候、委細追可申也、恐々、

興国元五月十六日　(北畠親房)(花押影)

結城(親朝)大蔵大輔館

○年号は追筆か。

○五〇九　北畠親房御教書写　○松平基則氏所蔵結城文書

(北畠親房)(花押影)

伊豆次郎無為参着ハ目出候、聊被仰付之子細候、相構能々計沙汰者、可為御本意候也、

海道辺事、(広橋)経泰下向之時、一向可談合之由、委細被仰付畢、且又田村輩も可致忠節之由、殊被加教訓歟、遙推察之処、細々ニも不申談哉、不得其御意候、所詮、天下安否之境、坂東静謐之基、諸方同心勠力大切候、彼等少々雖非拠事候、能々加教訓、可被成大義候、駈催寄勢未退候、春日羽林(顕国)重被発向畢、但下総国相馬郡ニ被構新城候、依之上総・下総・安房等軍勢者、悉以引返候、千葉一族、自去年連々申旨候、于今雖不表其色、此城出来之後、弥無直等(等閑カ)之体候、小山又兄弟(朝郷、氏政)合戦候、御方已次第得其利之様候、天命令然候歟、就之も東海道歟、那須辺歟事、早速被廻籌策之条、可然候、

官途所望輩事、不可有子細候、那須一族高長、先被任兵衛尉候、御感御教書、同被成遣候也、被遠(進カ)祐貞・相季、一族歟、家人歟、注分(文カ)可被進候、又下官も所望官、可被注進候、今度便宜被成遣候、又左衛門尉所望輩事、同可令注進給之由所候也、恐々謹言、

興国元五月十六日　　法眼宣宗

謹上　結城大蔵大輔(親朝)殿

○年号は追筆か。

○五一〇　大塔西室忠雲書状　○白河集古苑所蔵白河結城文書

(端書)「西室法印御房御書　興国元」

改年之後、天下早速静謐、凶徒敗北不可廻踵之条、勿論忩追罰逆党、可令発向京都給候哉、

抑任官幷下野三郎安堵以下事、内々伺申之処、其境如此等事、為　先朝(後醍醐天皇)御素意、偏被委任入道(北畠親房)一品候、忩可令談彼辺給候、雖無殊事、便風之時者、可示賜、更不可有等閑候、委旨仰遣金江田道意候也、謹言、

(興国元年カ)五月廿八日　　忠雲(大塔西室)(花押)

結城大蔵大輔(親朝)殿

○五一一　北畠親房御教書　○岩代相楽結城文書

(北畠親房)(花押)

将軍(北畠顕信)御下向間事、□(先日委細被仰候了、其境事、何様沙汰候哉、)□抑高師冬以□(下凶徒引退候了、駒楯城)去廿七日夜討□(事候畢、)□一旦難及難義、則被責候間、同廿八日八丁目・垣本・鷲□(宮・善光寺)山四ヶ所城放火没落、□(同廿九日酉尅、飯沼楯)没落、同夜□(師冬陣屋悉焼払)逃走候了、御方大慶此事候、此上連々被出軍勢、可被対治方々候也、就之□(其)方事、相構、忩々可有沙汰之由所候也、仍執達如件、

(興国元年)六月一日　　越後□(権守秀仲)

結城大蔵大輔(親朝)□(殿)

○破損部分は結城古文書写有浩館本乾により補った。

○五一二　足利直義御判御教書　○南部光徹氏所蔵遠野南部文書

参御方、可令抽軍忠之状如件、
暦応三年六月廿五日　（足利直義）（花押）
南部六郎（政長）殿

○五一三　北畠親房書状写　○松平基則氏所蔵結城文書

度々委細令申畢、到着不審候、去十一日、将軍（北畠顕信）被向奥候ける、路次無殊事歟、目出候、今度於其境近郡事、可有沙汰之処、被通奥之条、猶無念事哉、然而其辺事ハ一向憑存之上、不可依将軍之逗留、奥方者、彼下向以後、定可有早速之功由思れ候也、又近日凶徒重可襲来と、如度々令申、東海道候（カ）、那須辺の対治事、両様之間、一事沙汰候者、坂東静謐無疑歟、争不被廻遠慮乎、兼又愚身下向事、聊思立之子細候、此方聊心困之様候者、申付春日中将（顕国）、於身者、暫令経廻其辺、連々可令催促奥方之条、可宜歟、就之聊有申談之子細、能々可被安計候也、謹言、
（興国元年）六月廿九日　（北畠親房）（花押影）

○五一四　北畠親房御教書写　○松平基則氏所蔵結城文書

（北畠親房）（花押影）
式部少輔（源英房）便宜、委細被仰候了、宗伯上人下向之間、条々又被事付仰候、可令尋聞給、抑将軍（北畠顕信）御下向路次、定無為候歟、無御逗留之条、無念事候、然而其方事、一向被憑仰之上、近辺催促不可依彼御逗留候、奥辺事ハ如何ニ雖被催促、如先度令遅参ハ、不可有正体、将軍有御下向、且被廻対治之計、且被催出軍勢候者、何無一途候哉、返被申候了、坂東合戦合力事、度々被仰候き、近日肝要此事候、令存別忠給候者、尤可然候、兼又御下向時分幷料所事、先日便宜被仰候き、聊も得隙候者、其辺まて御進発候て、奥方をも可被勧申候、而其辺料所不候者、難義事候、仍岩瀬郡道存（二階堂時藤）跡事、被仰之子細候き、能々可令計沙汰給之由候也、恐々謹言、
（興国元年）六月廿九日　法眼宣宗
謹上　結城大蔵大輔（親朝）殿
追申

当郡辺一寺興行事、以此上人被事付仰之子細候、
故入道（結城道忠、宗広）之芳忠、更無御忘却候、忩為彼追善、可有
沙汰候、又故国司（北畠顕家）御菩提ニも兼て沙汰候ハ目出候、
便宜地一所、可被寄付候、相構可令思立給歟之由、
同所候也、

○五一五　北畠顕信御教書写　○結城古文書写 有造館本 乾

（北畠顕信）
（花押影）

此辺合戦事、今月中旬之比、官軍等可打立、其境事、軍勢
等存其旨、可致忠節之由、可被加催促之旨、依将軍（北畠顕信）仰執達
如件、
延元五年（ママ）七月三日　左近将監（五辻）清顕奉
（結城親朝）
大蔵大輔殿

○五一六　北畠親房御教書写　○松平基則氏所蔵結城文書

（北畠親房）
（花押影）

岩瀬郡内西方道存（二階堂時藤）跡、為料所、可令預置給之由仰候也、仍執達

如件、
興国元年七月十七日　越後権守秀仲奉
結城大蔵大輔（親朝）殿
追申
於下総前司宗朝跡訴訟事者、追可有其沙汰之由、
同所候也、

○五一七　北畠親房御教書写　○結城古文書写 有造館本 乾

（北畠親房）
（花押影）

岩瀬郡道存（二階堂時藤）跡、西方廿此間破損事、致凶徒対治之沙汰、可
被知行之由仰候也、仍執達如件、
興国元年七月十九日　越後権守秀仲奉
結城大蔵大輔（親朝）殿

○五一八　北畠親房御教書写　○松平基則氏所蔵結城文書

（北畠親房）
（花押影）

度々以便宜被仰畢、

将軍(北畠顕信)無為御通、返々目出候、彼方輩、定応御催促候歟、順
風早速出来、尤嘉瑞候哉、
其近辺事、相構急速可被廻籌策候、如連々被仰、東海道歟、
那須辺歟、雖何方、一沙汰候者、坂東合戦、可得利之条勿
論候、常陸平氏以下輩者、皆伺此形勢乍申可参之由未参候、
奥方同時沙汰雖可然、被察此方難義候者、尤可為忠節候哉、
高師冬重可寄来之由、連々雖令風聞、軍勢未応催促、猶逗
留古河(葛飾郡)辺云々、如此之時分、奥勢出常陸・下野境之条、可
為無双之潤色候、相構此段可被廻遠慮候乎、此方無殊事候
者、雖片時可有御下向候、其間事、式部少輔(源英房)委細語申歟之
由候也、恐々謹言、
(興国元年)七月廿日　法眼宣宗
結城大蔵大輔(親朝)殿

○五一九　左衛門尉貞隆打渡状　○小早川文書椋梨家什書一

出羽国由利郡内小友村事、任暦応二年七月八日御教書之旨、
所渡付小早河左衛門五郎入道性善(宗平カ)代性祐也、仍渡状如件、

暦応三年七月廿二日　左衛門尉(貞隆)（花押）

○五二〇　石塔義房軍勢催促状　○磐城相馬文書

渋江凶徒等、可寄来松島之由有其聞、相催在郷之相馬一族
等、佐脇孫二郎相共、於一所可被致軍忠也、若有対捍之輩
者、可被処于罪科之状如件、
暦応三年七月廿三日　沙弥(石塔義慶、義房)（花押）
相馬出羽権守(親胤)殿代

○五二一　大友氏泰代宗運興喜重陳状案　○筑後大友文書

(端裏書)「重陳状案」
大友式部丞氏泰代宗運興喜重陳申
美濃国仲村庄下方雑掌尊舜掠申、当庄建武四・五両年御
年貢未進由事
右、如重訴状者、於法妙・力善両名者、号籠名地頭進止之、
致年貢沙汰之間、無百姓直納之儀云々、取詮、此条彼両名者、

為百姓逃散跡之間、任所務先例、地頭令管領之条無子細、此外名々者、百姓現在直納又以庄例也、仍雑掌不及異論是
一、同状云、郷分并両名等去年地頭致其沙汰、返抄於一紙取云々、取詮、此条云郷分并籠名、云直納分、令懸別之処、雑掌不書分其謂、於解状、地頭代高山三郎・野田入道令抑留去建武四・五両年御年貢等之由掠申之間、云地頭所済分、云百姓直納之段、勒于先陳畢、且建武四年者、云郷分、云籠名、令究済之条、返抄明白也、翌年者、奥州前国司(北畠顕家)并当国尾根山凶徒等○三(攻)入庄家、至于種子料令濫妨之間、土民等逃出忽(更)不及耕作業、損亡之条不限于当庄歟、仍而私不及所務者也、此条(其子細)世以無其隠、人皆所知及也、随而地頭郷分・籠名等子細同前是二、次郷分年貢捌貫文地頭究済之由、載陳状之処、如今状者、無子細可遂散用云々、此条承諾之上者、不及異儀○是三然早任雑掌承伏之旨、被棄捐濫訴、為預御裁許、重陳言上如件、

暦応三年七月　日

○五二二　岩崎隆連女子弟熊申状写　○秋田藩家蔵文書十岡本又太郎元朝家蔵文書

『岩崎新左衛門尉隆連女子訴状』
『ウハ書ニ如此アリ』
岩崎新左衛門尉訴状暦応三八二

岩崎新左衛門尉隆連女子字弟熊、謹言上
欲早亡父隆連為未分令他界上者、被停止孫子若熊丸非分押領、預面々御配分、岩崎郡内金谷・津々良・秋山・後田・高坂・輪蔵以上六ヶ村間事
右、隆連為未処分他界之間、於彼跡者○預面々御配分、欲令知行之刻、世上動乱之間、令延引之処、隆連孫子若熊丸可下賜安堵之由掠申之条、希代不可説奸曲也、所詮、以御善政、預御配分、令安堵、為弥抽戦功、恐々言上如件、

暦応三年七月日　『其書ノ、於彼跡ハ、トアル裏此判行アリ』(花押影)

○五二三　美作守某・沙弥某連署奉書写　○秋田藩家蔵文書十岡本又太郎元朝家蔵文書

『岩崎若熊召状』
岩崎新左衛門尉隆連女子字音熊、中、隆連遺領岩崎郡金谷以

下六ヶ村事
訴状如此、早企参上可被弁申之状、依仰執達如件、
暦応三年八月二日　沙弥（花押影）
美作守（花押影）
岩崎若熊殿

○五二四　安保光泰譲状　○埼玉県立文書館所蔵安保文書

譲渡惣領中務丞泰規（阿保）分事
一所　武蔵国賀美郡安保郷事但庶子分有之、
一所　同国児玉郡枝松名内宮内郷之事
一所　同国湊津郡瀧瀬郷事
一所　児玉郡枝松名内長茎郷事
一所　同国秩父郡横瀬郷之事
一所　同国崎西郡大井郷三分壱之事
一所　出羽国海辺余郡内余部郷并惣太郷事
一所　信濃国小泉庄内室賀郷事但庶子分有之、
一所　幡磨国佐土余郡内西志方郷之事但庶子分有之、
一所　同国東志方郷之事
一所　備中国耶々智村之事
一所　下総国豊田弥次郎入道跡事
右所々、惣領中務丞泰規所譲与也、諸公事以下并一族催促事、任先例可致其沙汰、若子孫等中仁背此譲状、或致違乱煩、或構儀及上裁者、於彼輩跡者、泰規可申者也、仍譲状如件、
暦応三年八月廿二日　光阿（阿保光泰）（花押）
譲渡二男左衛門尉直実（阿保）分事
一所　武蔵国賀美郡安保郷屋敷弥中（平カ）次入道居屋敷也、
四至限東地蔵堂大道、限南児玉堀、限西楠河流、限北女堀、
此内或他人知行、或庶子分有之、
一所　同国児玉郡枝松名内塩谷郷事但庶子分有之、
一所　出羽国海辺余郡内阿佐丸郷并袋郷事
一所　但馬国軽部庄事
此所者、彦四郎（阿保）行泰討死跡仁雖令拝領、相副御下文、直実所譲与也矣、

右所々者、二男分左衛門尉直実所譲与也、守此状可知行、
若背此旨及異論者、可被（処脱カ）罪科者也、仍譲状如件、
暦応三年八月廿二日　　　光阿（花押）

譲渡三男分彦五郎事
一所　武蔵国賀美郡安保郷居屋敷事
一所　同国児玉郡太田郷事
一所　出羽国海辺余部内船越佐々崎郷之事
右所々者、為三男分彦五郎所譲与也、若背此状致違乱者、
可被処罪科者也、仍譲状如件、
暦応三年八月廿二日　　　光阿（花押）

右為後証、彼状等可令所持泰規、次此外男女共数輩有之、
譲状ヲ面々仁可与事也、其状ニテ無相違可有扶持、次光阿
跡輩等之中仁、或就御公事、或就下地、有申乱義（儀カ）輩者、彼
跡ヲ一円ニ可申給泰規、其上死害敵対之上者、安保名字ぉ
永不可被付者哉、仍定置状如件、
暦応三年八月廿二日　　　光阿（花押）

（付箋）「高階従五位下播磨守高階師冬筆」

「（証判）一見畢、
暦応三年十一月廿四日　　（高）師冬（花押）」

○五二五　石塔義元下知状　○東北大学所蔵鬼柳文書

被馳参御方之条、神妙也、仍本領如元可令領知之由、依仰
下知如件、
（異筆）「九十八」
暦応三年九月十日　　（石塔義元）左馬助（花押）
和賀鬼柳左衛門四郎殿

○五二六　石塔義元感状　○東北大学所蔵鬼柳文書

参御方馳向須々孫□（城カ）、被致合戦之条、神妙、有殊軍忠者、
可被抽賞之状如件、
暦応三年九月十二日　　（石塔義元）左馬助（花押）
和賀鬼柳三郎兵衛尉殿

○五二七　北畠親房官途推挙状写　○松平基則氏所蔵結城文書

(花押影)(北畠親房)

修理権大夫所望事、被挙申也、且可令存知給之由所(候脱カ)也、仍
執達如件、

興国元年十月十日　　刑部少輔秀仲

結城大蔵大輔(親朝)殿

○五二八　北畠親房御教書写　○松平基則氏所蔵結城文書

(花押影)(北畠親房)

委細被申候趣、尤御本意候、
一奥辺事、連々沙汰候歟、時剋事、被仰通之旨候者、相構
可被廻籌策候、
一鉾月楯(岩瀬郡)合戦事、殊目出候、所詮、其辺事、一向被憑仰之
上者、随宜急速可有計沙汰候、新武衛(結城朝胤)被致合戦之条、殊
神妙候、一族中、長門権守等軍忠尤可然候、能々可被感
仰候也、
一当方事、去八月、鵶山管領内石下城被追落之間、所籠之
輩悉被打取候、彼辺十余郷被沙汰付西明寺城軍勢候、去
月廿三日、当国(常陸)東条内亀谷凶徒被追落候、被沙汰付東条
一族候間、随分心安候也、而高師冬称重可寄来、取陣於
宇都宮(河内郡)候、方々勢全分不会合進退谷云々、此時分東海道
歟、那須辺事沙汰候者、当方潤色不能左右、相構可被廻
其計候、諸方事、当時得失相半候、所詮、可依此辺幷奥
州左右之由、天下一同之所期歟、令延引者、吉野辺御事、
旁可為難義云々、相構存別忠、可被申沙汰候、
一小山兄弟(朝郷・氏政)合戦事、以外之次第云々、且又与師冬(高)不和勿論
事候歟、自是も内々被仰遣候畢、請文之趣ハ毎度無相違、
然而持両端之間、不顕其色、比興候、叔父五郎左衛門尉、
先年別而懇望申旨候き、無差事処、已冥慮之令然候歟、
彼辺事、相構猶以所縁可被誘引候、
一官途事、元弘之一統、公家政道為被復旧規也、坂東人々
出身昇進、以後可被追治承以来代々風儀事歟、而先(後)
朝(醍醐天皇)御時、不慮登用等出来、至今難義此事也、且為運命尤
有恐事歟、向後者、相構守旧儀、其沙汰候者、可為家門

長久之基候、但今被申之条、非無其謂、仍可被挙申修理権大夫也、権守以下任官、此間且被成御判候ツ、至此事者、近日便宜候之間、被執申吉野殿(後村上天皇)候、定無相違候歟、宣下到来候者、忩可被遣候也、二代忠節異他之上、向後も弥可被憑仰之間、如此沙汰候也、可令自愛給之由所候也、恐々謹言、

興国元十月十日　刑部少輔秀仲

結城大蔵大輔(親朝)殿

○年号は追筆か。

○五二九　沙弥宗心書状写　○結城古文書写有造館本　乾

故国司姫(北畠顕家)御料御事、先日便宜ニも被仰候キ、但入道殿(北畠親房)、留守方被扶持申候なれハ心安候、石見前司若党二人、扶持難治候とて、大夫局返進候、無何彼御方御用事も候ハんすらん、其辺ニ被置事候、被加扶持、且被召仕之条、可然候歟之由、内々御沙汰候、恐々謹言、

(興国元年)十一月六日　宗心（花押影）

結城大蔵大輔(親朝)殿

○五三〇　北畠親房御教書写　○松平基則氏所蔵結城文書

(北畠親房)(花押影)

其後何事候哉、高師冬着宇都宮(河内郡)之後、更依無威勢、称相待方々勢、経廻茂連(久慈西郡)云々、如風聞者、無正体之作法也、如此時分、東海道辺事、一途沙汰候者、可為当方勠力之条、勿論之次第候歟、相構可被廻籌策候、抑中院羽林下向奥方、此事御一族中異他候、路次等事、無相違之様、可被計申候也、凡諸事被憑仰之上、不能委細之由所候也、恐々謹言、

(興国元年)十一月十八日　刑部少輔秀仲奉

結城大蔵大輔(親朝)殿

○五三一　後村上天皇口宣案写　○秋田藩家蔵文書二十六白河七郎兵衛朝盈家蔵文書

『後村上天皇宣旨』

(上卿)□　寺中納言

興国元年十一月廿四日　宣旨
大蔵権大輔藤原(結城)朝臣親朝
宜任修理権大夫
蔵人勘解由次官藤原朝臣奉

○五三二　北畠親房御教書写　○松平基則氏所蔵結城文書

(北畠親房)(花押影)
匠作事、即被申吉野殿(後村上天皇)候畢、定無相違候歟、　宣下到来候者、忩可被遣候、讃州事、且被成御判候也、
抑小山間事、自是も被仰遣候き、毎度請文之趣者、無相違候、然而未成一偏之思、伺世間之体候歟、頗似忘曩祖之古風候、相構被加教訓者、為家門可然事候也、兼又師冬(高)経廻茲連辺(久慈西郡)、近日不可寄来歟之由聞候、所詮、無勢之間、相待方々勢云々、如此之時分、東海道歟、那須辺歟、事沙汰候者、真実可為忠節候、師冬等被加対治候者、坂東之体、静謐不可有疑、所詮、被廻早速静謐之籌策者、可為諸人安堵之基候、加様ニ送年序之条、云　祖神之冥慮、云　先皇(後醍醐天皇)之御素意、非無恐惲候者也、殊可令計沙汰給之由所候也、恐々謹言、
(興国元年)十一月廿七日　刑部少輔秀仲
結城(親朝)修理権大夫殿

○五三三　北畠親房官途推挙状カ　○白河集古苑所蔵白河結城文書

(裏打紙端裏書)「右馬権頭清顕書」
(付箋)『十四　兵衛尉藤原朝胤書』
(北畠親房)(花押)
［　　　　］□□(讃岐)権守
［　　　　］(兵衛尉)藤原朝胤
［　　］(興国元年十一)月廿七日

○欠損部は秋田藩家蔵文書二十六白河七郎兵衛朝盈家蔵文書により一部補う。

○五三四　四条隆資御判御教書写　○松平基則氏所蔵結城文書

「上啓四条殿御書　興国二々五
結城(親朝)修理権大夫殿　(四条隆資)(花押影)」

十月十七日注進慥到来、散不審畢、其堺事得利之条、殊快
思賜者也、相構早々可被措鎌倉候、今度忠節又異他之由、
有其聞之間、任官事、別所有其沙汰歟、弥成其勇、急速可
被運凶徒退治之計策之状如件、
（興国元年）十二月五日　（四条隆資）（花押影）
（親朝）結城修理権大夫館

○五三五　北畠顕信御教書　○南部光徹氏所蔵遠野南部文書

（北畠顕信）（花押）
去十一月七日御状、同十二月十八日到来、委細令披露候
了、
一津軽安藤一族等、参御方候之条、目出候、併御方依被誘
仰候、如此候、殊神妙候、
一鹿角合戦ニ将監（南部信政カ）被致忠節候、殊目出候之由、被感仰候、
一今度又対治岩手西根、被構要害候之条、目出候、此上者、
明春忩和賀・滴石成一手、可被対治斯波候、左様候者、
可馳向和賀・薭貫辺之由、可被仰葛西一族等候、此途入
眼候者、当国静謐不可有子細候歟、河村六郎可参御方由
令申候なれは、相構能様可被誘仰候、所望地等事、随注
進可被経御沙汰候也、
一着到入見参候了、面々被成下御感御教書候、彼輩抽賞事、
自其就注進、可有其沙汰候、長継致忠節候、神妙候、被
感仰候也、
一官途所望輩、無子細候、定成其勇候歟、長貞・長継官途
事、助ハ是にて無御沙汰候、可有常州候、定無相違候歟、
尚々云日来忠節、云今対治、併御高名候之間、感悦不少
之由被仰候也、抽賞事、追可有其沙汰候、
一倉満（光）三郎左衛門尉忠節事、聞食了、所望地事、先立被宛
行岩立（楯カ）太郎跡候之処、不足之由歎申候歟、只今楚忽難被
仰候、追可被仰候、此様可被問答候也、恐々謹言、
（興国元）十二月廿日　（五辻）清顕
（政長）南部遠江守殿　御返事

暦応四年・興国二年（西紀一三四一）

○五三六　石塔義房軍勢催促状　○石水博物館所蔵佐藤文書

為対治凶徒発向之間、可致警固岩切城（宮城郡）也、若雖為片時有懈怠者、可処罪科之状如件、

暦応四年正月十三日　沙弥（石塔義慶、義房）（花押）

佐藤十郎左衛門入道（性妙、清親）殿

○五三七　北畠親房御教書写　○結城古文書写有造館　乾

（北畠親房）（花押影）

常陸国多珂郡事、境小三郎以下輩、参御方可立功之由、令申候哉、所申無相違者、当郡事、被致管領、可被支配有功輩由、一品家（北畠親房）仰候也、仍執達如件、

興国二年正月十三日　刑部少輔秀仲奉

結城修理権大夫（親朝）殿

○五三八　北畠親房御教書写　○松平基則氏所蔵結城文書

（北畠親房）（花押影）

改年之吉慶幸甚々、天下早速静謐不可有疑、依年来忠節、弥被施家門光花之条、可相叶此春嘉悦者也、

昇進事、被挙申　吉野殿（後村上天皇）之処、宣旨案今春到来、殊可被自愛歟、多珂郡事、堺小三郎以下輩令申之趣、為事実者、誠可為御方之利候、但当郡為勲功賞、被支配数輩畢、改動之儀、雖有憚、此時分立大功候者、被行替於当給人等之条、強非其難候歟、仍先被成御教書候、若仮令之儀候者、不可及披露ハ（候カ）、兼又師冬（高）被廻衆（茨）連（久慈西郡）之式、定令風聞候歟、無正体之作法候云々、其力不可叶候旨、依愁訴于京都、可差下大将之由荒説候、相待彼時分候歟、就之奥方事ハ、将軍（北畠顕信）御在国定無御等閑候歟、不可依彼左右、先急速於其境被廻籌策之条、真実可為御本意候者也、其境対治之道出来候者、当国可得力之上、国中凶徒不可差出之条、勿論候、万一雖

一方難義出来候者、云先皇（後醍醐天皇）御素意、云故禅門（結城道忠、宗広）殿勲之所存、令依違之条、可為無念候、相構被廻神慮籌策候者、真実可為年始嘉慶之由所候也、恐々謹言、

（興国二年）正月十三日　刑部少輔秀仲

結城修理権大夫（親朝）殿

○五三九　岡本隆広軍忠状写　○秋田藩家蔵文書十岡本又太郎元朝家蔵文書

岡本三郎四郎隆広申、軍忠事

右、隆広軍忠者、於去暦応三年三月廿日菊田庄大畑山合戦者、広橋修理亮（経泰）・高久彦三郎隆俊以下凶徒等寄来之間、懸先隆広致散々合戦、被射右高股、乍被切左小腕、追返御敵等了、此条当郡守護相馬出羽権守（親胤）、令見知之上者、無其隠者也、仍給御判、備後証亀鏡、為施弓箭面目、恐々言上如件、

暦応四年二月七日

「承了（証判）（花押影）（石塔義慶、義房）」

○五四〇　足利直義御判御教書　○盛岡市中央公民館所蔵盛岡南部文書

参御方致軍忠者、可抽賞之状如件、

暦応四年二月七日　（花押）（足利直義）

南部六郎（政長）殿

○五四一　北畠親房御教書写　○松平基則氏所蔵結城文書

（花押影）（北畠親房）

委細被申御本意候、坂東事、師冬（高）自去年冬、雖令経廻苽連（久慈西郡）、未及合戦、如風聞者、依無勢不可叶之由、依申遣京都、高師直為東国管領可下向之旨、自年内評定大略治定之処、山門南都蜂起、京都騒動之間延引云々、如何さまニもさ様之輩、下向勿論候歟、凡者鎌倉にても、相構早速被発向たく候へとも、闇城々越彼境之条、難義ニ候間、被待奥辺之左右ニて候、可然之輩適下向候者、於要害城々待受之条、仍無其理候哉之由、面々談合候也、就之奥方事、相構一途早速被廻籌策候者、可目出候、諸方事、加様延引候間、有力之輩ハ、雖不及別苦労、無力之

城々或自落、又疲労之軍勢、多以没落之間、自然為御方之弱候、相構可被忩存事候歟、且先皇(後醍醐天皇)冥慮難例事也、不可有由断之儀候歟、

一延尉(結城朝胤)被望申弾正少弼候、此事大略殿上雲客任之、五位諸大夫拝任ハ、随分為規模候、高時(北条)一族中事ハ、義時(北条)執権以後、公家以別儀、書礼以下、毎事被准雲客候キ、仍大略任之候き、先皇御代、道治朝臣不慮登用以後、朝治号猶子任之候けり、参差御沙汰候歟、其上六位ニて候、不任之官ニて候間、任理運、先可被申叙留之由沙汰候て、已被執申吉野殿(後村上天皇)畢、今又重被申候之間、此上者可被執申候也、凡関東之時、代々之風体ハ、皆被覚悟候歟、譜第之大名ハ、諸大夫侍なとゝて無差別、大名次第ニ被賞翫候歟、然而昇進事ハ、いとしもなく候ける輩も任来候ぬれハ、加様官ニも拝任、又聴六位昇殿輩も候き、且其身雖為大名、宇都宮等遂不被免諸司助候けり、今も官途事ハ、若非分事候へハ、為運命有子細事ニ候、先代之時、維貞(大仏)初而任修理大夫之時、とかく加難輩候き、定被見聞候歟、縦他人雖有非分事、重代之家ハ、被守旧例候て、其上ニ又立大功時之次第ニ、一きわ沙汰候へハ有気味事候歟、但其辺事忠節異他候、正流之家督ハ、以諸大夫之儀、可被経御沙汰之由、別可被執申候、若以此儀自余庶子等、競望事なと候ハんをハ、可被加別誡候、且為正流も不可有気味之故也、凡先朝御時、非分昇進人々候之事、故禅門(結城道忠、宗広)なと殊不受申候き、然而無指事輩、深恩候へハ、重代之傍家被申所存候、又非無其謂候、然而事之謂をハ能々令得意給候て、其上ニ被申立之条、可目出候也、

一下総三郎宗顕申兵衛尉事、同被成御判候也、

一南条五郎左衛門尉清政事、追可有御計、

一斑目式部大夫維秀望申権守候、帯本領之上、被免直奉公之上、於今者無子細候歟、仍今度被遣免許御判候也、弥可致忠之由、可被仰含候、

条々又以便宜、可被仰之由、内々候也、恐々謹言、

(興国二年)二月十八日　　法眼宣宗

謹上　結城(親朝)修理権大夫殿

追申
白鳥一被進候畢、返々目出候由、同可申旨候也、

○五四二　北畠親房御教書写　○松平基則氏所蔵結城文書

(北畠親房)
(花押影)

其後何事候哉、奥辺御沙汰何様聞候哉、合戦候けるなと風聞候、久無被申旨候、仍被進人候、其近郡間事、相構可被廻籌策候、師直(高)以下輩可下向之由、其聞候しか、北国・四国・西国御方、以外蜂起之上、依南都訴訟、先可向和州なと評定之間、当方下向ハ及予義候云々、而師冬(高)無沙汰不可然之由、譴責他国、当国(常陸)勢ハ全分不集進退谷候歟、称事初、去月廿六日、出当国北郡辺即引返候了、衆(茲)連(久慈西郡)経廻勢不過六七十騎云々、此時分奥勢打出候者、尤可然之由、案内者等申候、相構一途急速被沙汰立候者、目出候、如当時者、諸国存御忠輩、雖無等閑、所詮、可任東国左右之由、一同所存候歟、此辺ハ又相待奥州形勢候、如此徒被送日月候者、何方ニても不慮事出来候者、不可有正体候、就中吉野殿(後村上天皇)御事、可為一大事候、閣諸方襲申候者、可御心苦候歟、其間事、併可被察申候也、如度々被仰、任先皇(後醍醐天皇)御素意、如此被存忠節候、同者早速被待得一統御代、如何程も被絶(施カ)家門之栄耀候ハんこそ、可為本望候へは、猶々相構可被廻秘計候、兼又小山(朝郷)与師冬等不和、勿論事候歟、被遣御教書之時ハ、毎度雖申慇懃御返事、此四五ヶ年、只同篇候、然而自去年ハ敵方と以外隔心、又寄事於兄弟確執、不及合戦之沙汰候歟、内々申通之子細等候畢、相構加詞可被教訓候、彼家一流、於坂東由緒異他候、面々一揆被退凶徒候者、再可被興遠祖之功業候、真実一揆候者、於坂東誰人可比肩候哉、只可依一揆之成否候歟、此事故禅門(結城道忠、宗広)殊被懸意事候き、能々可令相計給之由仰候也、仍執達如件、

(興国二年)
四月五日　刑部少輔秀仲

結城修理権大夫殿(親朝)

○五四三　高師冬奉書　○東京大学文学部所蔵結城白川文書

白河城凶徒等、可寄来石河庄村松城之由、注進状披見了、

相催一族等、可被防戦之状、依仰執達如件、

暦応四年閏四月二日　参河守(高師冬)（花押）

石河烟田五郎太郎(兼光)殿

○五四四　北畠親房御教書写　○肥後阿蘇文書略

花押(北畠親房)

忠節無他事之由、其聞候、感悦不少、弥廻籌策、忩可被対治国中凶徒也、坂東幷奥州事、静謐不可有程、発向事風聞候者、必可被加力、兼又当家祈禱事、被懸意者、可為本意之由、一品(北畠親房)家御消息候也、仍執達如件、

(興国二年)後四月五日　刑部少輔秀仲

阿蘇大宮司(宇治惟時)殿

○五四五　五辻清顕奉書　○白河集古苑所蔵白河結城文書

其後、依無殊子細久不被仰候、南部以下奥方官軍已令対治斯波・岩□(手)両郡責上候之間、河村一族等、其外諸□(方カ)参御方候、薭貫出羽権守一族等、宗者共数輩討取了、於御方者、無殊子細候、付其、葛西以下和賀・滴石輩等成一手、欲対治苻(府)中候、仍当所御勢等悉今□(明)間、可被出候、其方事、相構々急速可□被立候、同時合力尤可為要枢候、且□□(此間カ)、於其堺、被始合戦之由、風聞候、実事候哉、返々目出候、尤被感仰之由候也、恐々謹言、

(興国二年)後四月廿日　清顕(五辻)（花押）

修理権大夫(結城親朝)殿

○五四六　法眼宣宗書状写　○結城古文書写有造館本　坤

故国司(北畠顕家)姫君御事、いつそやも内々被申談候キ、当時大上禅尼、一向被扶持申候歟、堅固白地成様ニて候ニ、依世間事、如此延引候、此辺へも奉入たく候へとも、路次難儀之間、乗輿も難叶候歟、又女性御事候之間、肩(肩カ)かつきても、余に痛敷候間、于今不叶、さのミつくと被座候も、無心無極候、奥方ニハ、女房共もあまた祇候候へは、将軍(北畠顕信)御座之方へとられ申され候尤候、先常葉(田村庄)辺へ被入申候て、伺路次体、奥方へ被付申候ハやと御思案候、内々被仰遣海道之長老、被

申旨候ハ、可令談合給候歟之由、内々伺可申旨候、恐々謹
言、
（興国二年）後四月廿九日　　法眼宣宗（花押影）
謹上　結城（親朝）修理権大夫殿

○**五四七**　北畠親房御教書　○岩代相楽結城文書

（北畠親房）（花押）
先日被申候多珂郡辺事、已構要害了、可給御旗之由、令申
之間、被遣候了、近日之時分、尤可然事候、相構急速可有
勠力沙汰候歟、日限令治定候者、自此方も春日羽林（顕国）可被押
合也、自彼城中、態以飛脚馳申候間、如此被仰之由所候也、
仍執達如件、
（興国二年）五月四日　　刑部少輔秀仲
結城（親朝）修理権大夫殿

○**五四八**　法眼宣宗書状写　○結城古文書写 有造館本 坤

南部以下奥方勢、已進発、岩手・斯波両郡令静謐之、於
栗屋河（厨川）与部（稗貫）抜党合戦、令打勝之、着和賀郡、葛西勢等為一
手、可責国府之由、以飛脚被申候、基境へモ、定被相触候
歟、相構厳密可令計沙汰給、岩瀬辺合戦之由、風聞候、御
方無（殊カ）勝候哉、目出候、安積輩も少々降参之由、聞候、実事
候哉、
師冬（高）今明之間、立葴連（久慈西郡）、可襲当城之近辺之由聞候、奥方事、
敵方ニも遍風聞候なる、葴連辺居住難儀にて、怖畏之余ニ
進発とも聞候也、其勢不幾候、如何様ニも可在合戦候、此
時分ニ東海道も多阿（珂）郡へも奥勢発向候者、彼等可落之条、
所案之内候、相構可被廻籌策候、諸方事ハ、先日之注遣候
了、所々随分目出候、和州戒重（城上郡）ニハ、猶合戦之最中云々、
京都ニも、以此合戦為案否之間、定猶副勢候歟、此時分、
相構可被忩坂東事之由、連日被仰下候、比段誠肝要候、猶々
被存忠節候者、可目出候、
此条々、態以御使、欲被仰之処、伊豆次郎下向之由申候間、
内々別可申旨候也、恐々謹言、
（興国二年）五月十六日　　法眼宣宗（花押影）

謹上　結城（親朝）修理権大夫殿

○五四九　北畠親房事書写※　○松平基則氏所蔵結城文書

（高）師冬已立茨（久慈西郡）連着垂柳畢、自京都厳蜜（密）催促之間、閣諸方、直可襲当城（小田城）云々、且又今明日発向之由、其聞候、被待懸候、坂東之安否、宜在此時節歟、此時忩可有勠力歟之由、以伊豆次郎幷関郡使者、両度被仰畢、猶々急速沙汰候者、殊可為御本望候、

一小山辺事、荒説両条、元来非信用之限候、然而小山（朝郷）自身年少、可然之輔佐輩も不候歟、若僻案事も候者、被得其意、被加教訓候者、可宜之間、蜜々以荒説之分、被仰候き、此風聞、此辺ニハ以外之事候也、且近衛前左大臣（経忠）家、令出吉野殿（後村上天皇）給候しか、京都も敵方更不賞翫申候、進亡屋一宇・所領二ケ所之外、無正体云々、依此事、又被語方々候歟、彼御使廻所々候、其旨趣ハ、藤氏各可一揆、且我身可執天下、以小山可被定坂東管領云々、彼使節当所（治久）小田方へも、帯御状来候しか、向小山畢、自此城或僧、即為案内者、罷越小山候き、於此事者、不承諾申云々、一揆と云事、日来風聞候し折節、かゝる事出来之間、荒説充満候、於前左苻（府）（近衛経忠）勧進事者、非荒説候、乍被坐京都、是程短慮之事ヲ令勧進給候上、可被沙汰之外之御所存歟、彼仁も参御方候ハんニ付ても、如此之荒説痛敷事候、此事鎌倉凶徒辺ニも以外風聞候、去比ハ小田勢已打入候とて、騒動候けり、依之非一族之輩ハ、かくてハ何様ニ可振舞やらんなとまて及評定候き、定又可被聞及候歟、所詮、正員ハ不驚動候けると聞候ニ、前左府御使如何ニも為勧人虚説等申廻候らんと覚候也、義興（新田）事、是又荒説勿論候、其も義興家人之中、物忩張行事候て、参吉野殿、（朝郷）朝氏（小山）已参御方畢、所属某也、仍可申補廷尉之由、火急申入候き、一向推参之儀候歟、比興之次第候、所詮、此両条聞慮之様候之間、且為才学（覚）先度被仰候き、更非御疑心之重（至カ）候也、とてもかくても敵方已置意之条、勿論候上、早速ニ思定候て、且存正理令参候ハ、云恩賞、云昇進、中御沙汰之条、何不足か候へきとこそ覚候へ、相構猶加

詞、可有教訓候、

一多田兵庫入道宗貞事、下着以後、連々致忠之由、注進候、只一身奥州辺事候之由、其聞候、疲労候ぬれハ、人情も忘正路乖物義事のミ候へハ、誠含怨之族も候らん、況当時ハ毎人過分、不可説事のミ候、一事も不懸心者、やかて加種々謗難之間、為御方極無益事候、凡政道之得失ハ、如日月之在天候へは、親疎之間、不可有隠事也、褒貶共言下ニて可被察者也、当時ハ吉野ニも、かい〳〵しく、政道とても不被執行、況当所辺事も於無被執沙汰候へは、さのミ何事之過失あるへしとも不覚候へとも、公人も家人も、つや〳〵無人ニ罷成之間、定違失多候らん、年来被憑仰候上者、自然と令参差之様、被触耳事候ハ、無隔心可被申也、又以御恩出身之族、無故傾申候ハん事ハ、以其意諸事可被推察候歟、相構不可有披露、蜜々可令存知給也、

一南条五郎左衛門尉清政申権守事、父祖久不経歴歟、然而如此被召仕も、不可有子細候、但堅固弱冠候、今暫致忠、追可申候歟、不遅々之様、可有御計候也、

(北畠親房)(花押)

委細難尽状之間、条々載事書候也、兼又有夢想事、聊以判形之点、不可有不審候也、

○前号文書の内容にかけて仮にここに収める。

○五五〇　某書状追書※　○白河集古苑所蔵白河結城文書

追申

近衛(経忠)前左大臣殿令出京都給候、無念至極之処、京都之御式も散々無申計候間、忽ニ御悔返之気候やらん、此間諸方ヲ被語仰候、小田(治久)辺へも御文到来云々、為御身返々危大様なる事候歟、所詮、藤氏之人々一揆して、我御身ヲ可被立と云旨趣候云々、彼御使其辺へも可廻之由申候て、罷立候ける、比興候、就之、大方ハ吉野殿(後村上天皇)ヲ勠力申義ニて、最異義ハ可有別建立云々、凡事之道理も不可然之上、御身令出京都給候て、如此大様なる勧進、併御物狂之至候歟、無何為御意得、私可申之由、同所候也、

○前号文書の内容にかけて仮にここに収める。

○五五一　春日顕国書状写　○秋田藩家蔵文書二十六白河七郎兵衛朝盈家蔵文書

『顕国姓氏未詳書、本多賀谷将監隆経組下長野三郎左衛門某家蔵』

（付箋）
「春日中将顕国之書也」

度々令申了、師冬（高）已襲来□当城候間、日々合戦ハ、天下之安否此時候歟、然者被相催官軍、被出于茲連（久慈西郡）辺、後措事、早速可有其沙汰候、延引候者、可為難儀候、相構〱、□夜継日、一途可有計沙汰候、謹言、

（興国二年）
五月十九日　顕国（春日）（花押影）

修理権大夫（結城親朝）□

○五五二　法眼宣宗書状写　○松平基則氏所蔵結城文書

条々

一諸方吉事、連々定達遠聞候歟、時節到来近々候歟、然而於静謐者、可依此方左右之由、御方敵方一同之所存也、是併可謂冥慮歟、此上面々弥被廻殊秘計者、抽賞又可超過諸方功之条、理之所推可被疑存乎、所詮、於今度者、至鎌倉被対治候者、凶徒静謐可在掌内歟、奥勢常州・下野辺まて打出者、此辺勢、又武蔵・相模へ可入之間、且不可有士卒之煩歟と、面々申沙汰候也、

一小山辺事、可為御方之由申候らん、先以目出候、当時機嫌尤可然歟、早速令思立ハ、可有不次賞之由、猶々可被仰遣哉、敵方ニハ大略已参御方之由、謳歌候歟、不二仏之中間之様ニ思定候者、可然事候哉、就之此辺又種々之荒説候、一ニハ一族一揆して可致別建立沙汰歟云々、一ニハ可被立新田子息歟云々、此両条共以不審候、仮令一族一揆して対治凶徒、為一方之固、為　朝家之御護之条、元来本意歟、然者恩賞も官途も、面々可有優誉沙汰ニて候、別建立とて様替て如足利之所存やハ候へきと覚候へは、此段ハ一向荒説候歟、新田か跡ヲ取立事、是又不審候、当国ニ新田兵衛佐義興在国候、彼内ニ小山内通者候けるか、参吉野して、小山（朝郷）已参御方、望申延尉、忩被宣下候ハんと申候ける、此事御不審也、坂東国事、自是

不執申、小山参程事、争不存知乎とて難被許容候けるを、已参候ける程ニ、被　宣下乎、何様事哉と被憑之間、被尋義興之処、自身全不存知云々、家人中構出事有之歟、仍不審之輩少々追出之由申之、此事又非無疑殆候、如此事も面々しと〳〵（かカ）と不評定申、又一偏ニ不思定之間、為彼仁云敵方之聞、又為当方も旁軽忽事候、所詮、此間事ヲまことしき使者なとにて、宜被談合哉らん、且故判官（新田義貞）ハ、熕（故）兵部卿親王（護良親王）随分と憑給候き、彼若宮（興良親王）令坐坂東給候ハんすれハ、旁可有旧好事歟、同参御方ても不乖物義者、可叶　先皇（後醍醐天皇）冥慮歟と覚候也、

一奥勢已打出之由風聞、返々目出候、相構可被措合候歟、大方も先日、伊達飛弾前司宗顕令申候ハ、五十騎・百騎ニても新勢加増候者、伊具・柴田辺へも押合候者、国苻（府）凶徒可落力之由申候き、此間可廻思案之由、被仰談村田駿河前司等之衆中ハ、尤可有同心沙汰候哉、

一多阿（珂）郡名主等中、去比進使者候き、已構城墎可被下御旗之由申候き、且又申談其方之由申候き、当城真実取立候ハ、師冬（高）等可落力之条勿論、相構急々可有沙汰候歟、

一多田入道宗貞、下着石川之由聞候、可申談之由令申候間、被書遣御文候き、定申旨候歟、此仁先々も随分高名候しかとも、聊事過之様ニ張行候き、此段ハ可令得意給候、石川輩・会津辺輩ヲモ誘取事候ハ、可為公平候歟、能様被得其意候て、可有談合候、

一両国幷坂東人々任官恩賞等事、仕挙申可有沙汰之由、先皇御時勅定候畢、当御代又以其儀候、而属便宜人々、掠給　綸旨輩之由風聞候、不可然（候カ）ハ、石川矢葺（光義）も先日進状候、書駿河権守候、自是ハ未及御沙汰候き、属誰人申任候哉、如風聞者、伯耆縫殿祇候吉野之間、執申けるなと荒説候、吉野ニてハ、一定掠申事も候つらんと被推量候、可有沙汰者、何可有御抑留候哉、直　奏之条、乱法候段、無子細者、可被用本官候、自余輩事、以此趣可被仰聞候也、

一当所御恩顧之輩、往反之便宜ニハ、吐種々荒説傾申吉野（後村上天皇）殿御事、幷当所下着候けるニ、いつしか致忠之条、雖非

無不審、石川者共、同心廻秘計之由申之上、矢葺光義同
申此趣候き、凶徒対治道中談事き(へカ)事も候ハんすれハ、給
御文可付進之由望申之間、別したる御料簡まても候ハす、
被出御文畢、近日ハ雖一事可有其益候、道も候ハ談合も
候へかしニて候也、無殊子細候、
申之趣、尤被驚思食候、奉行郡内事、宗貞無可争申候道、
又今も無訴申之旨候、自他方も不聞食候也、更不及此沙
汰候処、何様ニ令存給候やらん、御左右程、可閣諸事之
由被申、返々無勿体候、年来忠節異他、縦一旦参差事雖
触御耳、毎事被達御意之上、内々も可被尋談ニてこそ候
へ、其上更無訴人候也、所詮、いつも被仰之様ニ被憑仰
之上ハ、事新之次第候歟、且達無二合体本意、早速静謐
凶徒、面々被施弓箭之光華候ハんこそ大切ニ候へハ、不
可被疑申時宜、又不可被用少人等荒説候也、於一方事者、
一向被憑仰之条、更ニ不可有違変候也、
一矢葺任官事、直　奏之一段違勅約候、依人々執申、被思
食忘事も候つらん、又御分国内人としもなくて、掠申之
族も候つらん、然者如此事、向後之傍例難義之間、雖可
被申止、此仁事ハ忠節さる事候、如此被申之上、強又非
可被仰子細候、宜令相計給候、
凶徒近々城中物忩候間、猶不能委細候、諸事可有推察候、
勠力之一段肝要候、安否時節、能々可申旨候也、恐々謹
言、
(興国二年)
五月廿五日　　法眼宣宗
謹上　結城修理権大夫(親朝)殿

○五五三　高師直奉書　○陸中中尊寺文書

□□律師経有申、陸奥□□□(国中尊カ)寺別当職事、守□御下
文、不日可被沙□(汰付カ)、(依カ)□仰執達如件、
暦応四年六月二日　武蔵守(高師直)(花押)
(少)(石塔義慶、義房)
□輔四郎入道殿

○五五四　北畠親房書状　○岩代相楽結城文書

今者真実□□発向難事行者、讃州(結城朝胤)□□

□勢、伊佐已下之勢ニ同道して到着候者、目出候歟、凶徒之体ハ雖無正体、城内事、已以至極間、是まで所令申也、勧進諸人被成大義候ハんこそ大切ニ候へとも、其まて事も不可待付之間、重所令申也、於年来之忠節、今更定無等閑候歟、然而此方難義出来以後之式、争無遠慮候哉、委細宣宗定申談歟、悉之、

(興国二年)六月五日　(北畠親房)(花押)

○五五五　範忠書状写　○結城古文書写 有造館本 坤

籌策之道、可急速之体ニ被申候之間、朝夕被相待左右候、被尋方々所存之条、誠雖非無其謂、於今者、真実難義不可有程候、争不被察申候哉、其間事、以御書被仰入候、御自身御発向、猶不事行候者、賢息一人、一族等ニ勢をも被副候而被進候者、伊達以下近辺勢ハ、定同道申候歟、相構例式之如催促ニ者、不可令料簡給候、於今者、火急之式、難被尽状程の事候也、兼又宣宗下向之時、俄罷立候間、事も不及用意候き、下向以後方々馳走候へとも、大略手をひろけたる体ニ候歟、相構被見継候者、可為御意之由、内々所候也、恐々謹言、

(興国二年)六月五日　範忠(花押影)

(親朝)結城修理権大夫殿

○五五六　北畠親房御教書写　○結城古文書写 有造館本 乾

(北畠親房)(花押影)

(高)師冬以下凶徒寄来候了、未及城際合戦、両陣相守之時分候、如度々被仰、坂東安否、可在此境、以夜継日、可被勠力申候歟之由、重仰候也、仍執達如件、

(興国二年)六月廿日　刑部少輔秀仲奉

(親朝)結城修理権大夫殿

○五五七　北畠親房御教書　○岩代相楽結城文書

(北畠親房)(花押)

(高)師冬以下凶徒、自去十六日寄来、取陣於(小田城)当城山上候了、称相待諸方勢、未及楯際合戦、後措事、此時分忩可被沙汰立

候、今度宜為坂東安否歟、若令遅々、此方合戦及難義者、諸方可落力歟、存別忠急速被沙汰立者、付公私可為御本意之由、重　仰候也、仍執達如件、

(興国二年)六月廿一日　　刑部少輔秀仲奉

結城修理権大夫(親朝)殿

○五五八　某書状断簡写※　○白河集古苑所蔵白河結城文書

師(高)冬寄来之後、度々被仰候了、去十四日打入当国(常陸)方穂庄、同十五日取陣於当城(小田城)後高山上了、如風聞者、其勢不幾云々、仍不措寄城下、構所々要害、不及合戦、徒送日数之間、去廿三日自当方被始合戦了、終日合戦、御方打勝、凶徒討死、手負及千余人云々、即引退要害、依及晩、御方又帰本陣了、翌日廿二(ママ)日重押寄之処、凶徒遂不出逢、両方野伏合戦許也、如今者、御方乗勝之条、勿論候、諸人成勇候、仍被廻別籌策之子細候、治定候者、重自方々可被措合候也、此時分後措候者、云当方合力、云諸方遠聞、御忠節何事可如之候哉、且敵方ニも奥方ノ後措近々候とて、連々驚動候なる、此時怱沙汰候者、尤可然候、

滝口左衛門尉公勝為奥御使、罷着候由、其聞候、苻(府)中対治合力事ハ、近日誠難治之時節候歟、自是も此趣ヲ被申候也、公勝直ニ可帰参之由、被仰遣候、

宇都宮(河内郡)辺宜様ニ聞候、今度今まてハ一騎も不罷出候、

○前号文書の内容にかけて仮にここに収める。

○五五九　北畠親房書状　○岩代相楽結城文書

「封(裏)」

師(高)冬寄来之後、度々令申了、合戦之体、当方已有其利、対治不可有程歟、但凶徒構要害之間、廻籌策欲致沙汰之最中也、此時分被致後措者、云当所之力、云諸方之聞、尤可然、殊被廻遠慮之条、可為本望、悉之、以状、

(興国二年)六月廿六日　(北畠親房)(花押)

結城修理権大夫(親朝)館

○五六〇　曾我師助奉書　○南部光徹氏所蔵遠野南部文書

平賀郡加士計郷除曾我小次郎内河又三郎知行分、依為朝敵跡闕所地、奉京都

御左右、被預者也、仍執達如件、

暦応四年七月七日　　（曾我）左衛門尉師助（花押）

曾我与一（貞光）左衛門尉殿

○五六一　春日顕国書状写　○結城古文書写有造館本　乾

態以飛脚申候、御敵已指向候、度々及合戦候、雖然于今無殊事候、又為後措、廻常陸路候、御上之時分、能候ぬと存候、相構忩々可有御発向候、左様ニ候者、路つかいとなたにて候へき御聞候、而自是指向候て、両方より措申候やらん（カ）、必々夜を日に次て御上候者、可宜候、委細之旨、使者可申候、陣頭より申候之間、不及巨細候、恐々謹言、

（興国二年）七月七日　　顕国（花押影）（春日顕国）

（結城親朝）修理権大夫殿

○五六二　北畠親房御判御教書写　○松平基則氏所蔵結城文書

此方合戦事、委細可注送之由、仰含宣宗候也、至今者、当方乗勝候、然而送日数之（者カ）、旁可有難義之体候、後措事、以夜継日沙汰候、尤可然、此辺所憑此事候也、毎事可被察之状如件、

（興国二年）七月八日　　（北畠親房）（花押影）

結城（親朝）修理権大夫館

○五六三　法眼宣宗書状写　○結城古文書写有造館本　坤

当所合戦之次第、至今者、御方毎度乗勝候、凶徒無勢之間、更不出逢候、御方帰本陣之時者、打出濫妨所々、御方打出之時、懸要害、不及合戦候、仍昨日も武蔵国住人吉見彦次郎等降参了、先以目出候、但合戦之体中〳〵延々之基候之間、如此送日数候者、為御方可悪事也、其故者、神事以後方々勢可会合候歟、然者、云濫妨、云合戦、可及大義候、当城之合戦、只可為同篇之間、春日羽林（顕国）被向後方了、此方々小田勢幷関・下妻小勢致警固也、所詮、奥後措、先雖少々矢槻（高野郡）辺へも到来候者、尤可然候、如度々被仰、安否之境、可在此時候、争可被見放申哉、相構以夜継日、可令計沙汰給之由所候也、恐々謹言、

(興国二年)七月八日　　法眼宣宗（花押影）

謹上　結城修理(親朝)権大夫殿

○五六四　土御門通房御教書写　○結城古文書写 有造館本 坤

(土御門通房)(花押影)

自是欲被仰候之処、専使尤御本意候、
抑当国事、依為合戦難義、大略属凶徒、雖然、御方之志異
于他者歟、就中白河出羽権守(為興)一方大将、并小国兵庫殿(政光)四頭内一方大将、
未違変、但凶賊対治事、相待時節者也、国中帰淳素之条、
定不可有程歟、
先年一所御合戦之間、無御等閑候、定被同心申歟者、
宰相中将(土御門通房)家御気色所候也、仍執達如件、

(興国二年)七月十三日　　治部少輔盛胤奉

○五六五　白河為興書状写　○結城古文書写 有造館本 坤

未入見参候之処ニ、態御使悦入候、抑当国合戦国境而御方
心替仕候之間、用飼(要害)破候て、御敵国中乱入間、面々城雖引
籠候、猶以甲人にて罷出候、国人大略令上洛候、雖加様候、
為奥計、河内城ニ引籠候、猶後日打出候事、不可有子細候、
将又東国様委細ニ承候者、此方合力之御音信と目出度悦入
候、無指事候とも、便宜之時申承候旨、本意候、恐々謹言、

(興国二年)七月十三日　　白河出羽権守為興（花押影）

修理権大夫殿(結城親朝)御返報

○五六六　北畠親房御教書写　○結城古文書写 有造館本 乾

(北畠親房)(花押)

師(高)冬以下已寄来候了、如度々被仰、坂東安否可在此時候、
後措事、無急速沙汰者、可為無念候、相構以夜継日、可有
計沙汰候之由、重所候也、恐々謹言、

(興国二年)七月十九日　　刑部小輔秀仲奉

結城修理(親朝)権大夫殿

○五六七　五辻清顕書状　○白河集古苑所蔵白河結城文書

去月廿四日御礼、今月十六日具入見参候了、当方事、此間

被廻籌策之最中候、近日一道可成立候、且凶徒等少々可参御方由、内通之子細候之間、就是非可遂其節候、兼又常州合戦事、方々荒説、何も不分明候之処、委被申候之間、被散御不審候間、其方常州後措等も可輙候者、不能左右候、猶可為難儀候者、当国対治事者、不可有子細候へハ、其方勢与伊達勢成一手候者、苻（府）中対治安平事候哉、然者、其時押て被責上、常州之企、可目出候哉、石川・田村勢はかりにても下向候者、此辺官軍等、相共可対治苻中候、所詮、偏被憑思食候之上者、相構急速可被廻遠慮候、他事又々可申候也、恐々謹言、

（興国二年）七月廿二日　清顕（五辻）（花押）

（結城親朝）白川修理権大夫殿

○五六八　法眼宣宗書状写　○松平基則氏所蔵結城文書

此辺事共、連々雖被仰候、猶難被尽紙上候間、被下此僧候、能々可令尋聞給也、兼又法明間事、経泰（広橋）被申候き、且其より被申候事候之由、令申候間、さては無異儀候歟ニて、被遣御教書候き、今被申之趣以外候、事子細可令尋聞経泰給、向後ハ可得此御意候也、凡先々も如此事候乎、兄兵庫頭申恩賞事、経泰同執申之、斑目式部大夫（維秀）任周防権守事、（源英房）式部少輔被申候ハ、是併自其被中之趣ヲ、切々ニ伝申候間、深得其御意畢、如今者可被遣候、所詮、向後無挙状者、不可経御沙汰候、得其意、可有沙汰候歟之由所（候脱カ）也、恐々謹言、

（興国二年）七月廿五日　法眼宣宗（花押影）

謹上　結城修理権大夫殿（親朝）

○五六九　春日顕国書状写　○結城古文書写有造館本　乾

当所合戦之次第、及数ヶ度、御方得利候、就其者、為後措、有御進発者、路次体当方事等、此僧可語申候之間、具不尽紙上候、相構々急速御沙汰可宜候、委細、恐々謹言、

（興国二年カ）七月廿五日　顕国（花押影）（春国顕国）

結城修理権大夫殿（親朝）

〇五七〇　北畠親房ヵ条々事書写※　〇白河集古苑所蔵白河結城文書

条々
一高師冬去五月廿二日立茂連(久慈西郡)事
一於志筑(南郡)合戦事
一閣志筑打入佐夜(谷)事
一同十五日取陣於三付(村)山(筑波郡)以下所々事
一廿三日合戦、御方得利事
一同翌朝合戦、凶徒不出逢事
一大将廻北郡、粗構新城事
一今月十三日合戦、御方得利事
一於北郡新城合戦、完戸・田野輩多損亡事
一凶徒輩間事
一同勢分事
一戮力令遅々者、可及難儀事
一発向路次用意事
一近郡人々、無異義可応催促事
一今度馳参輩、可被行別賞事
宮(興良親王)御着事
小山事
宇都宮(河内郡)事　武茂(那須郡)辺事

〇興国二年七月の文書か。

〇五七一　豊間勝義譲状案写　〇岩城文書抄出上　岩城下、小川長福寺所蔵

ゆつ(譲)りわた(渡)す所りやう(領)の事、陸奥国岩城郡とよま(豊間)の村、梨子草屋敷、同田畠等さかい(堺)の事、東をかきる(限)かき(垣)、南ハ□のさくのミねすち(峰筋)、西もミねすち、北ハほり(堀)をさかう(堺)、此内に平太三郎入道か屋しきをくわう(加)、同郡きぬやの郷の内、かひやの村内弥次郎まち壱町田、同小次郎入道か屋しき、常陸国那珂東郡三美村内、ほりの内在家同田畠等、大里尼跡、息女尼妙勝に一期ゆつる、勝義後生とふらふ(訪)へし、福王女さきにさうせい(早世)せハ、かれにゆつる所をハ妙勝一期知行すへし、妙勝分領をハ早世ハ、福王女一期知行すへき也、かれ等か跡をハ、後には義介知行すへし、次山野磯等事、よう物をハ心にまかせてとるへし、後のために自筆状如件、

暦応四年八月十七日　　　勝義在判

○頭注に「信名按ニ勝義ハ小川義綱ノ弟彦四郎義熙ナリ」の注記あり。

○五七二　法眼宣宗書状写　○結城古文書写 有造館本 坤

道顕書記帰参、恵記(紀)上人重当着之間、被申候趣、委細語申候、方々秘計之道、無等閑之条、雖不始于今事候、殊以憑存候、此合戦事、如当時者、凶徒以外微々候、一向止合戦、以所々濫妨為先候、而御方猶以無勢之間、云城之警固、云不退用心、更無其隙候、仍不及被対治諸方、此時分、縦雖非多勢、奥勢到来候者、凶徒不可相支之体候、相構不可過此時分候也、一(是)、凶徒無勢之余、連々以飛脚、相触京都候云々、雖少々、各別勢到来候者、可為難義候、且又其方路次ヲモ差塞候者、音信も難儀候歟、近日西口へハ勢一騎モ不差向之時分候、被馳参候条、殊不可有煩候、二(是)、武蔵ニハ美濃入道居住候、為御方之条、勿論候、宇津宮之輩ハ、大略参御方之所存、無相違けに候へとも、猶加斟酌候歟、此時分、奥勢到来候者、無疑思定候歟、今ハ奥勢事ヲ疑申候也、必定之由存候者、参御方之所存、弥治定候歟、三(是)、小山辺之事、今度返状、宗(関)祐之使者、便宜ニ状被進候了、分明令申候条、殊目出候、此程も藤井駿河前司後家蜜(密)々参候、彼方事、委語申候、且彼後家・親父等も委細申入候、面々被成御教書候也、彼仁申候ハ、所詮、自其方発向必定候ハヽ、露顕候条、可為勿論之由、推量候云々、就之、早速被思立候条、可為別忠候、此辺ハ城々モさすが無勢候、人々心もよハ〳〵しき事のミ候間、若不遍之難義出来候なん後ハ、諸方落力候歟、近日之時分、機嫌殊勝候、相構閣万障、被思立候者、可有十分益候、不可被疑存申候、兼又親王(興良)御方御着、旁目出候、委細被悦申候条、殊御本意候、此辺ニハ要害心安候間、以大宝城(下妻庄)、被懸御在所之、聊静謐之時分候者、毎事可有始御沙汰也、委細事者、恵記上人下向之時、可被仰之由所候也、恐々謹言、

(興国二年)八月廿一日　　　法眼宣宗（花押影）

宛所不見

○**五七三**　北畠親房書状　○榊原結城文書

道顕書記還向、恵紀上人追到来之間、条々散積欝了、後措事、近日殊可然之時節歟、若猶令遅引者、可為難義乎、能々可被相計、併憑存之外無他事、其間ニ候、子細委以恵紀上人申候也、悉之、以状、

（興国二年）八月廿三日　（北畠親房）（花押）

（親朝）結城修理権大夫館

○**五七四**　春日顕国書状写　○結城古文書写有造館本　乾

委細先度顕書記、専使之時令申了、当所凶徒之体、御方合戦之様、善応寺方丈見知之間、定可被語申候、如此凶徒微弱之境節尤宜候、御進発、以夜継日、可有御忠候、下野国鵶山城今月一日没落之間、弥不可有路次之障㝵（碍）候、若猶当其時、有難儀者、為御向、可令発向候、委細方丈令申候、謹言、

（興国二年カ）八月廿三日　顕国（花押影）（春日顕国）

（親朝）結城修理権大夫殿

○**五七五**　春日顕時顕国書状写※　○結城古文書写有造館本　乾

此境事、自一品家（北畠親房）委細被仰遣候之間、不尽書札候、相構〱不日御発向付、惣別可為吉事候、若延引候者、自然ニ難儀可出来候之間、可有厳密之御沙汰、兼又乗馬闕如事、顕書記・禅師可被語申候、此方事、同書記可被申歟之間、不及申尽候、謹言、

八月廿九日　顕時（花押影）（春日顕国）

（結城親朝）修理権大夫殿

○前号文書の内容にかけて仮にここに収める。

○**五七六**　某書状写　○結城古文書写有造館本　坤

依挙冬（師）下向、自五月中、路次更不通候間、久不申承、積欝無極候、坂東事、殊不審候、定被聞食及候歟、委細可承候也、次当所合戦事、凡難儀無申計候処、悉令退散候之条、併天運所令然候歟、始終之儀、弥憑敷相存候、又西国等事、如法御方得理候由、謳歌之間、目出候々々、猶々常州事、

不審候間、此小僧可罷通之由仰含候、路次等事、能々可相計給候、抑先度便宜之時、茶を莫太送給候ける、返々為悦候、但挙冬下向之刻候之間、於鮭延辺、悉被奪取之由申候て、御状計到来、無念無極候キ、当所合戦事、此僧ニ委細可有御尋候也、毎事期後便、恐々謹言、

（興国二年カ）八月廿四日　書涯（花押影）

（結城親朝）修理権大夫殿

○五七七　北畠顕信御教書　○南部光徹氏所蔵遠野南部文書

（北畠顕信）（花押）

其堺事、其後何様沙汰候哉、諸方為合戦之最中之由、令申之間、当国事、方々被誘仰之子細候、近日則可被始合戦候、其方事、先々如被仰遣、忩令対治近郡者、可為当方合力候、委細之旨、以森四郎左衛門尉被仰遣之由候也、仍執達如件、

（興国二年カ）九月八日　（五辻）左近将監清顕奉

（政長）南部遠江守殿

○五七八　北畠親房書状写　○結城古文書写有造館本　乾

此辺之体、以宣宗状委細令申歟、能々被廻思慮者、尤可然、悉之、

（興国二年カ）九月十日　（北畠親房）（花押影）

（親朝）結城修理権大夫館

○五七九　北畠親房御判御教書写　○結城古文書写有造館本　乾

恵紀上人走向之時、委細令申候了、於今者、定下着候歟、此方之体已及数月候間、難義至極候、大概所載事書也、被廻思慮、必可被申左右之状如件、

（興国二年）九月十二日　（北畠親房）（花押影）

（親朝）結城修理権大夫館

○五八〇　法眼宣宗書状写　○結城古文書写有造館本　坤

此方合戦事、一年二年もなとか不被相支候哉之由、度々被申候キ、其段ハ誠さる事ニ候ヘとも、近日難儀至極候也、面々城々警固候間、合戦之軍勢不幾候、仍凶徒任雅意横行、

就之よは〳〵しき方ハ、先落気候、東条一族多分ハ、最前変所存候了、下妻城中異儀之族、少々罷出候、結句、中入合戦以後、長沼已違変候、言語道断之作法候、但非正員之所存候歟、一族家人中短気之輩、依芳賀兵衛入道(禅可、高名)語、俄思立候由、其聞候、不足無事候哉、此上又其辺へも如何成事をか申らんと心苦候、可令存知給候、今度自長沼、時衆ヲ一人、為使節、其へ下候ける、此時分罷帰候て、必定進発之様ヲ申候ける時、判官(結城親光)対面、流泣候けるとにて、彼時衆参申候、所詮、其方勠力遅々候間、如此事出来候歟、宇都宮輩も対正員、種々申旨候けれとも、落鴻(鷗)山城之後ハ、忽忘先言之体候云々、小山(朝郷)又例式之所存候歟、彼一族等少々結城郡ニ已構城墎候、定被聞及候歟、凡年来一諾之御所存、無相違者、付公私、此時争無勠力候哉、縦是迄の発向、猶雖令延引、先東海道辺へにても、矢槻(高野郡)辺にても、那須方にても、三ヶ所之間、従便宜、被出置勢候て、已被示進発之体候へかし、左様ニあいしらハせ給候て進発候ハヽ、此凶徒対治可安候、其分猶可及遅々候ハヽ、城々輩難堪忍候族も、又々出来候ぬと見へ、為天下、可為安否候上、竹園(興良親王)適御下向之時分、已及此難義候、無念之次第候哉、猶々事已及火急候、可令存忠給候歟之由所候也、恐々謹言、

(興国二年)十月十六日　法眼宣宗（花押影）

謹上　結城修理権大夫(親朝)殿

○五八一　五辻清顕奉書　○白河集古苑所蔵白河結城文書

顕書記下向候時御状、委細具披露候了、抑其方事、大略被致用意候ハん、返々目出候、当方事、忩可令遂其節候、中奥御方自去月三日出張、連日合戦、当時打乱之最中候間、此方者、自去月廿一日出張、至今日連日合戦、無退転候、所詮、今両三日之間、可打入松嶋候、苻(府)中対治不可有程候へハ可被措候、尚又小山事、被治定候ハん、返々目出候、併被誘仰之故候歟、随此方左右、重可被仰候也、恐々謹言、

(興国二年)十月十九日　(五辻)清顕(花押)

白川修理権大夫(結城親朝)殿

○五八二　北畠親房書状写　○結城古文書写有造館本　乾

此方之難義、度々令申候了、就中、当城内已異心輩出現、於今者、進退惟谷者也、以一命奉報先皇(後醍醐天皇)之条、雖為所案之内、諸方定落力者歟、此一節争無遠慮乎、事及火急候了、其間事、難尽紙上、悉之、

(北畠親房)(花押)

(興国二年)十月廿三日

結城修理権大夫(親朝)館

○五八三　北畠親房御教書　○岩代相楽結城文書

(北畠親房)(花押)

此方合戦間事、連々雖被仰候、事猶及火急之間、以長沼大輔法眼宗俊被仰旨候、無急速沙汰者、可及天下之御大事候、殊可被廻思慮之由所候也、仍執達如件、

(興国二年)十月廿五日　刑部大輔秀仲

結城修理権大夫(親朝)殿

○五八四　北畠親房条々事書　○岩代相楽結城文書

条々

一後措延引之間、已及難義事

一小山内談、不可有所期歟事

一正員発向、猶難事行者、子息一族相伴、方々軍勢可被馳参事

一此条猶可遅々者、且出軍勢於東海道歟、矢槻(高野郡)辺歟、那須辺、可被示進発之体事

一小田(筑波郡)城中、已有異心之族、真実不可有進発者、得其心、可有進退、但令退当城中者、云此辺之難義、云諸方之外聞、可為珍事事

一今度参輩、以別儀可被行恩賞事

(興国二年)十月廿六日

(北畠親房)(花押)

○五八五　北畠親房御教書カ※　○岩代相楽結城文書

(北畠親房)(花押)

此方可及難義之次第、先々度々被仰候了、定無等閑候哉、

一年二年も可有堪忍歟之由、推察之条、雖似有其謂、此辺之実義、於今者大略及難義候了、関・伊佐・下妻等者、さりとも暫相支之篇もや有へく候らん、其外小城不可叶、随而長沼已違変了、無念之至極、何事如之、其外も信太庄内佐倉楯、河内郡馴馬楯等引退候き、如此候者、当所小田城(筑波郡)も所存難知候、所領者、悉被散之間、疲労之体候之間、難堪忍候歟、若然者、外聞実義珍事之上、諸方御方定又可落気候、所詮者、後措之一段候也、縦自身発向難事行候者、賢息一人相率一族以下、被馳参候条、可為別忠候、其条猶可延引者、東海道ニても、高野辺ニても、又那須界へニても被出懸勢候者、暫可相支候、不然候て、今十日、十四・五日も延引候者、大事出来、更不可被成疑候、小山辺事ハ、いかに申候とも難被相憑候、以此一段被延引候者、不可有正体也、実ニも此一節被勠力申候条、可為難義者、さりとてハ不顧諸方事、暫程も他所へも可有御移住候、随此左右可被治定候、難義已至極候間、及委細候也、

○前号文書の内容にかけて仮にここに収める。

○五八六 石塔義房軍勢催促状 ○磐城相馬家文書

奥州凶徒、擬致小田(筑波郡)之後攻節、自奥方蜂起之間、去月四日令発向三迫(栗原郡)、連日所及合戦也、而背度々催促、遅参之条、甚無謂、所詮、不廻時日、馳下三迫、可被致軍忠、若無承引者、可有其咎之旨、可注進京都也、且岩城・岩崎・標葉・楢葉・菊田軍勢等、同可馳下候、子細可被加催促之状如件、

暦応四年十一月六日　沙弥(石塔義慶、義房)(花押)

相馬出羽権守(親胤)殿

○五八七 北畠親房御教書 ○岩代相楽結城文書

(北畠親房)(花押)

此方難義之子細、度々被仰候了、小田(治久)忽称有和順之道、引入凶徒等之間、一昨日十日、御移住関(関郡)城候了、春日羽林(顕国)被移大宝城(下妻庄)候也、無二之輩者、大略引分之間、中〳〵心安篇候歟、但諸方之聞、定不隠(穏)便候歟、無念之至極候、於小田者、雖属凶徒、依不好合戦、及此義候了、然者不及成御方

之害候歟、此時分被出勢者、被対治師冬(高)党類之条、不可有子細候、猶々此間、度々被仰之処、依勠力之遅々、此難義出来候了、猶以及遅々候者、適相残之族、定落力候歟、相構当此時節、被成大義候者、忠節名誉何事可如之哉由所候也、仍執達如件、

(興国二年)十一月十二日　刑部大輔秀仲

結城修理権大夫(親朝)殿

○五八八　北畠親房書状　○岩代相楽結城文書

尤可為弓箭之本意乎、於坂東名誉異他、而被押関東之地、混俗之条、豈非無念之儀乎、此時再興有何疑□(乎)、□(殊)以此等之正理、可期誘引也、御方失利、凶徒乗時者、縦雖墜家業、定失再興之道者歟、尤可惜之々々々、心事期後信、悉之、

(興国二年カ)十一月廿八日　(北畠親房)(花押)

結城修理権大夫(親朝)館

○五八九　法眼宣宗書状写　○結城古文書写有造館本 坤

今月十八日御請文、同廿四日到来候了、小田(筑波郡)辺難義、雖為兼日所案、其方勠力到来まて八、相支候歟之由、種々雖被廻方便、遂不堪忍、及此難義候了、随而小城等十四・五ヶ所没落候、凡無念無申限候、関・大宝(下妻庄)等御移住以後、城中者中〳〵雖心安之体候、敵方之自称以外之間、諸方之聞不隠(穏)便候歟、此上事、不令廻遠慮給者、重可及難義候歟、河村一族令通中候らん、神妙候、相構可被此間破損、三(田村庄)春事、只今参之条、雖此間破損、猶可被廻方便候哉、所詮、小田者、本自依不好合戦、如此罷成候へハ、縦雖寄来此城候、不足怖畏歟、然而数ヶ所、小城没落候上、料所等塞之間、難義候、雖少々被進勢候者、大義落居之程、先可為安全之計候哉、奥辺日出之様聞候、於始終之大儀者、雖可依彼左右候、先暫被扶外聞之難義、被支此方之疲労之様、被致計御沙汰候者、忠節何事、可如之候哉、小(山脱カ)辺事、本自可依其方進発之左右之由、分明之説候キ、小田随分致忠之体候つる、忘間此間破損、各表万代之恥辱候了、於今

者、不借他人之力、被立大功之条、且叶　先皇（後醍醐天皇）冥慮、且可
被達故禅門（結城道忠、宗広）素意候歟、一途有治定、可被進飛脚之由、可申
旨候、恐々謹言、
　　（興国二年）十一月廿八日　　　　　法眼宣宗（花押影）
　　謹上　結城修理権大夫（親朝）殿

〇五九〇　好嶋荘雑掌光智申状　〇磐城飯野文書

石清水八幡宮領陸奥国好嶋庄雑掌光智謹言上
欲早被与奪五番御引付当宮奉行雑賀民部大夫（貞尚）、被成下御
教書、当庄西方預所式部伊賀左衛門三郎盛光、任先例被
究済当庄年貢毎年参拾貫文事
副進
　一通　院宣案社務伝任事
右、当庄者、為往古神領、社務分付之地也、盛光令相伝之、
令進済之条、毎年所課也、爰社務伝任之上者、対于当雑掌、
可令究済之由、為被成御教書、謹言上如件、
　　暦応四年十一月　日

〇事書中の「年貢」の箇所に雑賀貞尚の裏花押あり。

〇五九一　中院具信書状写　〇結城古文書写有造館本　坤

去十月廿五日、令下着于当所候了、於路次、逗留之間者、
乍思不染筆候つ、於今者、細々可申承候也、歳内ハ依深雪、
不及始合戦候、明春早々令対治当国、忩可罷上候、雖無指
事候、便宜之時者、又可承候、仍執達如件、
　　（興国二年カ）十二月一日　　　　具信（中院）（花押影）
　　結城修理大夫（親朝）殿

〇五九二　某宛行状　〇羽前宝林坊文書

（花押）
宛行
　上野村内五郎太郎名田在家事
右、所宛行藤五郎入道道法也、於年貢御公事者、守先例、
可令勤仕之状如件、
　　暦応四年十二月十日

○五九三　出羽国山本郡諸村年貢納状　○岩手大学所蔵新渡戸文書

□年貢色々等事

合

一大石村　前草用途四百四十文、　政所分
　　　　　菜用途壱貫九百廿文、

五月五日節供用途弐貫文、

一立株村　前草用途弐百文
　　　　　菜用途八百文、

一上青河村　前草用途四百文、　老母分、
　　　　　　菜用途壱貫六百文、
　　　　　　布代弐貫六百四十文、
　　　　　　糸綿、

一新堀村　前草用途五百九十五文、　加藤左衛門四郎分、
　　　　　菜用途弐貫三百五十文、
　　　　　布代参貫三百廿文、

一胡薇澤村　前草用途百十文、
　　　　　　菜用途百八十文、

一河目村　参貫四百六十弐文　色々年貢、別紙進文分、

已上弐拾貫四十三文、

此内用途栗毛馬一疋代拾貫文、

現銭公物十貫四十三文、

右、納所如件、

暦応四年・興国二年十二月

厂(暦)応四年十二月十一日　（花押）

○五九四　出羽国山本郡諸村用途代物注文※　○岩手大学所蔵新渡戸文書

(端裏書)「いろ〳〵(色々)せに(銭)のにんき(日記)、ぬの(布)ゝ代もの(物)」

山本郡村々色々用途事

大石荒野　所当布、百十二段、　三貫五百七十文、

河口　布、二十八段三尺七寸、　八百六十九文、

吉河　布、百十三段三丈一寸、　四貫五百八十一文、

淀河　布、五十八段一丈六尺五寸、　六貫六百五文、

新里　布同、二十三段、　一貫五百五十七文、

黄町　布、二十五段二丈二尺六寸六分、　一貫七百文、

已上拾八貫八百八十二文、

○前号文書の内容にかけて仮に ここに収める。

○五九五　法眼宣宗書状写　○結城古文書写有造館本　坤

去九日、自当所、使者進発之時、委細被仰候キ、於今者、

定下着候歟、小田事、中〳〵沙汰限候、凶徒寄来以来、所存微弱之体ハ、諸人存知事に候歟、奥勢勠力、不可遅々者、暫可堪忍之由、蜜(密)々令申之間、此段無左右、披露難儀之間、切々被仰候キ、遂以違変短気之至、比興之次第候、関・下妻辺、雖心安之分候、逐日難儀多候、且去三日(高)師冬焼払小田(筑波郡)辺本陣、引率小田以下降人寄来、同六日取陣於下妻与関之中間候了、仍両城之陸路不通、伊佐・中郡・真壁等、御方城々も被塞路次候了、四保駿河さりともと覚候ニ、一昨日出家、子息因幡出敵方了、凡無念無極候、此上当時、為御方城々、さりとも堪忍候歟、然而其方勠力遅引候者、難儀之条、勿論事歟、何様令思案給候哉、但去八日所寄下妻之凶徒、悉追払候、分取以下不知其数候事、々初先以目出候、奥さまも此程ハ、随分御方無勝之由聞候、実事候哉、云道理、云御運、さすか不可空之上、此一節相構可被見継候歟之由、可申旨候、恐々謹言、

(興国二年)十二月十四日　　　　法眼宣宗（花押影）

謹上　結城修理権大夫(親朝)殿

○五九六　北畠親房事書※　○岩代相楽結城文書

(北畠親房自筆袖書)「以此事書之趣、能々可有料簡候也、（花押）(北畠親房)」

御方上下移関・大宝(下妻庄)間事者、一両度御請文、慥到来候了、去三日(高)師冬率(小田)治久以下降人、取陣於村田庄、同八日重寄来此境、師冬以下輩ハ取陣於関(関郡)城大手野口、一手ハ取陣於大宝城北寺山、即止両城往反之陸路了、一手ハ師冬親類三戸七郎・大平弁高橋、其外武蔵・常陸勢為宗之輩、大宝城南長峯ニ欲取陣之処、大将春日中将(顕国)・一条中将等、率城中勢出張、悉退散了、得利之条、不可勝計、先代未聞之合戦、併　神慮也云々、如此日生捕説者、師冬自伊佐欲引古河(葛飾郡)方之処、依大平義勢、重寄来之由申之、如風聞者、近日差遣治久以下勢、重可責大宝大手云々、件○合戦日、村田・四保城被押隔、無心元之処、其身弁両妻即時出家、因幡者為代官出降人了、村田本領主、即管領城中、無面目之次第也云々、此事自兼日聊有嫌疑、日比ハ新城難支者、可参大宝城之由称之、兵粮等用意、脚弱之族モ留置之処、自去月之末、悉

移新城之間、大宝輩面々雖申所存、此仁自最初無違変、関并大宝・伊佐等城々モ相支、就中奥辺無子細者、かゝる短気事候ハしと深被遣御意了、但又其上相違ヲハ如何と兼てにも沙汰候ハんそにて候き、兼日之謳歌、無子細候ける、不可説候、此事正員者、不思寄候ける、随而今モ一向為遁世之体之上、聊似不忘義歟、因幡ハ如法愁歎、深歎申云々、一向為越前張行、及此義之由聞候也、近日可下向其境之由、令謳歌候、如何ニも為敵方使者為教訓歟、何さまニも下向之所存、可為御方之凶之所存候哉、能々有思案、可被相計候、仍態被立飛脚候也、凡近日敵方併構申和順之道候、乃至此御方へも以極楽寺僧円琳、種々申旨候き、比興之次第候、且以之思之、諸方此式候歟、能々被廻遠慮、可被禁如此之内通哉、小田本自短気之上、耽種々甘言、忽違変、如風聞者、延元々年秋以後、持明院殿(光明天皇)偽立已後、官位ハ依一同之法、悉以停廃之間、如昔称宮内権少輔云々、一族家人官途悉不呼之、所領又一向抑留、本領猶以不得十分之一云々、吏務・守護又以不及沙汰云々、毎事雖支度相違、慭被引率于戦場、憂悲苦悩之由聞候、

抑此合戦之様、雖度々被仰談、始終作法、可為何様哉、真実之儀、無隔心可被計申、凡小田城なとも合戦ニハ毎度打勝、一□□不負、又兵粮尽たる事も不候処、□遅々、難義出来候了、当城(関城)・下妻事、正員ハ共幼少、○就中下妻ハ□被管輩面々不和、去比モ数輩引分、出城中候了、且下妻ハ田中一体之間、扶持輩等相互猶不心免之作法也、但当時竹薗御(興良親王)坐、春日(顕国)以下数輩被籠候へハ、無左右、無物忩之儀候歟、然而事令延引、四方被取巻之後者、故可心苦候所也、当城ハ宗祐(関)随分無他事、尤神妙、但此城中ニも兼日ニ号羽太輩出候了、此間六・七人逃出之間、又以珍事也、云要害、云兵粮用意、暫相支之条ハ定無子細歟、然而諸方通路更断絶、伊佐城無二之所存、雖異他、細々不通之間、相互不及戮力、真壁・西明寺等城、随分申義勢、無二之体也、又以被押隔候了、仍短気之輩、如何ニも猶構出難義候ぬと見候也、所詮、此上事、非奥方合力者、可為難義之条、勿論候、適此五・六ヶ所城、相支之程ニ無戮力者、即時可及其境之難義

之条如何、如今者、凶徒之勢散在候、定（如度々被申）不幾静謐、方々率
多勢之後、可有戮力者、於此方事者、重可有難義、可被思
儲者也、凶徒ハ雖少勢、きと不可有後措歟と由（油）断之間、入
隔此城々之中、是為令不整御方勢候也、然者、縦雖二・三
百騎勢打上テ、西明寺・伊佐辺へも着之由聞候者、即時可
退散候条、如指掌候、田村・石川等輩ハ、去月比ニも可罷
上之由、度々申入候き、彼等ヲモ被催立テ、代官一人ヲモ
被差副候て、雖少々到来候者、可為必然之利候、此段争不
被廻遠慮哉、凡付公私深被憑仰余、毎度及委細候、依無勢
斟酌之条も雖非無其謂、一ニハ其方戮力遅々之故、被失坂
東御方候ハんする、非無念哉、一ニハ此方難義至極候者、
即時ニ可及其境之難義、非必然之理哉、且事之道理、何と
しても高氏（足利）等、非可保天命、将門（平）か誇張モ及六ヶ年滅亡了、
況此逆乱可及明年之由、諸人存之、然者、　吉野新主（後村上天皇）可令
開一統御運給之条、有何疑乎、此君起自奥州、被開御運了、
争被思食捨旧労哉、其上元弘以来、遂無一度之違失、此事
ヲこそ故禅門（結城道忠、宗広）ハ常ニ被自称候しか、一ニハ足利ヲ不可頂戴
之由来、一ニハ不可落弓箭名事ヲのみ被独歩候き、定不被
忘此遺言歟、仍不遺腹心、及述懐者也、
○前号文書の内容にかけて仮にここに収める。

○五九七　平泰経寄進状　○陸前名取熊野神社文書

寄進
熊野新宮一切経□□田事
右田者、古田所乗学□固応、以田所免三町之内二段、始令
寄進畢、随又小松彦太郎真頼相続之時、無相違之処也、然
近年令中絶之間、泰経改先規、所令（ママ）、寄進之状如件、
暦応二二十二月十九日　　平泰経（花押）

○五九八　北畠親房書状写　○結城古文書写有造館本　乾

此方之式者、連々令申之上、今更不可尽詞、今年無為相支、
誠不慮之次第也、城大宝（下妻庄）輩、至今雖無短気之所存、如此令
延引之上、争久令堪忍乎、尤可足摧迹事也、此間之式、以
大様之使者、難述尽之余、以宣宗法眼差下将軍（北畠顕信）許候也、委

細定令申歟、所詮、奥方次第沙汰猶可延引者、将軍雖一身、可発向候之間、所申遣也、然者、縦自身者、雖被留其境、相構可被副子息一族等歟、又田村・石川辺輩、雖仰遣、自其も加詞、可被下知也、御方城々疲労も雖為不可久之体、凶徒も強無威《イ》勢、連々合戦衰弱之時分也、又京都も擾乱之間、旁可然歟、雖為小勢、奥勢白河辺ニも到着、乃至西明寺・伊佐破損、着者、決定可有其利者歟、其間事、良守（尋カ）問宣宗也、兼又小山辺事、去比遣藤井出羽権守宗秀問答了、請文如此、且可有令申候間、自其境被思立者、不可有子細中候、如何、悉之、以状、

（興国二年）十二月廿一日　（北畠親房）（花押影）

結城（親朝）修理権大夫館

○五九九　五辻清顕書状　○白河集古苑所蔵白河結城文書

（去カ）□月十九日御札、今月廿一日到来、慥入見参候了、抑坂東辺事、雖荒説多候、公私無為、先以目出候、河村六郎幷葛西一族等、大略無所残、参御方候之間、対治府中、忩可有

御上候、其間先被談合田村・石川輩、成常州御力之様、可被相計候、吉野殿（後村上天皇）御事、無殊御事候、心安可被存候、当方事、委賢意可語申候也、恐々謹言、

（興国二年）十二月廿五日　（五辻）清顕（花押）

（結城親朝）白川修理権大夫殿

暦応五年
康永元年・興国三年（西紀一三四二）

〇六〇〇　北畠親房書状　〇岩代相楽結城文書

改年祝言逐日幸甚、天下静謐、国家安寧、併可相叶今春祝詞者也、此方事、相構早速可被運殊籌策哉、依戮力立大功之条、且所令祝着也、悉之、以状、

（興国三年）正月十四日　（北畠親房）（花押）

結城修理権大夫（親朝）館

〇六〇一　北畠親房御教書　〇岩代相楽結城文書

（北畠親房）（花押）

年始祝言幸甚〱、於当年者、天下可一統、兼以在人口、天之所授不可有疑殆、且依年来之忠節、且依当時之功労、被施家門光華之条、尤可有自愛候歟、抑此方戮力事、其後何様被運籌策候乎、関・下妻輩忠節、雖無等閑、戮力及遅引候者、難堪忍候歟、且凶徒於当城中間所々、取陣之間、路次不通、僅以船往反許候也、他方ニハ伊佐・真壁・中郡・西明寺随分守忠義候、然而面々専守禦不足戮力、如此候者、未来難義可被察申候哉、所詮、凶徒無勢尫弱事候、重不加勢力以前、被進勢候者、可有必然之理候、雖四・五百騎勢、西明寺・伊佐辺ニ到来候者、自此方押合之時、可得其理之条勿論、為被整多勢、徒被送日月候者、後悔無其益候哉、何様令存給候哉、猶々於今春者、運殊籌策、被戮力申候者、御本望可満足候、依此事、可及天下大事之条、争不被廻遠慮候哉之由所候也、仍執達如件、

（興国三年）正月十四日　刑部大輔秀仲奉

結城修理権大夫（親朝）殿

〇六〇二　北畠親房御教書　〇岩代相楽結城文書

（北畠親房）（花押）

改年祝言、逐日重畳、幸甚〱、先日以成田（三郎左衛門尉）被進奥候次、

委細被仰候了、定到来候哉、此方戮力事、何様被廻籌策候やらん、凶徒関・大宝（下妻庄）間ニ取陣候、両城猶以通路不容易候、伊佐・真壁・中郡・西明寺等同雖存忠節、自他□□合力之間、心苦体候、今まてハ此城□堅固之条、尤神妙候、然而さのみ送日月候者、可及難儀之条存内候、相構急速戮力候者、云日来忠節、云当時之功労、旁御本意可満足候、いかにつよ〱しかるへき被廻遠慮候とも、去年如小田（治久）事出来候なハ、諸方更不可有正体候、猶此間事、推察不足候歟、能々可令廻遠慮給之由所候也、仍執達如件、

（興国三年）正月廿六日　刑部大輔秀仲奉

結城（親朝）修理権大夫殿

○六〇三　法眼宣宗書状写　〇結城古文書写有造館本　坤

年始祝言、於今雖事旧候、猶以幸甚々々、天下静謐、可在斯春候条、目出候、抑此方合戦次第、去比以飛脚被申候、参着候哉、所詮、御勠力之一段候、及遅々候者、可為難儀候也、相構可令廻別籌策給候、彼山辺事者、此間内々被通之子細候処、不違兼日之儀候けり、目出候、同被相待其方之体候歟、諸方凶徒、多分雖打寄候、彼辺ハ、不被現不儀候、憑存候、猶々今度御前途、非御勠力者、不可道行候、此辺之式ハ、此僧ニ委細可有御尋候、恐々謹言、

（興国三年ヵ）正月廿六日　法眼宣宗（花押影）

謹上　結城殿（結城親朝）

○六〇四　室町幕府引付頭人奉書　〇磐城飯野文書

石清水八幡宮領陸奥国好嶋庄雑掌允智申、当庄西方預所方年貢事、訴状具書如此、所中無相違者、不日究済之、有子細者、召進代官可被明申之状、依仰執達如件、

暦応五年正月廿九日　（高重茂）大和権守（花押）

伊賀（盛光）左衛門三郎殿

○六〇五　摂籙渡荘目録　〇宮内庁書陵部所蔵九条家文書

御摂□（籙渡）庄目六

一氏院領

山城国
田原庄　田二丁五段二百歩
丹波国
前和泉守光信被拝領之、
小原庄　□(田六)町三段五代
知雄
□(草山庄)　田五町四段十代所当五十石許歟、
阿波左衛門尉致秀拝領之、但上表云々、
藤坂庄　田七町九段四十代所当十六石許歟、
御厩立庄　田七段　畠六町七段
勧学院知院事行職
坂田庄　田六段
大理資明(柳原)卿相伝□(四カ)季御神楽料所云々、
菟原庄　田廿五町四段四十代　畠十二町所当仮令百四五十石□(歟カ)
大原野社領
竃谷庄　田十七町四段所当四十石許歟、
近江国
南都西南院知行之云々、
儀俄庄　田三十町七段百卅歩　畠八丁六段百廿歩
前右兵衛佐在(唐橋)親朝臣
篠田庄　田廿六町二段百六十歩　畠十五町三百廿八歩
所当四十石□(許歟カ)
伊勢国

前藤宰相頼教卿
鈴鹿庄　田二十一町二段三百歩　畠十二町二段小所当四十貫許歟、
同
志摩国和具　御贄三度進之、
尾張国
橘大夫以範
王江(玉)庄　東田二十五町三段三百卅歩　中田十六町二段百歩　西田七町四段八十歩
遠江国
大外記師(中原)右相伝之、
浅羽庄　田百六十九町三段六十歩
陸奥国　長江庄
紀伊国
今度御敵押領之間、不及被付給主云々、
橡原庄　田四十一町三段六十歩
同
石田庄　田九町二百六十歩
同
有間庄　田卅町三段百七十歩
同
日高庄　一方　一方
同
宮原庄　田十九町六段二百歩

播磨国
日野藤少納言
垣岡庄　田廿七町五段
大理資明卿相伝云々、
滝野庄　田卅八町九段卌五代
同
同庄内高島　贄三度云々、
前兵衛佐在親朝臣
英賀庄　田十五町一段十五代所当仮令卅余石歟、
（丹波）
医師尚康朝臣相伝、被召御年貢云々、
粟賀庄　田卅六町七段所当仮令二百余石歟、
前左馬助康統
伊保庄　田廿五町一段所当仮令五十余石歟、
備前国
勧学院
鴨律庄（津カ）
同
羽野庄
備中国
（曹）
南曾弁国俊朝臣
真鍋庄
伶人上総将監
生坂庄　田十七町二百四十歩　畠三町四段六十歩
安芸国
舞人久俊
倉橋庄　田廿六町二段四十歩
周防国
少納言入道
潟上庄　田四十三町二段三百卌歩
畠十八町七段六十歩所当二百余石
長門国
大野庄　田卅七町三段二百八十歩
畠四十三町八段百五十歩所当卅余□（石）
南曾弁管領之、
宿院七名　松丸・犬丸・松武名・稲吉名・永安名・乙
永名・安国名
一法成寺領
山城国
九条領在家十字
大原領寄人五十人年貢炭四千八百籠
大和国
春日社
稲梁庄　免田卅五町所当二百余石、年貢油三石五斗

有官別当親夏拝領、但上表之、大蔵権大輔英長拝領之、
仲河庄　田三十町　油三石
南都知行、
長田庄　田二十町　油二石
河内国
御敵押領之間、不及被付給主云々、
天野杣　免田十五町　□（年貢比曾カ）
大北政所御方、但御上表云々、
竹村庄　免田卅町　油三石
葉室（長隆）大納言入道
長野庄　田五十六町　米二十石
摂津国
致景、有名無実之間、不及所務云々、
杜本庄　田廿四町八段　年貢薦五十枚
美作権守知雄
味舌庄　田百廿町　加地子百廿石
近江国
柳殿宮御相伝、
玉造庄　田三十町　年貢米百五十石
源大夫英長
愛智勅旨　田十五町　米七十五石
北政所御分、前藤宰相頼教卿知行之、但御辞退之間、一音院太子聖知行之、
日野牧
免田五十町　加納五百町

同
本牧　免田三十町　加納三百町
細工所料所行秀
安吉保　免田十町　加納百町
八条前少将実興朝臣
奥野　免田十町　加納百町
丹波国
前右兵衛佐在親朝臣
田原桐野牧五ヶ庄　免田七十五町　加納二百町二段五代
女官三位殿
瓦屋庄　免田廿五町　年貢瓦五十枚
丹後国
前藤宰相頼教卿
三箇庄　免田二百廿六町　年貢六丈上絹二百六十疋
但馬国
吉田神主
勅旨田廿町　年貢凡絹六十疋
出雲国
宇賀庄　田百八十町　年貢米六十石筵二百枚
隠岐国
政所親俊、地頭請所、公用卅貫
重栖庄
田廿五町　年貢鉄六百延

播磨国
仏師院献依謀書之科被収公之、被付政所云々、
緋田庄　田卅町　年貢米百五十石
備後国
細工所料所行秀、但辞退之、大外記師利（中原）
勅旨田四十町　年貢米二百石
紀伊国
仏師清松丸
吉仲庄　田卅町　年貢油三石
讃岐国
房範（藤原）朝臣三方相論之間、不被究訴陳之最中御上表云々、
三崎庄塩浜　田卅町　年貢油五斗
豊前国
侍所勾当嗣長
弓削田庄　年貢米三百卅五石余
駿河国
小泉庄　白布三百段
一同末寺
山城国
在所北小路大宮辺、惣社祭舞人禄絹十疋、同移馬一疋、
成道寺

中御門朱雀　一条西洞院　三条河原口
祇陁園林寺　光明寺　青滝寺
大和国
不知在所、前漏刻博士定行
法輪寺禄絹十疋、移馬一疋、
河内国
不知在所
妙見寺　常楽寺長野庄内
伊勢国
祇薗社御師被下之、御祈料所
尼寺　慈悲山寺
近江国
勢多橋上辺、八条少将
観音寺　光明寺　紙屋寺
美濃国
内大臣法印覚信　生津庄内
大隆寺　仲林寺生津庄内
越中国
慶高寺
美作国
安養寺

備後国
正住（法カ）寺　　観音寺
伊予国
作礼寺
一東北院領
山城国
御随身右官人武近
田原庄　免田十町　　年貢香一石
政所下家司氏兼ニ宛給之、
小田庄　免田二町　　年貢米六石
御祈料所、正光院法印
豊田庄　免田十五町　　年貢四十五石
大膳権大夫国弘朝臣
大柿庄　免田十五町　　年貢四十五石
吉田神主
池田庄　免田十五町　　年貢油五斗
摂津国
橘大夫以範、但辞退之後、左番長久春拝領之、
能勢庄　免田十八町　　年貢卅石
若狭左衛門入道
山本庄雑役免　　年貢比（檜）皮二百井
源大夫英長
新屋庄　免田十五町　　年貢米五十石

藤大夫業貞
郡戸庄　免田十二町　　年貢油二石
大和国
多武峯
大山庄　免田八町　　年貢油二石近代三斗
執印御分被進之、
三嶋庄　免田廿町　　年貢油二石
自前殿下（一条経通）御寄進春日社云々、神木御帰坐之時、御引出物云々、
若槻庄　　年貢油二石
河内国
有官別当親俊
輪田庄　免田七町　　年貢米廿八名
左府生武次拝領之、
支子庄　免田廿町　　年貢八十石
多武峯
朝妻庄　免田十四町　　年貢四十二石
内竪俸禄拝領之、
若窪庄
和泉国
南都包富名六条院領知之、弥富方下司幷惣公文職道悟給之、
長滝庄　免田六十町　　年貢八丈絹廿疋
□（政所御分カ）
禅興寺　免田十五町　　年貢炭五十籠
近江国

三条少将公世朝臣
野州勅旨　免田五十町　年貢米廿五石
政所
首頭庄雑役免　年貢榑三千寸
(藤)
但馬国
少納言入道
与布土庄　免田五十町　年貢六丈絹百疋
筑前国
垣崎庄　田三百町　年貢六百石
伊勢国
前美作守知雄
日置庄　免田廿町　年貢八丈絹十疋
北野社御上分、但辞退之、
窪田庄　免田卅町　年貢六丈絹三百疋
紀伊国
南都
池田庄　免田卅町　年貢米九十石
細工所料也、但辞退之、
藤並庄　免田卅町　年貢八丈絹卅疋
讃岐国
(藤原)
家倫朝臣
里海庄　免田五町　年貢廿五石
美濃国

右馬権頭康統
勅旨田五十町　年貢八丈絹十疋、六丈二百疋
尾張国
春日御師祐康
枳豆志庄　免田八十町　年貢八丈絹廿九疋
勅旨田　免田五十町　年貢八丈絹五疋
遠江国
一条前右兵衛督実豊朝臣相伝之、
吉美庄　免田百町　年貢六丈絹四百疋四丈
越前国
南都　前藤宰相頼教卿、但南都猶知行之云々、
曾万布庄　米五十石
甲斐国
一音院供僧
布施庄　八丈絹百七十四疋
越後国
三条中将公世朝臣
波多岐庄　綿千二百両
一平等院領
山城国
信濃守永説
祝薗庄　年貢七百石　油一石六斗六升　比皮百井

近江国
平等院造営料所、自一条殿御代被寄之、
大与度庄　年貢七百石　比皮百井
納殿料所通国
安孫子庄　年貢三百石　比皮百井
平等院
河上庄　年貢六百卅石　比皮百井
同
小田上庄　瓮榑四千寸　所当仮令四十余石除御封米定
政所、但上表之、近年有名無実云々、但北野社御師明俊拝領之、
勝因保　年貢二百石
摂津国
平等院
杬全庄（杭カ）　年貢三百卅九石　比皮百井
河内国
平等院造営料所云々、
玉櫛庄　年貢七百五十石　比皮百井
播磨国
葉室中納言（長光）
黒田庄　年貢三百石　比皮百井　比榑（檜）千寸七八寸百十支
備前国
伶人肥後前司久春、舞装束料所云々、
裳懸庄　年貢五十石　塩十五石　比皮五十井

備中国
菅三位殿
井原庄　年貢布六百段　中紙六百帖　比皮百井
大原野神主季房、社領云々、
橋本庄　年貢布二百段　米四十石　油五石八斗　比皮百井
出雲国
坊城前右大弁三位被拝領之、
富田庄　年貢鉄二千卅五百廷　筵三百枚　比皮百井
但馬国
南曹弁　右大弁国俊朝臣
樋爪庄　年貢上絹五十五疋　次絹員数不定
肥後国
平等院　往古料所
甘木庄　年貢三百五十石　凡絹三百疋
越後国
大鳥庄（島）　年貢綿
紙屋庄　年貢米五十石
越中国
執行法印
一瀬保　寺家分絹九十疋　預所分三疋

一同末寺
山城国
勧無動院　僧正称勅裁地知行之、
善縁寺
慈恩寺
禅定寺
九条大納言入道殿
日尾寺
山滝寺
執印御分
理興寺
岡本寺
執印御分
弥勤寺
安養寺
摂津国
執印御分
蓮台寺
河内国
弁入道殿被執申之間、被下之、
若江寺
伊勢国

極楽寺
暦応五年正月　日
左衛門尉安倍（花押）

（異筆）
「此外
執事右少弁長顕　年預蔵人次官朝房、但辞退之、宣光朝臣拝領之、
備前国鹿田庄　越前国方上庄
前春宮大進頼為　前右兵衛佐在親朝臣
河内国河南牧　同河北牧
執事　南曹弁
大和国佐保殿　同宿院」

〇六〇六　北畠親房御教書写　〇松平基則氏所蔵結城文書

（北畠親房）
（花押影）
去月十三日音信、今月一日到来候畢、此方勠力間事、去比
条々重被仰談候き、定到着候歟、河村参御方之条、殊目出
候、所詮、此辺城々至今忠節雖無相違、事延引矣
難量奥方真実目出候者、不能左右、若猶相支送日月候者、
於此方者、弥難義候歟、河村等も適参候なれハ、尤可施功
之時分候歟、不遅々之道可令計沙汰給候哉、

抑五辻源少納言（顕尚）、自吉野為御使下向、被参将軍（北畠顕信）御辺候、吉野御沙汰之趣并西国形勢、定被相談候歟、路次事無煩之様、可令計下給旨所也（候脱カ）、仍執達如件、

（興国三年）
延元々二月四日　　刑部大輔光仲（秀カ）

結城修理権大夫（親朝）殿

○年号は追筆。

○六〇七　法眼宣宗書状写　○結城古文書写有造館本　坤

以便宜度々被仰候了、定到着候哉、此辺至今、致忠節之条、無子細候、但敵方猶召集諸国勢、重可塞口々之由、其聞候、定可及難儀候歟、勠力間事、自去年度々被仰候間、さのミ同篇之文章之無其益候歟、定可被廻遠慮之子細候らめとも、此方体も次第ニ難義ニ候ぬと心苦候、兼又此僧達、将軍（北畠顕信）御坐方へ被進候、路次間事、無煩之様ニ可令相計給候歟之由、内々所候也、恐々謹言、

（興国三年）
二月十二日　　法眼宣宗（花押影）

謹上　結城修理権大夫（親朝）殿

○六〇八　五辻清顕奉書　○白河集古苑所蔵白河結城文書

二月九日御状、同廿日到着、慥令披露候畢、如此委細被申候之条、目出候、坂東辺御事、于今被相支候之条、目出候、近日可被○出御勢候之処、桃生・牡鹿両郡勢ハかりハ無勢之間、与中奥成一手、可被退治苻（府）中哉、日限等之事治定候、随御合戦安否、重可被仰出候、何様可為近日、其辺事、河村四郎以下参御方候上者、定打開体候ハン、相構被出勢、可被退治近郡候也、坂東辺御合力可為難義者、忩伊達辺と一手に成様ニ可被計候、委細被仰成田三郎左衛門尉候、可令尋聞給候由、内々仰候也、恐々謹言、

（興国三年）
二月廿六日　　清顕（五辻）奉
（花押）

結城修理権大夫（親朝）殿

○六〇九　法眼宣宗書状写　○結城古文書写有造館本　坤

去十七日状、今日到来候了、奥勢已発向、石塔入道（義慶、義房）没落之由、其説候覧、先以目出候、当城幷下妻輩、面々成勇候、

他城々へも被相触候也、所詮、此方堪忍、以奥方勠力、為所期候、猶々可被察申候、　抑河村孫三郎当参、尤神妙候也、被感仰候、官途事、其沙汰候、安達西方、当時知行分、如何ニと候やらん、此地ハ当軍忠之輩、多当知行候歟、忽改替、雖不可然、河村当参之忠、又難被黙止候歟、但やかて直被仰之条、聊楚忽候哉、自其先、可被仰談候歟、且被申沙汰たる芳志ニも可被成候哉、　五辻少納言(顕尚)　無為下着、返々心安候、則進発候けれハ心安候、委細被談合候つらん、尤御本意候、毎事随左右、相構連々可被申候、音信も中絶候へハ、城中事悃然、又目出候様ニも聞矣、発勢候、無二忠節輩、心中不便事候歟、先日奥へ被進候使者等還向候ハヽ、早々可令送付給之由、可申旨候、恐々謹言、

(興国三年)二月廿七日　法眼宣宗（花押影）

謹上　結城修理権大夫殿(親朝)御返事

○六一〇　法眼宣宗書状写　○結城古文書写 有造館本 坤

此間度々、被立飛脚了、定無相違到着候歟、又奥へ通候仁等、無為被送通候らん、目出候、

此辺事、随分厳蜜(密)相支候也、所詮、勠力之一段さのミ延引候者、可為難儀之条、所案之内候歟、相構急速可被廻籌策候也、

小田(治久)一族、少々此間、悔先非降参候、希代事候、如此之時分、相構〳〵可被忩之由、可申旨候、恐々謹言、

(興国三年)三月三日　法眼宣宗（花押影）

結城修理権大夫殿(親朝)

○六一一　石塔義房軍勢催促状　○磐城飯野文書

凶徒対治事、既以所始合戦也、先度催促之処、于今遅参甚無謂、所詮、不日馳下三迫(栗原郡)、可被致軍忠、若猶不承引者、召改所帯、可注進京都之状如件、

暦応五年三月廿二日　沙弥(石塔義慶、義房)（花押）

飯野地頭殿(伊賀盛光)

〇六一二　北畠顕信御教書　〇白河集古苑所蔵白河結城文書

（北畠顕信）
（花押）

都算下向之時、委被申候間、諸事被散御不審候了、白河も坂東辺事無相違条、目出候、抑此辺事、随分雖被廻籌策候、于今遅々、無念之処、近日一道可然子細出来候事、已可為近日候歟、委旨難被載状候間、専使ニ被仰含候也、南部・河村同心候て可令上洛候云々、就是非、不可過四月中之由申候也、兼又五辻源少納言（顕尚）称要害、於伊具辺対治凶徒候者、可為此辺発向之潤色、可為此事候間、被相越伊達辺候、就其中村・黒木等許へ可令勠力之由、可令下知給、且又兵粮事、可見訪之由、同可有御下知候者、尤目出候、

一府中対治事、自其辺合力、尤可為大切之由、葛西申旨候、委被仰含専使候也、委可令尋聞給候、兼又那須彼山辺事、能々可被相誘候、葛西姪遠江守有別心之由、風聞之間、為惣領計、此間令討伐候了、一族等も悦喜之間、為発向も、弥心安被思食候、所候也、恐々謹言、

（興国三年）
三月廿四日　（五辻）清顕奉

（結城親朝）
修理権大夫殿

〇六一三　五辻顕尚書状写　〇結城古文書写有造館本　乾

下向之後、其辺何御事候哉、抑中奥幷牡鹿辺、発向相延候之間、可令招合給之由、被申候哉、今度者、所詮、此一途候歟、相構早速可有御沙汰候、（五辻）顕尚も催促伊達辺輩、対治伊具辺の凶徒、同可令勠力之由、承候間、昨日罷越候、委旨使者可語申候、謹言、

（興国三年）
三月廿八日　（五辻）顕尚（花押影）

（結城親朝）
白川修理権大夫殿

追申

其境御発向、雖被相延、其間モ先於近辺、可致勠力之由、中村入道・黒木等ニ可有御下知候哉、其等次第、定自（北畠顕信）将軍も被申候歟、

〇六一四　北畠親房書状　〇岩代相楽結城文書

（端裏追記）「白」（端裏）「封」
此辺為御方城々、至今者、随分存無二之忠令堪忍、神妙々々、但以奥方之勠力為所期、猶可延引者、可及難義之条、兼可被思儲也、於身上事者、宜任天命之間、付善悪不驚動、以一命欲報 先朝（後醍醐天皇）許也、然而此方及難義者、天下静謐無所期歟、且 新主（後村上天皇）偏令憑坂東安全給、親王（興良親王）又御在国、付彼付此一身荷擔也、為之如何、如聖徳太子御記文者、可被開御運之条、尚今年凶徒滅亡、雖無所疑、今見此辺之体、危如累卵、短慮令迷惑者也、且何様被存乎、奥方吉事重畳、雖令悦耳、府中未入掌握歟、発向猶令遅引者、此方事頗以不審、当時凶徒之体、其勢不幾、雖少々有勠力者、何無対治之道哉、然而自去年連々雖令申、被加斟酌之上、不能再往之懇請、只任運命、相待時節、老心之辛苦可被察者也、奥辺事、為催促重遣使節、以便宜染短筆而已、悉之、

（興国三年）三月廿八日　（北畠親房）（花押）

結城（親朝）修理権大夫館

○六一五　中院具信書状写　○結城古文書写 有造館本 坤

此間者、細々申承候之条、為本意候、其辺事、御沙汰之次第承及、返々目出候〱、後措事、奥州申談、忩可致其沙汰、相構々々諸方被催促、早速先可被合力申常州候哉、小田違変之上者、縦帰参候、不可似日来之儀候、貴辺弥被抽忠節者、誰人可争功候哉、（小田）治久帰参之由、其聞候、実事候哉、比興ニ候、兼又海道長老曽応寺于今被経廻其柵候哉、雖為何所、此状被伝遣給候者、悦入候、広橋肥後権守海道沙汰事候、其儀何様候哉、心事期後信、仍執達如件、

（興国三年）卯月四日　（中院）具信（花押影）

結城（親朝）修理権大夫殿

○六一六　五辻顕尚書状写　○結城古文書写 有造館本 乾

其後坂東御事、何体聞候哉、抑此辺凶徒等対治事、自（北畠顕信）将軍、委被申候歟、自其方、官軍雖少々出張、近辺候者、近郡之者、弥可為安平候、府中対治之勠力、所詮、可有此一途候歟、相構早速可有御籌策者也、

一伊具辺発向事、中談伊達飛騨（宗顕）○前司ニ落力候之処、無左右申領
状候、就其、伺機嫌子細候、発向之間、兵粮事、被仰付
中村・黒木等候哉、其様自将軍、以窪田被申事、然而急
事候之間、重以飛脚申候、相構預御扶持候ハ、、可為本
望候、人数上下不過十人候、其由ヲ可有御下知候哉、謹
言、

（興国三年）四月七日　顕尚（五辻）（花押影）

（結城親朝）白川修理権大夫殿

○六一七　北畠顕信御教書　○白河集古苑所蔵白河結城文書

（北畠顕信）（花押）

吉見伊与守参常州候、無為□候之様、可被相計候旨、
仰候也、仍執達□、

（興国三年）四月廿二日　宮内少輔清顕（五辻）□

（結城親朝）白川修理権大夫殿

○六一八　足利尊氏御判御教書案写　○白河証古文書上仙台白河家蔵

奥州所々城郭退治事、参御方可致軍忠之由、先度被仰訖、
且抽戦功者、本領諸職者、不可有相違之状如件、

暦応五年四月廿七日　御判（足利尊氏）

結城大蔵権少輔（親朝）殿

○六一九　曾我師助譲状　○南部光徹氏所蔵遠野南部文書

譲渡　本領曾我郷内田畠等事

合参段内　田弐反、号河原田、畠壱反、四郎次郎作、者

□□（右彼田畠）者、雖為師助重代相□□（伝之）本領、
乍一族与一左衛門尉（曾我貞光）□□□（為猶子）、限永代所譲渡□、仍之状如件、

暦応五年卯月廿九日　左衛門尉師助（花押）

○六二〇　北畠親房御教書　○岩代相楽結城文書

（北畠親房）（花押）

奥使節到来、面々急速可進発之由申之間、御方城々成其
勇候、如当時者、凶徒塞城々通路、難儀無申限候、後措

事、相構不遅々之様、猶々可被運籌策候哉、
一去月一日・七日・九日合戦事、於当手幷霜台(結城顕朝)手忠節者、
且御所案之内候、殊目出候、其外人々忠節神妙候、随被
注申、被感仰遣候也、
一多田入道(宗貞)事、沙汰之次第、殊目出候、日来自称頗雖難得
御意事等候、年来忠節不可空之上、今も随分存忠候なれ
ハ、無為之儀、旁心安候、
一僧浄光下向事、先日且被仰候了、太難得御意候、一向彼
僧推参之儀候歟、凡東国事、可被閣直　勅裁之由、先(後醍醐天皇)
皇御時、被仰置候了、況於奥州者、郡々奉行等事、今更
以何篇可及上裁哉、縦雖為実事、不知案内人々申沙汰候
歟、雖向後不可有信用事候也、
一河村弥四郎・同六郎左衛門尉等忠節之次第、御感不少候、
当時管領地事、自将軍(北畠顕信)已被預置候歟、然者、先無相違歟、
神妙候、今度定可罷上歟、委被尋聞食、追可有沙汰之由、
所候也、仍執達如件、
(興国三年)五月六日　刑部大輔秀仲奉
結城修理権大夫(親朝)殿

○六二一　某書状写※　○結城古文書写 有造館本 坤

山臥参着候、奥辺事、近程可在御進発之様、自方々注進候、
山臥申詞同前、目出候、先被対治苻(府)中候者、当方後措、可
為其以後沙汰候歟、於此方事者、大宝(下妻庄)往反般(船)路、猶被打塞
之間、難儀無極候、自其方後措事、連々雖被仰談、難事行
之上者、宜被任天命候、奥方無等閑之条も、皆被察之間、
中々重而不及委細候、此上事御勠力、猶遅引候者、可為珍
事候、真実御発向時分、風聞之時、被進飛脚候者、御本望
候、
四月一日・同七日・同九日合戦事、返々目出候、軍忠人々
事、面々可被感仰候、此便宜忩候、追可被遣御教書候也、
当手人々幷霜台(結城顕朝)手人々、忠節之次第、殊目出候、且可被感
仰候、吉野殿(後村上天皇)御使、律僧(浄光)下向事、難得其御意候、彼僧自先(後醍醐天皇)
皇御代、為如此之使節、連々方々往反候、(小田)治久違変之比も、
小田ニ経廻候き、御移住当城(関城)之時も、罷留小田(筑波郡)之間、不審

候処、さてハ又称御使、下向候けり、綸旨之体も誠大様ニ候、又田村・石川両郡事、被仰多田入道(宗貞)之条、まことしからぬ程ノ事候、当国事ハ、取別可有御相伝と迄、被仰置之上、国中事、今更難及上裁候、東八ヶ国事、猶以不可及直勅裁之由、御沙汰事候、旧事不可被驚申候、凡　吉野殿上さま御幼稚、不被知食政事、両上卿沙汰錯乱事等候歟、又奉行人等モ未練事等候間、中〳〵方々への　綸旨なとをも、細々ニ不被申下候とても、坂東国事ハ、自先朝、如此被仰付候、又未来ニハ、親王も執御沙汰候ハんすれは、当時為御方人々、何事ノ不審かハ候へきにて、　綸旨等をも中〳〵被略候也、か様ニ難儀之時分ヲ、件僧なまさかしく見及候て、以推参之儀、於奉行辺申下此末切テ不見、

○前号文書の内容にかけて仮にここに収める。

○六二二　某書状追書写※　○結城古文書写有造館本坤

追申
多田入道(宗貞)・広橋(経泰)・田村(宗季)へ被遣御教書候也、凡多田入道事、自称之次第、以外候、委細之趣、先度被仰候キ、為御意張行候者、分郡事、不可有其綺之由、被申候、返々無勿体候、所詮、彼仁極以虚言、語付諸人之間、石川輩又随従候歟、彼輩本自不義後者、今雖参御方、其振舞定不隠(穏)便候歟、且被教誘、且被炳誡候者、可然候、多田者、故国司(北畠顕家)御上洛已後、旁背御本意事候程ニ、留吉野候キ、其後蜜(密)々下向越後候き、羽州守護歟、津軽検断歟、両様之間被仰付、可致忠之由申候き、其以難義子細在之、当所へも参候歟、不然者、会津辺ニ知音等候歟、打越て可取立御方歟之由、被仰候ニ、ふと着石川候ける、致忠候由、令申候、神妙候也、被仰計候、今被申候趣、無勿体候、所詮、奉行郡内事候上者、任先例、可在計沙汰、不及異義歟之由、同所候也、

○前号文書の内容にかけて仮にここに収める。

○六二三　北畠親房御教書写　○肥後阿蘇文書写第四

遼遠之境、為無其疑、所加判也、　(北畠親房)花押
当宮御祈禱事、定無等閑候歟、故兵部卿親王(護良親王)若宮(興良親王)、為　先(後

皇（醍醐天皇）御猶子、令蒙　親王宣旨給也、当家又殊由緒御事候之間、
自去年夏被向申此境御坐候也、然者、云彼御祈禱、云奥州（北畠顕信）
将軍祈禱、共可致精誠之由、可被示付宮人等候、御願令成
就候者、付公私別可被報賽申候由、一品家（北畠親房）御消息候也、仍
執達如件、

興国三年五月廿六日　　刑部大輔秀仲奉

阿曾大宮司殿（宇治惟時）

○六二四　北畠親房御教書写　○肥後阿蘇文書写第四（北畠親房）

遼遠之境、為無其疑、所加判也、　花押

二月十八日状、五月廿六日到来候了、凌遼遠態被進使節、
殊難有候、云云（ママ）年来軍忠、云当時連々合戦、皆令風聞候、
定叶　先皇（後醍醐天皇）御素意歟、被達本望之条、不可有疑者也、就中、
両息（宇治惟直・惟成）被没戦場候ける（御歟）（ケル歟）、心底被察候、但忠節弥露顕、不能左
右候、感歎不少候者也、九州輩被語寄候覧、目出候、凡於
今年者、可相当一統御運之由、年来諸人謳歌、時節到来候
歟、弥可被成其勇候、抑此境事、自去年六月凶徒寄来、連々
合戦候也、雖早可被決雌雄、奥川勢進発可為近々之間、依
被相待彼到来、及数月候了、於此方城々者、云要害、云兵
粮等用意、縦雖○（送）年月、不可有子細候、然而凶徒者多勢也、
御方者各守城候之間、被申談奥州、暫被押先途候、於奥州
者、大略帰伏候、凶徒方大将石塔入道（義慶、義房）楯被打落候了、於今
者、不可有異儀候、凡諸方擾乱、凶徒運命至極之由、令風
聞候、定達遠聞候歟、成其男、早速可被立大義候、坂東対
治無子細者、御方可打入鎌倉、其時分必可被立飛脚之由、
一品家（北畠親房）御消息候也、仍執達如件、

（興国三年）五月廿六日　　刑部大輔秀仲奉

阿曾大宮司殿（宇治惟時）御返事

○六二五　春日顕時顕国書状写　○結城古文書写有造館本　乾

先度使節到来、委承候了、其境事、御方便之次第察申候、
早々ニて承候、殊目出候、所詮、今時分会遇之状候、不失
時節者、兵旅之法候哉、相構早速御沙汰候者、凶徒敗北、
不可廻踵候、天下再興、宜依合力之有無之上、就公私便憑

存之外、無他候、山辺事、治定候云々、目出候、時分ヲ承、
怱可打向西明寺辺候、其間事、専使委申候、謹言、

(興国三年カ)五月廿八日　顕時(春日顕国)(花押影)

結城修理権大夫(親朝)殿

○六二六　箆峯寺別当三位律師幸明幷衆徒等申状写　○陸前箆峯寺文書

敬白御祈禱

箆峯寺別当三位律師幸明並衆徒等謹言上
欲早蒙御成敗、賜遠田・玉造両郡棟別御教書、造営当
時於致御祈禱精誠間事
　一辺御教書案幷施行案
副進一辺起請文
右、当寺者、光仁天皇御宇宝亀元年建立以来歳霜六百余廻
也、然間、堂閣悉破壊、仏像漸傾廃、是即修造事絶年久故
也、可不悲哉、霊験勝他山、利生現本誓、是以代々将軍帰
依当山、誅戮朝敵、所々人民渇仰此尊、満足願望、御高祖

(源)義家将軍平東夷之時、登当山得勝利、又(源)頼朝古(右)大将誅朝夷、
帰此尊百敵、云古、云今、三代既時刻、蓋治罰凶徒、静謐
国土乎、当山帰依殊以吉例也、御願満足以了知者也、去々
年左馬頭殿御教書、雖被下名取・志田両郡地頭給主等、依
用捨之異議不同、未成宿願事、然者下賜遠田・玉造両御教
書、新造当時紹際法灯長、為抽御祈禱懇誠、恐々言上如件、

暦応五年六月

○六二七　石塔義房下知状　○磐城飯野文書

(端裏書)「佐竹殿義慶」

陸奥国好嶋庄西方飯野郷内今新田村事、如元可被知行之状、
依仰下知如件、

暦応五年六月十七日　沙弥(石塔義慶、義房)(花押)

伊賀三郎(盛光)殿

○六二八　左衛門尉某・沙弥某連署奉書　○磐城飯野文書

岩城郡飯野郷内今新田村事、早莅彼所、任御下文、可被沙
汰付伊賀三郎盛光之由候也、仍執達如件、
暦応五年六月十九日　沙弥（花押）
左衛門尉（花押）
加治十郎五郎殿

○六二九　法眼宣宗書状写　○結城古文書写有造館本　坤

小山(朝郷)・結城(直朝)・村田等之外ハ、未出之由聞候、仍凶徒今まて
ハ以外無勢ニて、後措雖少々到来候者、対治不可廻時剋候
歟と見候、相構々可令存別忠給候哉之由、内々殊可申旨候、
恐々謹言、
(興国三年)六月廿六日　法眼宣宗（花押影）
謹上　結城修理権大夫殿(親朝)

○六三〇　左衛門尉家頼打渡状　○磐城飯野文書

岩城郡飯野郷今新田村事、任去六月十九日御教書之旨、今
月二日遂入部、沙汰付伊賀三郎盛光候了、仍渡状如件、
暦応五年七月三日　(加治カ)左衛門尉家頼（花押）

○六三一　曾我師助推挙状　○南部光徹氏所蔵遠野南部文書

曾我与一左衛門尉貞光申、所領相模国曾我郷内河原田弐段、
畠壱段四郎次郎作事、以貞光為猶子、令譲与当所領候之間、
令申御外題安堵候、以此旨可有御披露候、恐惶謹言、
暦応五年七月廿四日　(曾我)左衛門尉師助（花押）
進上　御奉行所

○六三二　北畠親房御教書写　○肥後阿蘇文書写第四

先度専使参着、即令下向了、委細之趣、其時所被執達也、
年来忠節之次第、皆御存知勿論事候、世上静謐遅々、頗無
念事歟、猶廻籌策、早々可被追討凶徒候、坂東事、以前使
者令見知了、其後無数替之篇、奥州勢進発之時分、欲被決
雌雄候、如此遅々遠聞、定不隠(穏)便歟、然而、奥事大略如御
所存候、彼勢到来以前、楚忽之合戦難儀之間、被相待候也、
近日京都・諸国皆令謳歌、凶徒滅亡時到之由云々、是則冥

慮令然歟、忩挙義兵令発向候様、可被勧立国中官軍歟、抑
所被申三ヶ条事、被載別紙之由、一品家（北畠親房）御消息候也、仍執
達如件、
（興国三年）七月廿九日　刑部大輔秀仲奉
（宇治惟時）阿蘇大宮司殿　裏ニ花押アリ、

○六三三　北畠親房御教書写　○肥後阿蘇文書写第四

条々
一阿蘇社領幷元弘以来拝領所領等事、雖為何仁、為計可被
譲之条、不可有子細事也、
一当手幷同心人々恩賞事、就注進可有其沙汰之旨、被下
綸旨云々、然者、今更何可有予儀乎、但　宮（懐良親王）御下向、勘（五条）
解由次官頼元真人令供奉之間、有蒙　勅命之旨歟、相構
被和順者、可宜事歟、御方中若有不和儀者、奉為　宮不
便御事也、諸事被申談、可被仰御催促也、其内有参着（差）之
儀者、　勅裁又何有被空旧労哉、又讒訴輩事、更不聞及
事也、

一所被拝領之　綸旨、不可有改動之儀之条、不及異義乎、
条々御所案無相違候、可令得其意給之由、中院入道（北畠親房）　一
品家御消息候也、仍執達如件、
（興国三年）七月廿九日　刑部大輔秀仲奉
（宇治惟時）阿蘇大宮司殿

○六三四　左衛門尉貞隆打渡状　○岩手大学所蔵新渡戸文書

出羽国山本郡幡江郷内荒居村之事、任去月四日御施行之旨、
打渡和田石見左衛門蔵人繁晴候了、仍渡状如件、
康永元年八月七日　左衛門尉貞隆（花押）

○六三五　波多野義資代資家申状　○岩手大学所蔵新渡戸文書

（端裏書）「波多野次郎代状」
波多野次郎義資代資家謹言上
欲早被停止安藤四郎実名不知、押領、任御下文幷手継証文旨、
仰御使被打渡下地、陸奥国山辺郡亀山郷間事
副進、

一巻　御下文幷証文等案
一通　糸（系）図
右、彼所者、義資相伝知行無相違之処、自去建武二年以来、寄事於動乱、押領之条、希代之所行也、所詮、任御下文以下手継証文、仰御使、被打渡下地、為全知行、恐々言上如件、

康永元季八月　日

○裏花押あり。一五六・三三一号弾正忠某の花押に類似する。

○六三六　北畠親房書状ヵ写※　○内閣文庫所蔵 関城書幷裏書

去年六月、凶徒師冬（高）等襲来之後、戮力事、自非恃其境者、依無異途、連々発羽檄之上、自他形勢推察更無所貽歟、最前依被申領状、諸人暫雖待救兵之到、綷及遅引、経五ヶ月之刻、治久（小田）以下悏者、忽以変所存属凶徒訖、移当城（関城）以来、分域弥縮、士卒已減、艱難之甚、不言而可知、空歴九ヶ月、未見一人之戮力、周章之至、無物取喩焉、当時近境之中、御方城墎、纔六ヶ所也、先此関城者、宗祐（関）一身日夜馳走、至今可謂堅確也、至自余之族者、反覆之情極以難測、凶徒専依囲当城、船路陸路、共以断絶、於白昼者、更無往来之人、臨暗夜、適雖有一両之出入、殆希有之儀也、依之面々失胆、略或放却乗馬、或交易甲冑、如此之類、縦雖欲全忠節、果而無炊骨易子之窘乎、下妻城者、本自人情不一揆、正員者尚幼稚、扶翼者互争権、随而浮説不休、私闘乱可出来之体也、竹園（興良親王）御坐大将顕時（春日顕国）朝臣経廻之間、聊加斟酌許歟、此外中郡城者、顕時朝臣手勢等也、其勢不足恃、兵粮又無蓄、真壁城者、法超（真壁幹重）一人雖存忠義、一族・郎従皆以有内通之聞、西明寺城者、本自遼遠、殆不及音聞、然者件五ヶ所之城、危如鷰之巣幕上、伊佐城者、行朝（伊達）々臣忠心不撓歟之間、当時随分不危之城也、然而関・下妻両城、難義令至極者、以一所不可相支者也、抑戮力間事、其境計略之分、大概推察之後者、不及尽詞、依無勢斟酌之条、誠又非無其謂、所詮、於時節者、可在東奥之勢発向之期乎、凶徒未去国府、合戦之習機宜難測、猶送日月者、此境官軍悉向枯魚之肆歟、雖導江海之流、其有何益焉、発向之段、猶不容易者、出士

率於国境、可被示形勢歟之由、自去年再三雖懇請、猶以不事行之間、御方所存逐日令退屈者也、贈一位(義良親王)在国之時、愚身(北畠親房)上洛之後、就尊氏(足利)叛逆之風聞、不日上道、遂成大義畢、彼当〔時〕参不幾之勢也、凌数千里之嶮難、早達先途、是志之功也、第二之度、退国府、入霊山(伊達郡)、所々相塞、人々両端、然而志之所之、押平海道、莅于畿内畢、至其身之夭亡者、非士率之敗北、天運之令然也、同時戦死之族、亦以不幾、雖怨其身之不幸、忠孝之道者、可謂無遺恨也、然乃以彼時思、今日真実被存其志、残置守城之勢被発向者、伊○〔達〕以西官軍、盍同心志之功与不功也、殆見近日之体、事之火急甚於赴湯灌、至老身者、一瞬之間全忠義、欲以余命報先皇(後醍醐天皇)許也、大義之成否、不必係心府、運命云極者、失一命之外無他事、更不可為遺恨、倩思此理、且難知暮、殆依難期後信、聊所抛蓄懐也、鳥之将死其泣悲、人之将死其言善云々、我国者、天祖経始之地、日神統領之州也、聖々相承、授受不忒、且依禅譲、且帰正理、所経九十余代、一百七十余万載也、縦雖及末世、不可有違越、日神誓約可曁無窮故也、依之、上

自神代之古、下至人皇之今、欲傾国家者、不久滅亡、欲図逆節者、必絶種類、世之所知、誰敢疑之、而今高氏(足利)等何者哉、罪悪之甚、先代未聞、盗拠中原、已経七ヶ年、何其多幸也、但承平将門(平)六年而亡、永承貞任(安倍)十二年而潰、先蹤聊有之、時節之未到歟、倩見和漢之風、成大忒者、雖終取敗、已有過人之智力、暫保首領也、今尊氏等為体、非可知政道之器、無可貽子孫之謀、家僕師直(高)仮虎威、陵礫重代之武士、彼等一族誇張已此擬高時(北条)等行事、凡重代輩、皆是王民也、保元・平治以来、属源平之家、各為陪臣、不属皇家之烈(列)、承久以来剰拘義時(北条)・泰時(北条)等指麾、及百十三年、然而彼義時・泰時等、随分存公義、不忽諸朝憲、撫育傍倫、似弁政術、依之相続、累其世、兵権被天下畢、有心之輩、見先祖之譜系者、可不心恥哉、幸遇一統之聖運、匪啻不矢本所帯、直承　綸言、忝給官禄、誠是会遇之時節、誰敢周旋之、而或為遁一旦之害、或為全所帯之利、与同于高氏逆節、剰頂戴師直等、何面目見先祖於地下、遂乃屈節忘名之輩、為数度之降人、弓箭之恥、何事如之、而更無面恥之色、可謂文武

之道、掃地而尽也、就中承平逆乱之時、先祖秀郷（藤原）朝臣立勲功、先兼任下野・武蔵国宰、後任鎮守将軍、已来代々異他之一流也、於清盛（平）・頼朝（源）等事者、起自　勅命、管領武門之上、雖不能左右、謂彼等先祖者、有何用捨、多年付属定非本意歟、適復旧儀、可興家業之処、重背　皇家、与同逆徒、先祖若有霊者、豈不加睚眦之怒乎、爰故入道上野介朝臣（結城道忠、宗広）、深存忠貞、感悦一統之運、付公私、被表慇懃、心中更○不忘之、足下父子為彼嫡流、于今無違失、親光（結城）朝臣死節、其跡相続而致忠、是併亡魂懇誠之所及、積善之余慶也、比此於衆人者、九牛之一毛、論此於自門者、百鳥之一鶚耳、帯此名誉、抱此忠節、遂無瑕類、弥発光華、豈不被庶幾乎、惣可為辱後悪之大法、別可謂昌先烈之孝道也、而如聞者、近日游説之輩、於所々各樹異義歟、或云堅守城墎、伺天下之形容、不可必好挑戦、高氏等誠有運命者、一身立義、何為臨時帰伏者、不及失家之恥云々、或云坂東諸城、縦雖令覆没、於奥州相支者、又定送時日歟、京都諸国之謳歌、凶徒滅己（亡）之地、稠畳、随事体成大義者、還可有巨益云々、或云興廃有時、運命在天、閑可見損益之際、故贈一位等為全忠孝、雖令上道、不達本意、先鑒如此、宜加思慮云々、如此之義、於此境猶以多々、自可有被触耳之途哉、不弁大義、不存遠慮族者、厭即時進発之経営、必可与○同緩怠之義勢也、且又愚老年来随分贔屓之類、猶以有向背之所存、頻揚不可、何況於疎遠之士率乎、至如此事者、雖不足介意、万一及大義之障导（得）者、可無公平事也、当家出自皇族、久立公門、晨夕所習者、朝廷之礼儀、和漢之憲章也、生於太平之（マヽ）俗、不知乱代之風、何況武家之故実、辺鄙之成敗、万而不得一理、諸人之不受、皆所自顧也、殺此身、不可塞其謗矣、但為先朝之一老、具蒙慇懃之顧命、於今、殆傍若無人、於当代又○有保護之労、恐以一身之安否、可被測　御運之叡慮也、依之、諸方存忠之輩、伺坂東奥州之形勢、各擁義旗之時節、忽失一命者、万方可解体之条、為之如何、奥州一方暫雖守節義、諸方凶徒一面攻之者、適帰順之輩、反覆無所疑矣、将軍（北畠顕信）三位中将赴任之後、三ヶ年、未立一匡之功、其身未練、又無扶翼之輩、於愚老失命者、難有其志、更有何益、然乃拠今時之衆議者、不異積薪於猛火之上、蹔安其坐、別有異図者、不足論之、欲全貞節者、争無遠略、貪余命、望戮力者、上天罰之、祖神捨我焉、只為天下発此狂言、君子揄之耳、凶徒已覆滅、　聖運令一統者、面々朝奨、各々光華、唇吻之所及、縁底存等閑、縦又不叶衆望者、退此一身、有何遺恨、各立大功、宜決　聖断也、此等之条々、深被加商量者、雖存雖亡、可無心底之鬱而已、

『或人曰、此状末曰、二月十五日親房、然親房、既剃髪、則尤不審、』

○北畠親房が小田城から関城に移動し九ヶ月が経過したという内容から、興国三年八月頃の文書と考えられる。

○六三七　春日顕時顕国書状写　○結城古文書写 有造館本 乾

先度僧下向之時、委申候、今度飛脚説等、又承了、御進発必定候歟、其聞候、先以目出候、此際事、関城已自去十一日全措寄候事、已及難義候、天下安否此時候、可被廻遠慮候哉、其間事、大津下向候間、委申候、猶々事延引候者、可為難儀候、急可有進発歟、時分又純熟候哉、謹言、

（興国三年）
九月十四日　顕時（花押影）（春日顕国）
（結城親朝）
白河修理権大夫殿

○六三八　石塔義慶義房書状　○東北大学所蔵鬼柳文書

去九月四日、奥方より此辺まて、のこるところなく、凶徒等はせあつまり候て、三迫（栗原郡）つくもはし（津久毛橋）・まひたの新山林、二迫（栗原郡）のやハた（八幡）・とや（鳥谷）以上五ヶ所たて（楯）をつき候て、いてはり（出張）候之間、いさゝかはせくたり（馳下）候て、つくもはしとやハたのなかへいれ候て、かまぬか（鎌糠）に向城をとり候て、日々夜々に合戦ひまなく候、今度を身にハ僉度の合戦と存候、奥方の御方をすゝめて、夜を日につきて、いさゝか打て、のほられ候へく候、えさし（江刺）・かしやま（柏山）へも状をつかハして候、相構ひころ（日来）のけいやく（契約）たかひ（違）候ハすハ、わか身一人とおもハせ給候て、をしてのほりて合力あるへく候、もしいそき打てのほらせ給ハすハ、なかくうらみ申へく候、かならす（必）をくかた（奥方）のかたき（敵）の城をおとさん（落）とハあるましく候、早々にうしろつめ（後詰）して給へく候、恐々謹言、

(康永元年)十月八日　　　　　　　　　　義慶(石塔義房)（花押）

謹上　鬼柳(義綱)兵广(庫)亮殿

○六三九　北畠親房書状写　○結城古文書写有造館本　乾

重代弓箭之家、大略落其力之処、曩祖秀郷(藤原)朝臣以下、此一流被全佳名此間破損、　てよは〳〵しき所存やハ候へきと深推察候、此段又非矯餝、同任神筌候也、然ハ如何にも自他達本意候て、挙万代之名誉候へきとこそ存候ニ、此城も没落候なは、如何ニ被存候とも、難被達本意歟、且不省(肖)之身自称之故、雖有其憚、　先皇(後醍醐天皇)深被仰付之間、云当今(後村上天皇)御事、云竹園(興良親王)御事、為一身之負累、諸方依之、伺此境之安危候、忽失一命者、天下之御方一時可落力之条、殆無疑貽者歟、然者存命候間、有勠力之条、惣為天下、別為家門、是程ニ被成大功之時分やハ候へきと云々、山辺事所存候、異他けに候、然而凶徒皆手少、不蓄遠慮歟、実ニ令思立者、為先祖佳例之上、鎮守府将軍ニも申任候なんと思給候つ、如当時者、所存之企、猶存少利之体也、かくてハ難成大義哉、所詮、入道(小山)下野大掾政光已下三流也、破損、中貴辺先祖ハ、閣両兄直頼朝(源)卿此間破損、可謂傍若無人歟、仍先年上洛之時、被行下野国守護候しそかし、然者、山族惣領之号あれハとて、非可依其名歟、急速被忠置て、誠ニも猶山ヲ可被取立之所存ハ、不能左右、若無正体ハ、此重職ヲモ被申任候へかし、忽被興五代将軍跡之条、豈非弓箭之肩(眉)目哉、朝郷(小山)はまさしく被生虜て候しを、故禅門(結城道忠、宗広)中願候し事、無子細、不忘其旧恩者、縦雖令降参、何不入指麾之下哉、能々可被思慮也、大方之義、勢ニ藤氏一族以下とて候なれとも、末代之人心、更不可事行事也、只任正路、

我君之政道ヲモ仰申、竹園御成敗ニも被任申て、被致忠候者、中〳〵無苦身(労カ)なとか先祖之跡ヲモ、不被興候て、思外候也、縦如何ニ深広之義、勢ヲ雖被畜、凶徒任雅意なん後ハ、本領所ヲ一同管領不定歟、名利空候ハん事ハ、争無遠慮候、如風聞者、直義(足利)可下向云々、宇都宮辺ニハ為綱世得利云々、大田辺ニハ為已方云々、此辺ニハ為城之対治云々、雖不知実事、かゝるあらましハ沙汰候ハんニ候、若左様ニ

候て、坂東凶徒もつよりて、其境へも差向候体ニ候ハヽ、弥可為難儀候歟、先々或以事書申之、或以宣宗状、雖申之、及火急之間、乍憚委細所申也、相構々不可有漏脱、悉之、以状、

(興国三年)十月十二日　(北畠親房)(花押影)

(親朝)結城修理(権脱)大夫館

右之状ノ裏書ニ

此城ノ体、委細ニ申候つる、心よわき気も候ぬへし、然而云無勢、云無用意、宗(関)祐も退屈候歟、中〱別建立をも廻、度々申候、左様ニも候ハヽ、縦両々雖全其身、云外聞、云実事、更不可有正体、為之如何、返々可有遠慮歟、此上向後中〱細々不可申候也、

○六四〇　北畠親房書状　○白河集古苑所蔵白河結城文書

□度返報之趣、諸人喜悦□色候、相構々察此辺之□□不遅怠之様、可被相計候、□事自他方謳歌、悤可被□符契候、諸事憑存之外無他、悉之、以状、

(興国三年カ)十月十三日　(北畠親房)(花押)

「(ウワ書)(親朝)結城修理権大夫殿　(北畠親房)(花押)」

○六四一　岡本重親代山田重教着到状写　○秋田藩家蔵文書十岡本又太郎元朝家蔵文書

『岡本孫四郎重親代山田六郎重教着到書』

着到

岡本孫四郎重親代山田六郎重教

右、奥州凶徒蜂起之由、被仰下間、十月八日馳参(栗原郡)三迫鎌糠城、自同九日至于十七日、於成田城、致夜攻幷野臥、抽節(マヽ)忠候畢、然早給御判、為備後証、仍着到如件、

康永元年十月十七日

「(証判)承了　(花押影)」

○六四二　岡本重親代山田重教軍忠状写　○秋田藩家蔵文書十岡本又太郎元朝家蔵文書

『前ニ同』
岡本孫四郎重親代山田六郎重教申、軍忠事
右、奥州凶徒蜂起之由、被仰下之間、十月八日馳参三迫(栗原郡)鎌糠城、自同九日至于十六日夜、於里屋城、致夜攻幷野臥、十七日被寄八幡城之間、令供奉、同廿六日被寄津久裳(毛)橋城之間、馳向搦手、同廿八日切入城内、追落御敵候了、然早下給御判、為備後証、仍恐々言上如件、

康永元年十一月二日

(証判)「承了　(石塔義慶、義房)(花押影)」

〇六四三　法眼宣宗書状写　〇結城古文書写有造館本　坤

此前不見

計沙汰候歟、兼又此御手内外祇候之輩、大宝辺(下妻庄)方々より参候軍勢等疲労間事、僧下向之時、委細定申候歟、御訪事遮も被申候処、僧下向之後も少々已被懃力申之由、被申つるか、先度御訪ニ千疋ノ足も、千疋許ハ到来候、其残未到候、今度之分ハ、更未到候、如何ニも請取候所ニ、無沙汰事候やらんと覚候、相構可令廻籌策様候哉、就中此間、寒気迫喉(候カ)歟之間、如形之兵粮等こそ、宗祐(関)も随分致沙汰候へ、さ候様事ハ、更不思寄事候之間、不幾之輩も力不及、欲趣有謌(禄カ)方候、如此候者、弥可為難儀候、如何なる方便も候ハ、、猶助成も被申候へかし、先日自霜台(結城顕朝)以道円、便宜砂金ヲ十五両被送進候ハ、無相違到来候、猶もさ様之道歟、又絹染物なとニても、慥人持参候ハんハ、可到来候歟、替物も商人等ニ被仰付候ハん事ハ、向後も此式ニて候ぬと覚候、余ニ細枠なる様ニ候へとも、此辺之式以外ニ至極候、宗祐なともかくてハ、さのミ延引難義候へハ、、如何なる別御方便も候へき歟なと歎申候、一旦無為之篇ハ、さる事ニて候へとも、云外聞、云実儀、不可有正体候之間、相構於当城、其方の左右をも被待付候由、御沙汰候、能々被廻御遠慮候て、可被申御返事候歟、恐々謹言、

(興国三年)十一月十二日　　法眼宣宗（花押影）

謹上　結城殿(親朝)

〇六四四　法眼宣宗書状※　〇白河集古苑所蔵白河結城文書

語候□(所)及候、［　　］一裏十両［　　］
［　］替物［　　］も如此沙汰［　　］
［　　］殊難義之［　　］事風聞
候、無念之［　］歟、彼仁年来随分雖［　］上不知恩義、任
僻案杉之［　］推察候間、近来強無［　］遣冥慮之条、［
］力事候歟、但去比風聞［　　］以外損気候き、相構被
加［　］対治候者、可為得利候、専一候哉、［　　］候也、
恐々謹言、
□(六)月□□(廿九)日　　　法眼宣宗（花押）
謹上　結城(親朝)修理権大夫殿
□□□□□(状慥給)候了、委細披露［　　　］□(毎)時細々可申候
也、

〇前号文書の内容にかけて仮にここに収める。欠損部は秋田藩家蔵文書二十六白河七郎兵衛朝盈家蔵文書で補う。

〇六四五　某書状追書※　〇白河集古苑所蔵白河結城文書

追申候、
替物二千疋御沙汰之由、去月五日御状此程到来候、其内千
疋、是ハ以別色、沙汰進候、先日出候、悉到来之後、可進
請取候、此間城々闕乏、無申計候間、其子細、以僧被申談
候き、潜通して候ける、返〳〵難有之由、先可申旨候、又
私分五百疋[redacted]給候之条、難申尽候、相待到来之程候、
委細追可申入候、

〇前々号文書の内容にかけて仮にここに収める。

康永二年・興国四年（西紀一三四三）

〇六四六　春日顕時顕国書状写　〇結城古文書写有造館本　乾

新春慶賀、於今令恐悦、雖祝着候、猶以珍重、天下一統海内静謐、旁可在此節候、抑委細御札、今日十六日到来、悦存候了、宣宗法眼下向候間、定毎事申談候歟、出羽・奥州両国之体、御方已打立候なれハ、相構々可有御勠力候、就中足利母儀（上杉清子）他界之間、閣諸事候、又三乃（美濃）の土岐（頼通）被誅候之間、子息打寒（塞）山道・海道、敵対之由其聞候、　聖運之至、旁時節到来候歟、所詮、諸方吉事、雖不及子細候、同者其方御勠力故以本望候、坂本国（東カ）可得利候之間、一向馮（憑）申候、縦奥州・羽州御方進発、雖延引候、先被廻籌策候者、尤為悦候、又関殿（宗祐）への御文共、水路難義之間、明月之程、難義候て候へ、委細自是申候、返事、謹言、

（興国四年）
正月十六日　顕時（花押影）（春日顕国）
（結城親朝）
修理権大夫殿

〇六四七　春日顕時顕国書状写　〇結城古文書写有造館本　乾

去月廿二日、以神村法眼幷僧一人、為専使、令全参着候哉、抑自同廿六日凶徒等措寄関城掘際、構柵木壁等之間、昼夜不献（厭歟）合戦、凶徒度々打肩（負）被疵之間、今者成小勢候、後措時分可在此時候、忩御沙汰候者、天下安否、可為大慶候、然間、忩以飛脚令申候、以夜継口、可有御発向歟、諸事使者可申候、謹言、

（興国四年）
二月朔日　顕時（花押影）（春日顕国）
（親朝）（権脱）
結城修理大夫殿

〇六四八　藤原公房書状　〇反町英作氏所蔵三浦和田文書

（張紙）
「十一、藤原公房書状」

其後何条御事候哉、去月十九日左衛門尉（長尾忠景）上野へ上洛（ママ）候、状をも可進候之処、無差事候間、不進候由申給候、去年十二

月廿三日、京都大方殿(上杉清子)御隠事、為御訪被露(ママ)申候、就其ハ、
此辺ハ為羽州警固、相構不可有御参候由申置候、為御心得
中候、恐々謹言、
(康永二年)二月五日　藤原公房（花押）
謹上　和田四郎(茂実)兵衛尉殿

○六四九　大般若経巻第九奥書　○陸前名取新宮寺所蔵

願以書写功、上報四恩、下資三有、法界有情、同円種智矣、
標月指頭帰一如、真空非実又非虚、瞿曇当日乗慈処、直
下看来是者余、
予問管城公、如何是者余、公云、仁者見之謂仁、智者
見之謂智、予云、公又如何、公云、鉄眼銅睛看不破、
予云、既有破了、
康永二年二月十二日於宿竹庵本願筆師比丘善快
謹筆

○六五〇　藤原公房書状　○反町英作氏所蔵三浦和田文書

「(張紙)十六、同上」
為出羽国大泉庄藤嶋城凶徒等誅伐、嵩東山警固事、小泉庄
立嶋内大川仁被指置役所候、自三月十一日至于同廿日、以
三十人可令勤仕給之由候、恐々謹言、
(康永二年カ)二月廿一日　藤原公房（花押）
謹上　奥山庄北条惣領(和田茂実)地頭殿

○六五一　足利尊氏御判御教書案写　○楓軒文書纂所収白河証古文書上

奥州所々城墎退治事、催促一族幷一揆輩、早速参御方致軍
忠者、建武二年以前知行地、各不可有相違之状如件、
康永二年二月廿五日　御判(足利尊氏)
結城大蔵(親朝)少輔殿

○六五二　足利尊氏御判御教書案　○陸前仙台結城文書

奥州所々城郭退治事、早速参御方、致殊軍忠者、建武二年
以前知行之地、不可有相違之状如件、

康永二年二月廿五日　御判（足利尊氏）

結城（顕朝）弾正少弼殿

○六五三　結城氏進上文書案文日記　○陸前仙台結城文書

進上申御文書共安文日記

一通　白河庄闕所等御拝領

建武二年八月十七日之国宣案

一通　金原保国宣案

元弘四年二月廿四日

一通　依上・金原・金山郷綸旨案

建武二年十月五日正文者京都御代官書副輪照預之由見云々、

一通　白河上野民部五郎以下跡御拝領国宣

建武二年十月一日

一通　将軍家御教書案

暦応五年四月廿七日

一通　同康永二年二月廿五日御教書案

以上六通進上仕候、又調渡御文書未見前申候、出来候

者、以後日、進上、

○六五四　大般若巻第十三奥書　○陸前名取新宮寺所蔵

願以書写功、上報四恩、下資三有、法界有情、必同円種知、

真如法界本無形説有説空、何以生蘿月竹風共難比、

還訝光影与香城、

予問管城公、無形底是何物公之頭々上露、物々上明、

予之公還見渠广公之眼中着金屑、予之何如、是公之

見色者育聞教者聾、

康永弐秊二月廿九日於宿竹庵本願執筆比丘善快謹筆

「以摺本一交了」（別筆）

○六五五　大般若経巻第一奥書　○陸前名取新宮寺所蔵

願以書写功、上「報」（別筆）四重恩、下済三塗庵、法界諸衆普入般

若海、

黄巻黒書赤軸紬　人間天上挙霊明

鷲峰当日令行処　宿竹庵中重現成
予問管城公、如何是鷲峰令行処、公之空拳頭占生実
解文問仏意還如何、公云専不横推理無曲断、
康永二年二月涅槃会前一日於宿竹庵願主
比丘善快謹筆
(別筆)「一交了」

○**六五六**　石塔義房軍勢催促状　○磐城相馬文書

左馬助(石塔)義元、為対治白河以下所々之凶徒、今月中可発向也、早馳向可被致軍忠、且京都御教書如此、若無承引者、就義元注進、為有其咎、可注申京都状如件、
康永二年三月二日　沙弥(石塔義慶、義房)(花押)
相馬出羽権守(親胤)殿

○**六五七**　春日顕時顕国書状写　○結城古文書写有造館本　乾

度々令進飛脚候、未承其左右候、無心元候、後措事、何様有ニ御沙汰候哉、若延引候者、当城可為難儀候、今月中可有進発候、不然者、難儀等可令出来歟、此間事、先日了哲僧下向之時申候、両城之式、此明王院僧都可被語申候、委細一品家(北畠親房)御消息候之間、不尽愚書候、謹言、
(興国四年)三月十一日　顕時(花押影)(春日顕国)
結城修理権大夫(親朝)殿

○**六五八**　大般若経巻第二十五奥書　○陸前名取新宮寺所蔵

願以書写功、上報四恩、下資三有、法界有情、同円種智、
于時康永弐季三月十四日於宿竹庵本願執筆比丘善快筆

○**六五九**　大般若経巻第十九奥書　○陸前名取新宮寺所蔵

願以書写功、上報四恩、下資三有、法界有情、同円種智、
頭々上露真如理物々中明般若智
堤下乱絲揚柳風林間敷錦落花地
予問管城公、如何是頭々上真如、公云泣露千般草
合風一様松、又問如何是物々中般若、公云雲有嶺

頭閑不徹水流澗底太忙生、
康永弐季三月廿日於宿竹庵大願筆師小比丘善快謹筆
「以摺（別筆）本一交了」

○六六〇　沙弥法超真壁幹重書状　○白河集古苑所蔵白河結城文書

雖未入見参候、故入道殿（結城道忠、宗広）ノ御目ニハ、昔鎌倉にてかゝり候間、不可有疎略之儀候、抑此両三年間、御敵関御城迫て候、いまゝて御後迫なんと候ハす候間、此辺難儀無申計候、御敵体此之間見候ニ、ことの外無勢に□（なカ）りて候、今時分御後迫候ハヽ、此辺にもあまた御方出来候ぬと覚候、是身ノ一族ニおき候てハ、多分不可有子細候、其外他人之中にも通中輩候也、伊佐・中郡御城、西明寺・当城候へハ、是へ御上候ハんに、少々無勢ニ御坐候とも不可有子細候也、此両三年のひらうに、当城御後迫けふあす（今日・明日）候ハすハ、やふれ候ぬと存候、若さる事も候ハヽ、中郡御城ふっとあるましく候、伊佐城も此城やふれ候ハヽ、是より小栗まて御敵地たるへく候、さも候ハん時ハ、伊佐より関・大宝（下妻庄）への出入、ふっとゝまり候へく候、其時ハ関・大宝の御城も可為難儀候、此辺か様ニ無子細候時、御上候ハすハ、毎事無正体□（候カ）ぬ、此御返事ニしたかい候て、しはらく可被（カ）□（申カ）□、今時分、又延引候者、御方ニ涌申御敵共□□□候ぬとおほへ候、返々乍恐急束（速）ニ御上候ハん□、公私可目出□候、こさかしなから如此事申候条、所詮、御方を深御大事ニ存候間、令申候、子細此僧可有御物語候、六七百騎之分にても御上子細あるましく候、此段ハ能々御れうけん（料簡）あるへく候歟、事々期後信候、恐々謹言、

（興国四年）卯月五日　沙弥法超（真壁幹重）状（花押）

謹上　白川権大夫殿（結城親朝）御城

○六六一　春日顕時顕国書状写　○結城古文書写有造館本　乾

僧帰参、御状到来了、此方事、去月末、参入関殿之処、凶徒等体微々散々事候間、三月廿九日・四月二日両度出張、敵多討取了、敵方結城惣領（直朝）幷一族郎等・佐竹一族以下数輩討取了、結城事凡不便候者、御同心候歟、時分可然候間、

後措事、一途為致沙汰、今月五日夜出伊佐城了、先連々差遣野伏、塞凶徒等兵粮之通路候之間、依之度々合戦、又以凶徒等多討取候了、所詮、官軍気力事々形勢、頗相似元弘一統之佳例候、時剋之到来、天命之所致候哉、此時分勢三百騎合力候者、案之内事候、相構廻遠慮、可令計沙汰給候、其間事、以対馬入道申候、委細定申候歟、兼又先日失火事、折節殊驚入候、自埋峯(宇津)御忩《志》事承了、不宣、謹言、

(興国四年)四月十六日　　顕時(花押影)(春日顕国)

(結城親朝)修理権大夫殿

○六六二　足利尊氏御判御教書案　○東北大学日本史研究室保管白河文書

結城大蔵少輔(親朝)・同弾正少弼(顕朝)・式部少輔(源英房)・伊達一族等事、参御方、可致軍忠之由、先日被成御教書訖、可存其旨之状如件、

康永二年四月十九日　　御判(足利尊氏)

(石塔義慶、義房)宮内少輔四郎入道殿

○六六三　北畠親房書状写　○結城古文書写有造館本　乾

此間事、委細範忠令申歟、真実迫喉候者《て》、安否之境、猶々可被廻籌策也、敵方之体ハ大略至極歟、不可被失時節候哉、

抑吉ニ御坐候《宮》へハ御一所今月一日御下向候者、無為之条、返々目出悦入候、未及露顕候、内儀ハ本竹(興良親王)事大略《略》危候、実ニも自其境、早速発向候者、無為之儀も候ハんすらん、可任申彼運候、無為ニて如元令憑給候者、雖何方可申付、又新竹令《令》坐候ハんすれハ、諸人仰申之条、勿論事候、内々可被得其心也、兼又或仁代官上洛、《被》被下敵方状勧進諸方之由、其聞候、返々無勿(物)体候、内々可有守《尋》沙汰候、偏《偏》聞難儀候間、両条密々所候也、中者《合候》、悉之、

(興国四年)五月六日　　(北畠親房)(花押影)

宛所不見

○六六四　範忠書状　○白河集古苑所蔵白河結城文書

去月廿日状、今月三日慥到来候、□□(籌策)間事、方々談合之由

被申候、先以目出候、但山□(辺)事、此辺ニも両様ニ聞候、竹御事(興良親王)、可奉渡他手之由、自京都申下之条々勿論候、誠近日自其□□□(許勠力)も火急ニ候者、思立途もや候ハん□□□□(すらん、随)分志□□(ハ無)等閑けに候へとも、其辺発向以前□□□□□、更不可叶事候、内義委御存知之事候、彼竹御事、楚忽之御振舞ニ候間、於今者、無被惜申候義候、然而令移他手給、被失生涯候ハん御事ハ、偏可為家之瑕瑾候哉、楚忽参差之条ハ勿論ニ候へとも、さりともと思食て被憑□□□□(仰ニ候、被)出申候ハん事、雖末代、豈非無念之儀候哉、尚々近日、無一途之沙汰者、彼事も不可有正体、又件仁も如此、御志ヲ存たるけに候ニ、渡申他手後者、定切はて候歟、且無念候、いかにも被廻籌策候者、可為一家之美談候哉、□□(凡)城安否大略天下之所期ニ候也、今まで勠[redacted]候条、愁歎無極事候、其上一門中事、興衰之境ニ候、付彼付是、可被廻遠慮□(候)、伊達・田村・石川辺輩ハ、雖何時可応催促之所存ニ候歟、此時いかニも火急之籌策候にてハ、難被期後日候、凶徒之作法ハ微弱言語道断候、度々出張ニ懸輩多討取候、就中、結城七郎(直朝)以下討死後者、彼一党悉引退候了、又近日信州以下諸国動揺、定被聞及候歟、如此候之間、勢ハ多分引帰候、現在之分、大手勢四五百騎ニ不可過、方々小楯寄合候とも、可為千騎之内候、且まことしからぬ程ニ、可被存候、其上埋掘候しことも、自内堀とをして埋草ヲ取入、自掘底、矢蔵ノ下ヲ掘穿事も、金師等被壓死後ハ無沙汰候、(紙継)乱杭を二重ニ打候て、一向欲上船路候つることも、□(連)々被破候間、旁失力之時分ニ候、いか程ノ小勢にて候とも、後措到来候者、可引退候条、不可有疑候、及遅々候者、当城いかに存候とも、さのみハ難相支候、地下用意之兵粮、去月中ニ已払底候、仍此間、自伊佐、少分分入候間、今月中なとハ、是ニて如形相支候歟、迫喉之次第、争不被察申候哉、是程衰微之凶徒ヲ不追払、手つまりに成候ハん事、口惜次第候哉、相構猶被廻籌策候者、惣してハ可為天下一統之大慶、別ハ可為当家繁昌之時分候乎、
那須辺事、御教書両通被成候也、能々可被語候、平氏輩中被成御教書了、

安達西根・本宮楯、被追落之由、其聞候、返々目出候、致忠之輩誰々ニ候やらん、以便宜可被申候、大宝(下妻庄)辺兵粮事闕(闕)乏、又以勿論事候、田村庄司千疋沙汰之由聞候し、替物相違事候間、重被仰遣善応寺長老之子細候、今度又穴沢少々沙汰之由、聞候へとも、未到来候、凡難治至極、無申計候、自吉野浄光と申候律僧、又下向候ける、此僧ハ性忽(惣カ)不思儀ノ者ニ候、且宗貞(多田)存生之時、郡奉行事申下　綸旨候ける、曾無御存知事候間、被尋申吉野殿(後村上天皇)候処、上卿なとも不存知之由、返答候、然者謀作之綸旨ニ候歟、向後も如此事参着候ぬと覚候、無勿(物)体候、出来候時ハ、自是承旨ありとて、可御追帰候、奥方へハ相構不可通候也、此由可申旨候、恐々謹言、

(興国四年)五月六日　範忠(花押)

結城(親朝)修理権大夫殿

○欠損部は結城古文書写有造館本坤により補う。

○六六五　某書状追書※　○白河集古苑所蔵白河結城文書

追申候、

御教書等可執進之由、申付候之処、無相違候之間、頼入候、於是非、楚忽事、可令得其意給候歟、重謹言、

○前号文書の内容にかけて仮にここに収める。

○六六六　大般若経巻第二十三奥書　○陸前名取新宮寺所蔵

願以書写功、上報四恩、下資三有、法界有情、同円種智、

于時康永弐季五月十一日於宿竹庵本願執筆比丘善快謹筆

(別筆)「以摺本一交了」

○六六七　大般若経巻第二十六奥書　○陸前名取新宮寺所蔵

願以書写功、上報四恩、下資三有、法界有情、同円種智矣、

于時康永弐季五月十九日於宿竹庵本願執筆善快謹筆

(別筆)「以摺本一交了」

○六六八　大般若経巻第二十八奥書　○陸前名取新宮寺所蔵

願以書写功、上報四恩、下資三有、法界有情、同円種智、
　于時康永弐季五月廿三日於宿竹庵執筆比丘善快謹筆

○六六九　右衛門権少尉ヵ某書状　○白河集古苑所蔵白河結城文書

御書執進候、兼又砂金七両、慥到来訖、目出候、□（即カ）為大宝（下妻庄）城兵粮被遣候、闕如処、猶々難有候、如此事、此間以範忠筆跡令申候処、罷越大宝城候、仍以景為筆□□（可申）由沙汰候、不可有御不審候歟、恐々謹言、
　　（興国四年）五月廿五日　　右衛門権少□（尉カ）
　謹上　結城修理権大夫（親朝）殿

○欠損部は結城古文書写有造館本坤により一部補う。

○六七〇　大般若経巻第八奥書　○陸前名取新宮寺所蔵

願以書写功、上報四恩、下資三有、法界有情、同円種智矣、
　于時康永弐季五月晦日　於宿竹庵執筆比丘善快謹筆
　　教外別無覓祖宗真如仏性自霊通、当年十六会中
　　説今日看来畢竟空、
　康永二年・興国四年六月

予問管城、如何入教公云□□行処草不生

○六七一　石塔義房軍勢催促状写　○結城古文書写有造館本　坤

先日依被申子細、参御方可致軍忠之由、被仰下之旨、自京都下給御教書畢、案文如斯、此上忩馳参、而可被抽戦功也、且載請文、可被申左右之状如件、
　康永二年六月十日　　沙弥（石塔義慶、義房）（花押影）
　結城大蔵少輔（親朝）殿

○六七二　尼しれん譲状　○南部光徹氏所蔵遠野南部文書

（包紙ウワ書）「信光　あましれんより娘加伊寿御前への譲状
　時ニ興国四年六月廿日、加伊寿御前ハ信光の母也」

ゆつり（譲）わたす（渡）くろいし（黒石）の所りやう（領）の事
さたゆき（貞行）のゆつりに、いつれの所りやうも、こけいちこ（後家一期）のほと（知）ハしりて、のちにハ女しともに、あいはからいてゆつるへしと候、くろいしハいつれの女しともの中にも、もちぬへからんにゆつるへしと候、をなしこと（同子供）もと申なから、心さしあるによて、ちやく（嫡）女なんふとの（南部殿）ゝねうハう（女房）かいす（加伊寿）

こせん（御前）に、ゑいたい（永代）をかきりてゆつる、しゝそん〱（子々孫々）にい
たるまて、たの（他）さまた（妨）けあるへからす、たゝしいしなさか（石名坂）
をは、ふくしゆこせん（福寿御前）にゑいたいをかきりてゆつる心さし
あるによて、いもを（妹）とふくしゆこせんにゆつるなり、
ミはなち（見放）給へからす、いつれのいもをとこせんをも、はか
らいとして、ミさはくり給へし、これはこけしれんか
しひつ（自筆）なり、よ（余）のゆつりありとゆふとも、もちいへからす、
よてゆつりしやうくたん（譲状）のことし、
こうこく（興国）四ねん六月廿日　　あま（尼）しれん（花押）

○六七三　北畠親房書状　○岩代相楽結城文書

京都凶徒作法以外聞候、直義（足利）・師直（高）不和已及相剋云々、
滅亡不可有程歟、而不待時、如此之時節、此辺城々ハ
及難義候ぬと遺恨候、
奥方事、其後何様聞候乎、可急速之体、連々雖示送、于今
無其実、積欝之間、重遣飛脚候也、此方送日難義候、失一
命ハん事ハ、更非痛思、方々退屈之基ニ成候はんする事こ
そ口惜候へ、其辺勠力難義之篇も察思給之間、其後ハ不申
候ツ、然而ふと如何なる事も候ハんする、時宜被思合候へ
かしと存之間、愚□（意）之□（趣）、聊載事書候也、相□（構）被留心て、
閑可有料簡候、小山事、去比自他方以外謳歌候き、以先々
之道令伺之処、例式之返答、かつは不有憑候、年来忠節仕
る事、□候つる、就中故禅門（結城道忠、宗広）老後余執懇切、於旅宿
入滅候し事、哀ニ覚候、相構縦雖被見捨此方、被全忠節候
者、可為至孝之全一哉、今度大略獲麟之一句と存之間、如
此申候也、悉之、以状、
（興国四年）七月三日　　（北畠親房）（花押）

○六七四　五辻清顕奉書　○白河集古苑所蔵白河結城文書

其後其方事、何様沙汰候哉、河村四郎使者帰参候之上者、
定奥辺事、委細語申候歟、此方事、留守幷石塔入道（義慶、義房）家人等
七月廿六日上洛、此機嫌当国対治、不可有子細候歟、於今
度者、将軍（北畠顕信）御自身可有御出候、自其方も此時分、可被始
合戦候也、坂東御事、其後何様候乎、相構細々可有御申之

由、内々仰候也、恐々謹言、
（興国四年）七月六日　　清顕（五辻）（花押）
修理権大夫殿（結城親朝）

○六七五　北畠親房御教書写　○結城古文書写　有造館本　乾

（北畠親房）（花押影）
所被挙申上総国守護職也、早可被管領者、依　一品家（北畠親房）仰、
執達如件、
興国四年七月十二日　　刑部大輔秀仲奉
結城修理権大夫殿（親朝）

○六七六　北畠親房条々事書　○松平基則氏所蔵結城文書

（北畠親房）（花押影）
条々被申事
一元弘以来忠節間事、中々不能被申事歟、凡自奥州御下向之初、故上州禅心（結城道忠、宗広）被致無二之貞節、国中之静謐、大略奉行之故也、其上両度励老骨上洛不○達本意、於勢州旅宿入滅、至最後、此御大事之外、無被懸心事云々、懇志之至、日夜寤寐、更不忘却、且私本意者勿論、吉野殿様（後村上天皇）争不思食入哉、随而、如此相続支一方、依被致忠節、奥辺年来御方も不違変、諸方も心にくゝ存て令内通条、高名之至、不能左右者也、其間事、中々依相似事新細々不能述心緒上、去々年以来、凶徒取囲、危如累卵、朝不待夕之処、至今不慮無為、諸事惘然之旨、毎事懈怠可被察申也、且又於坂東不能相支、於殞一命者、諸事技葉也、其上之段、宜為　聖運間、只日々望存勠力之到来、仍自然ニ述懐も怨望も重畳候ぬらん、依之全以年来之忠節、不被処等閑者也、
一恩賞間事、日来も非不被懸意、但当用之地ハ、無其所歟、可為後日者、少事なとハ定非本意歟、凶徒対治之時分ニハ、便宜地定所望も候ハんすらん、又可被沙汰出候へく候、就中坂東静謐候ハ、如何さまにも竹園（興良親王）一所武州・相州ニ可有御座之条、勿論候、先皇（後醍醐天皇）御素意之間、最前可有沙汰候、御心安人々当参候はゝハ、不可事行歟、仍彼両

国闕所ハ、当時未及沙汰候、さすか彼辺ニこそ、可然之
地も候ハんすれは、さ様事ヲこそ可然候、候（ママ）へく
候ッ、実又近日之時分、当手輩等をも可被勇之条、大切
候らん、仍被行出羽国小田島庄候也、近隣之条ハ、当国
内同事候歟、世間もくつろき候者、重可被申候、
一結城三郎左衛門尉経泰、権守所望事、三森弥太郎親宗、
左衛門尉事、被挙申也、
一去月廿七日夜討之時、小貫等忠節尤神妙、被感仰候、
一（源）式部少輔英房朝臣手者、彼時後措事、神妙候、彼仁事、
大枝入道とかや、還向以後、勧進事以外風聞歟、且被勧
進へく輩か方さまよりも委細申候、然而不弁物義之仁な
とこそ候へ、さすか正員ハ、か程之不知恩事や候へき、
仮令近日之風ニ候へハ、家人等、私秘計ハ、さこそから
め候へく候ニ、遮て成怖畏、已被罪科なと申候由聞候き、
凡難得心之次第候歟、然而今度左様ニ手者なとも振舞候
けれは神妙候、田村輩不快歟、且又森山本神領とかやと
て、連々訟訴事ニ候へは、凶害も相交候らんと被推量候、

宜依忠不之実候哉、
一標葉参川権守清実事、東海道当参輩、面々被感仰候き、
彼清実何として、今まて相漏候けるやらん、尤不審候、
経泰（広橋）・宣宗等細々申沙汰也、引付不進置候間、只今不及
被引見候、仍別被感遣也、
一大田庄改動事、自何方之沙汰候哉、於当所者、更無御存
知事候、関郡沙汰之時、故禅門（結城道忠、宗広）重々被申沙汰候、其時治
定之儀、今更何可有実義哉、所詮、近日如此荒説無窮歟、
左様事、相構無隔心可被尋申候也、
一一国守護職事、尤被懸御意事候、先年雖被申行野州守護、
小山（朝郷）所存無相違之定、不及実義歟、当分国之外ニても被
執申ハ、不可有子細歟、当時分国内ニも上総なとにハ尋
常之聞候、仍無左右沙汰也、凡毎事被憑仰上、云如此之
所職、云恩賞之篇、静謐時分可安歟、不可相似他人事候
也、

（興国四年）七月十二日

○六七七　石塔義元軍勢催促状　○磐城相馬文書

為誅伐凶徒、所発向也、相催分郡勢幷一族等、来月五日以
前、可被馳参之状如件、
康永二年七月卅日　左馬助（石塔義元）（花押）
相馬出羽守（親胤）殿

○六七八　石塔義房宛行状写　○磐城相馬文書

陸奥国曰理郡坂本郷半分幷長戸呂村事、為勲功賞同郡鵲谷
郷之替、任先例、可被知行之状如件、
康永二年八月三日　石塔入道殿 沙弥在御判（石塔義慶、義房）
武石新左衛門尉殿

○六七九　相馬親胤寄進状　○磐城飯野文書

奉八幡宮寄進、岩城郡小泉村内式部次郎跡事
右、於彼所者、為被致将軍家（足利尊氏）御祈禱之精誠、奉寄進処也、
仍寄進状如件、
康永二年八月十日　出羽権守（相馬）親胤（花押）

○六八〇　石塔義元軍勢催促状　○磐城相馬文書

為誅伐渋江凶徒、所発向也、早相催一族幷分郡軍勢、来月
三日以前、可被馳参之状如件、
康永二年八月廿一日　左馬助（石塔義元）（花押）
相馬出羽守（親胤）殿

○六八一　石塔義房宛行状　○東北大学所蔵鬼柳文書

陸奥国和賀郡内新田郷事、於半分者、和賀三郎兵衛尉清義
打死跡、不可有知行相違、於残所者、募勲功賞、宛行処之
状如件、
康永二年八月廿三日　沙弥（石塔義慶、義房）（花押）
和賀薩摩権守（基義）殿

○六八二　北畠親房書状写　○結城古文書写有造館本　乾

去比両度委細令申、定到着歟、奥辺事、如何か聞候らん、
日夜念願可被察申候、此方之体、至今無為、併冥助之所致

也、非分之所及者哉、相構猶々廻遠慮、可有勠力之沙汰也、天下之安否、可在此一節、為之如何、抑此両城形勢、依有難尽紙面之子細、以此僧所申談也、急速被計申候者、可然事歟、諸事委可被尋聞也、悉之、以状、

（興国四年）八月廿三日　（北畠親房）（花押影）

結城修理権大夫（親朝）館

〇六八三　北畠親房カ書状※　〇白河集古苑所蔵白河結城文書

城之為□□□□□□□

□可被□□悉之、

□　（北畠親房カ）（花押）

結城修理権大夫（親朝）館

〇北畠親房発給文書の末尾に仮に収める。

〇六八四　春日顕時顕国書状写　〇結城古文書写有造館本　乾

当方合戦次第、連々自一品家（北畠親房）被仰候歟、後措遅々間、云城中兵粮、云軍勢所存、旁以難義候、此辺万一難義事者、諸方不可有正体候哉、所詮、天下安否此時候、定令同心給候歟、奥御勢、猶及遅々者、先以其辺官軍、那須辺までも被発向、且構要害、被相待奥御左右候者、当方も可得力候、其間事、委以此僧申候、兼又当城、殊兵粮難儀候之間、当手輩悉低翅（カ）候、公方なとへ青鳥便宜候者、令合力給候者、為本意候、其間子細委旨、難尽麻面候、条々委此僧申候歟、謹言、

（興国四年）八月卅日　顕時（春日顕国）（花押影）

白河修理権大夫（結城親朝）殿

〇六八五　岡本隆弘着到状写　〇秋田藩家蔵文書十岡本又太郎元朝家蔵文書

『前ニ同』

着到

右、大将御発向之間、岡本三郎四郎隆弘馳参渡（亘理）郡萱野浜候畢、仍着到如件、

康永二年九月十七日

「承了（証判）（花押影）」

○六八六　結城親朝注進状案　○白河集古苑所蔵白河結城文書

注進

　結城

太田九郎左衛門尉広光　結城下総三郎兵衛尉宗顕

同能登権守経泰　同五郎左衛門尉泰忠

　村田

安芸権守政胤　下総権守光成

長門権守胤成　藤井五郎左衛門尉朝貞

備前権守家政　修理亮政景

　下妻

下野二郎左衛門尉景宗　同五郎右衛門尉政国

同徳犬丸　同王犬丸

同五郎兵衛尉　同八幡介景貞

　長沼

淡路八郎左衛門尉胤広　同七郎兵衛尉宗清

伊賀権守入道宗意　同益犬丸

越中権守宗村　信濃権守時長

同弥五郎入道戒願　同又七左衛門尉宗行

同五郎兵衛尉宗親　同大輔法眼宗俊

河村山城権守秀安　同一族等

荒蒔五郎左衛門尉秀光　南条蘭夜叉丸

標葉参河権守清実　同三郎左衛門尉盛貞

同太郎兵衛尉清俊　同三郎兵衛尉清房

石河駿河権守光義　同大寺孫三郎祐光

同千石六郎時光　同小貫三郎時光

同一族等着到在別、　伊賀弥太郎左衛門尉親宗

同三郎左衛門尉朝末　五大院兵衛尉入道玄照

伊東刑部左衛門尉入道性照　同常陸新左衛門尉祐信

同五郎入道顕光　那須首藤兵衛尉高長

田村遠江権守宗季　同一族等

佐野九郎入道重円　中村丹弥五郎実泰

班(斑)目周防権守惟秀　牟呂兵庫助親頼

由利兵庫助入道輪照　船田三郎左衛門尉高衡

競石江左衛門尉祐遠　和知三郎兵衛尉朝康
豊田刑部左衛門尉親盛　白坂治部左衛門尉祐長
右註進如件、
康永二年九月　日　修理権大夫(結城)親朝

○六八七　石塔義房軍勢催促状案　○白河集古苑所蔵白河結城文書

(端裏書)「石塔入道殿御教書案」
去八月十九日、被挙御旗之由、被申候条、尤以目出候、抑催具一族幷一揆輩、早速参御方、致軍忠者、建武弐年以前知行地、各不可有相違之由、去二月廿五日自京都被給御教書之旨承畢、将又本領所職事、暦応五年四月廿七日被給御教書之由、同以承候了、彼条々、可存其旨候、一切不可有相違之状如件、
康永二年十月二日　沙弥(石塔義慶、義房)
結城修理権大夫(親朝)殿

○六八八　石塔義元軍勢催促状　○磐城高松文書

為誅伐凶徒所発向也、相催一族参御方、可被致軍忠、且不可有本領相違之上、有殊忠者、可有恩賞之状如件、
康永二年十月二日　左馬助(石塔義元)（花押）
馬場左衛門尉殿

○六八九　石塔義元禁制　○磐城相馬文書

条々
一謀叛人事
一殺害人事
一夜討・強盗・山賊・海賊事
右、於実犯露顕輩者、究明之、可被注進之、就交名、可処罪科之状如件、
康永二年十月二日　左馬助(石塔義元)（花押）
相馬出羽権守(親胤)殿

○六九〇　小河長福寺代円明房申状写　○岩城文書抄出上　岩城下、小川長福寺所蔵文書

小口書

長福寺雑掌円明房申状康永二十八

小河長福寺代円明房謹言上

欲早被経厳蜜(密)御沙汰、任御寄進状之旨、全知行、向後弥致御祈禱之精誠、陸奥国岩城郡内石森観音寺并寺領鎌田村内四波田地事

副進一通御寄進状案文一通、渡状案文

右寺領者、本主別当為最前御敵滅亡之間、於府中被経御沙汰、有当寺御寄進、可致公私之御祈禱精誠之旨、御使以佐竹彦四郎入道勝義今者死去、渡給、于今当知行無相違之処、号本主子孫不知実名、以一揆之力、致押妨之条、希代不思議珍事也、所詮、任御寄進状之旨、返給彼寺領、弥為致御祈禱之精誠、言上如件、

〇六九一　沙弥某・左衛門尉某連署奉書　〇相馬胤道氏所蔵大悲山文書

相馬次郎兵衛尉朝胤申、行方郡大悲山・小嶋田両村事、云本領、云手継証□(文)、無相違之上者、如元可被知行□(之)状、依仰執達如件、

康永二年十一月七日　　左衛門尉（花押）

沙　弥（花押）

相馬次郎兵衛尉(朝胤)殿

〇六九二　石塔義元感状写　〇秋田藩家蔵文書二十赤坂忠兵衛光康家蔵文書

『石堂左馬助義元書』

為誅伐凶徒、石河庄松山城警固事、自最初至于暦応四年、無懈怠令勤仕云々、尤以神妙也、於恩賞者、追可申沙汰之状如件、

康永二年十一月十七日　　左馬助(石塔義元)（花押影）

石河蒲田四郎太郎(親光)殿

〇六九三　石塔義元感状　〇東京大学文学部所蔵結城白川文書

為誅伐凶徒、石川庄若松城警固事、自最初于今、以数輩若党等、令勤仕云々、尤以神妙也、於恩賞者、追可申沙汰之

状如件、

康永二年十一月十七日　　左馬助（石塔義元）（花押）

石川蒲田五郎太郎（兼光）殿

○六九四　左衛門尉某奉書　○磐城飯野文書

奥州岩城郡好嶋庄内西方領家職兵粮米事

右、彼所者、為石清水并当社神領之間、被免之由候也、仍執達如件、

康永二年十一月十八日

左衛門尉（花押）

社家別当伊賀三郎（盛光）左衛門尉殿

○六九五　石塔義元書下　○白河集古苑所蔵白河結城文書

（封紙ウワ書）「結城修理権大夫殿　　左馬助義元」

常州関・大宝（下妻庄）両城凶徒等、去十一・十二両日没落云々、仍与類等可忍越于当国（陸奥）之由、有其聞、早関所事、可被致警固、於不審輩者、可被搦進之候、若又寄事於左右、令煩商人・旅人等、令違乱者、可有其咎之状如件、

康永二年十一月十八日　　左馬助（石塔義元）（花押）

結城修理権大夫（親朝）殿

○六九六　石塔義元書下　○磐城相馬文書

常州関・大宝（下妻庄）両城凶徒等、去十一・十二両日没落云々、仍与類等可忍越于当国（陸奥）之由、有其聞、早分郡関所事、可被致警固、於不審輩者、可被搦進、若又寄事於左右、令煩商人・旅人等、令違乱者、可有其咎之状如件、

康永二年十一月十八日　　左馬助（石塔義元）（花押）

相馬出羽権守（親胤）殿

○六九七　足利直義下知状写　○秋田藩家蔵文書十岡本又太郎元朝家蔵文書

『足利左衛督源直義卿書』

岡本四郎五郎隆季申、買得地両条

一陸奥国岩崎郡金成村内田四段四至堺載証文、事

右田地者、岡本孫四郎重親相伝之地也、而建武元年七月

七日、限永代、隆季買取之、当知行無相違之上者、可賜
安堵之旨、就申之、為糺明実否、遣召符之処、如今年
二、(康永)九月五日請文者、沽却無異儀云々、且当所私領之条、
前々其沙汰訖、任重親放券状、可令隆季領掌、
一同村内田壱段四至堺載証文、事
右、如隆季備進元徳三年九月二日同大弐房寛慶沽券状者、
永代売渡之由所見也、因茲為遣召符之処、如今年九月五
日請文者、沽却之条無相違云々者、子細同前、次公事間
事、雖載沽券、有無宜依先例焉、
以前条々下知如件、
康永二年十一月廿日
(足利直義)左兵衛督源朝臣（花押影）

○六九八　結城親朝譲状案　○陸前仙台結城文書

譲与所［　　］
一陸奥国白河庄□□郷金山・上社・下社・屋森・小松・田
島・堰和久□□本馬・小萱・管野・大和田・飯村・鶴□
□□子・辻村・本岩・滑沢、
右、四日市場以下郷村等事
一同国金原保［　　］保・糠部内九戸等事
一出羽国余部内一沢村事
右、於彼所領等□、為勲功之賞、拝領知行無相違、然者、
相副綸旨以下調度証文等、以子息七郎兵衛尉朝常、為嫡子、
一円所□(譲カ)与也、此外有譲漏地者、惣領朝常可知行之、不可
有他妨、仍為後状如件、
康永□(二カ)年十一月廿八日　(結城)親朝

○六九九　石塔義元書下　○東京大学文学部所蔵結城白川文書

結城上野彦七広政申、白河庄本領等事、早莅彼所、可被沙
汰付于広政下地、於使節若為緩怠者、可有其咎之状如件、
康永二年十二月六日　(石塔義元)左馬助（花押）
石川蒲田五郎太郎(兼光)殿

七〇〇　石塔義元書下　○東京大学文学部所蔵結城白川文書

結城上野次郎左衛門尉親政申、高野郡釜子村内田壱町・在家六宇事、早莅彼所、可被沙汰付下地於親政、使節若及遅怠者、可有其咎之状如件、

康永二年十二月十四日　左馬助（石塔義元）（花押）

石川蒲田五郎太郎（兼光）殿

七〇一　藤原公房書状　○反町英作氏所蔵三浦和田文書

（張紙）「十五、藤原公房書状」

去十四日羽州藤嶋城（大泉庄）凶徒等、寄来当国（越後）候之処、同日酉剋被打落、大河彦次郎将長楯（籠脱カ）候之間、須士・宇山・分当平申所へ将長引退候了、因茲当庄（小泉庄）人々相共可罷向候、即時先岩船まて可有御出候、明日者御敵山内へ打入候之由聞候、忩々可有御合力候、以此趣蔵王堂令申候了、恐々謹言、

（康永二年カ）十二月十六日　藤原公房（花押）

謹上　和田四郎（茂実）兵衛尉殿

○日付の上に「康永二」の押紙があったという。

康永三年・興国五年（西紀一三四四）

○七〇二　高師冬奉書　○榊原結城文書

（付箋）「高師冬」

常州没落凶徒等事、散在于処々之由、有其聞、仍自然降参之輩出来者、先誘留之、可被注進交名之状、依仰執達如件、

康永三年正月十三日　（高師冬）参河守（花押）

結城修理権大夫（親朝）殿

○七〇三　尼しれん譲状　○南部光徹氏所蔵遠野南部文書

（包紙ウワ書）「信光　幼名力寿丸　興国五年二月十三日あましれん（尼）より譲状」

（端裏書）「りきしゆ丸」

ゆつりわたす（譲渡）、りきしゆ丸

つかるいなかのこをりくろいしのかう（津軽田舎郡黒石郷）、おなしきまん所（同政）所

しき（職）の事

右所ハ、こくとうゑもんのせうさたゆき（故工藤右衛門尉貞行）、ちうたい（重代）の所りやう（領）たるあいた（間）、しれんかのこけ（彼後家）として、さうてんち（相伝知）きやう、いま（知行、今）にさうゐ（相違）なし、そのしさいゆつりしやう（子細譲状）にみえたり、しれん一このゝち（期後）ハ、ちやくそん（嫡孫）りきす丸に、此ところをゆつりあたうる（譲与）也、よのしそんらいらん（余子孫等違乱）あるへからす、たゝし（但）此所のうち、女し五人ニすこしつゝ一このあいたゆつる也、ゆつりしやうめん〳〵（面々）ニあり、これをたかう（違）へからす、いつれもしひつ（自筆）なり、しひつにてなからんをハ、もちい（用）へからす、よてゆつりしやうくたん（仍譲状如件）のことし、

こうこく（興国）五ねん二月十三日　しれん（花押）

○七〇四　石塔義元軍勢催促状写　○秋田藩家蔵文書二十赤坂忠兵衛光康家蔵文書

『前ニ同』

於石河庄松山城、可入替凶徒等由、有其聞、不日馳向当城、令警固可被致軍忠之状如件、

康永三年閏二月十九日　左馬助（石塔義元）（花押影）

石河蒲田四郎（親光）太郎殿

○七〇五　石塔義元下知状　○東京大学文学部所蔵結城白川文書

陸奥国石河庄蒲田村内闕所、於志野布宇起金太内荒野片目彦四郎内長窪在家各六宇事、為勲功之賞、守先例、可被領掌之状、依仰下知如件、

康永三年三月六日　左馬助（石塔義元）（花押）

石河蒲田五郎（兼光）太郎殿

○七〇六　室町幕府引付番文　○白河集古苑所蔵白河結城文書

（端裏書）「引付番文」

一番

左京大夫（吉良満義）　陸奥守（細川顕氏）

信濃入道（二階堂行珍、行朝）　佐々木近江入道（善観、貞氏）

安芸守（二階堂成藤）　水谷刑部（貞有）権少輔

長井出羽守（貞頼）　美濃守（二階堂行通）

因幡入道（明石法隼）　雅楽民部大夫（藤原信重）

門真左衛門入道（寂意）　関清左衛門入道（道日）

山県大炊助入道（国兼）　伊地知又次郎（重秋）

雑賀大舎人允　安富孫三郎

志水左衛門尉　下条次郎（祐家）左衛門尉

帯刀中務丞

二番

修理権大夫（吉良貞家）　佐渡大夫判官入道（佐々木道誉、高氏）

宇都宮遠江入道（蓮智、貞泰）　中条権大輔

長井宮内権大輔　山城守（二階堂行直）

参河判官入道　下野三郎左衛門尉（狩野カ）

疋田三郎左衛門尉　飯尾左衛門大夫（貞兼）

三須雅楽允（倫篤）　斎藤刑部左衛門入道

飯尾隼人佐（吉連）　富部周防守（親信）

白井八郎左衛門尉（宗明）　斎藤七郎入道（道尊）

安富新三郎　大野孫五郎入道（光尚カ）

治部左衛門四郎入道

三番
左衛門佐（石橋和義）　長井前大膳大夫（広秀）
長井縫殿頭（高弘）　長井治部少輔（時春）
宇都宮三河守入道（道眼）　波多野因幡入道
町野但馬民部大夫（信顕）　中条大夫判官（秀長）
粟飯原下総守（清胤）　斎藤左衛門尉（長井実持カ）
依田左衛門尉（貞行）　斎藤主計四郎兵衛尉
左藤次郎左衛門尉　斎藤五郎左衛門尉
薬師寺彦次郎（公義）　関左近大夫（宗度カ）
下条十郎左衛門入道　松田七郎
雑賀掃部允（貞倫）
四番
上椙弾正少弼（朝定）　宮内大輔
三河入道（二階堂行譓、時綱）　摂津隼人正入道（宗隼）
和泉民部大輔　佐渡大夫判官（佐々木秀綱）
美作守（問注所顕行）　町野遠江権守
信濃勘解由判官（太田カ）　津戸出羽権守入道（道元）

諏方大進房（円忠）　飯尾修理進入道（宏昭）
大野彦次郎入道（栄成）　布施弾正忠（資連）
筑前孫九郎　飯尾三郎左衛門尉（為宗）
島田越中五郎　和泉三郎
津戸新蔵人
五番
越後守（高師泰）　駿河守（高重茂カ）
長井丹後入道（宗衡カ）　伯耆入道（二階堂道本、行秀）
後藤壱岐入道（基雄カ）　東下総入道
島津豊後前司（忠氏）　後藤対馬守（行重）
雑賀隼人入道（西義）　豊前四郎左衛門入道
斎藤四郎兵衛入道（玄秀）　和田四郎入道（行快）
門真弾正忠入道（寂真）　杉原左近将監（光房）
松田右近入道（貞頼）　青砥左衛門尉（康重）
佐藤九郎左衛門尉　中沢又四郎

康永三々廿一　同廿二日始之、

一方
武蔵守（高師直）　佐渡判官入道
長井縫殿頭　長井丹後入道
伯耆入道　後藤対馬守
諏方大進房　雑賀隼人入道
門真左衛門入道　三須雅楽允
椙原左近将監
一方
上椙弾正少弼　前大膳大夫
参河入道　安芸守
山城守　因幡入道
津戸出羽入道　斎藤左衛門尉
斎藤四郎兵衛入道　富部周防前司
飯尾修理進入道
一方
伊豆守（上杉重能）　信濃入道
近江入道　遠江入道

美作守　疋田妙玄
雅楽民部大夫　飯尾左衛門大夫
豊前四郎左衛門入道　関清左衛門入道
布施弾正忠
侍所
細河陸奥守顕氏
飯尾左衛門大夫貞兼　三須雅楽允倫篤
斎藤四郎左衛門尉利泰　同五郎左衛門尉
依田左近将監（時朝）　飯尾新左衛門尉（頼国）
以上六人（ママ）

○七〇七　石塔義元軍勢催促状　○磐城飯野文書

為対治宇津峯凶徒、所令発向也、相催親類一族等、来十七日以前可被馳来、日限違期者、可有其沙汰之状如件、

康永三年四月十二日　左馬助（石塔義元）（花押）

伊賀式部三郎（盛光）左衛門尉殿

○七〇八　石塔義元軍勢催促状　○磐城相馬文書

為誅伐宇津峯凶徒、所可令発向也、相催親類一族等、来十
七日以前、可被馳参、日限違期者、可有其沙汰之状如件、
康永三年四月十二日　左馬助（石塔義元）（花押）
相馬出羽権守（親胤）殿

○七〇九　石塔義房寄進状　○磐城飯野文書

奉寄進
陸奥国岩城郡飯野　八幡宮
同郡中平窪村三田彦四郎入道跡事
右旨趣者、為対治凶徒、天下大平（ママ）家門繁昌故也、仍寄進之
状如件、
康永三年四月十九日　沙弥（石塔義慶、義房）（花押）

○七一〇　石塔義元軍勢催促状　○磐城相馬文書

為対治宇津峯凶徒、発向之間、於先陣可被勤仕之状如件、
康永三年四月廿二日　左馬助（石塔義元）（花押）
相馬出羽権守（親胤）殿

○七一一　大般若経巻第五十四奥書　○陸前名取新宮寺所蔵

康永三年孟夏廿五日　於宿竹庵本願比丘善快謹筆

○七一二　相馬親胤打渡状　○磐城飯野文書

打渡
陸奥国岩城郡中平窪（村脱カ）三田彦四郎入道跡事
右、彼所者、同郡飯野八幡宮ㇾ任御寄進状旨、伊賀三郎左
衛門尉盛光代官打渡之畢、仍渡状如件、
康永三年四月廿六日　（相馬）出羽権守親胤（花押）

○七一三　大般若経巻第五十八奥書　○陸前名取新宮寺所蔵

于時康永三年五月二日　於宿竹庵本願比丘善快謹筆
（別筆）「一交」

○七一四　相馬親胤打渡状　○磐城飯野文書

打渡

陸奥国標葉庄内於落合村者、岩城郡為飯野八幡宮神領、任
御教書旨、伊賀三郎左衛門尉盛光打渡之畢、仍渡状如件、
康永三年五月十三日　　出羽権守(相馬)親胤（花押）

○七一五　平忠泰打渡状　○陸中中尊寺文書

平泉中尊寺別當領事、任被仰下之旨、伊(胆)沢郡内□(黒沢カ)村、同
郡宇津木祢村、同郡□(北カ)俣村、江刺郡内辻脇村、同□(郡)倉沢村、
斯波郡内乙部村□、彼所々打渡別当代頼禅□、仍渡状如件、
康永三年六月五日
平忠泰□(花押)

○七一六　相馬朝胤着到状　○相馬胤道氏所蔵大悲山文書

着到
相馬次郎兵衛尉朝胤
右、為大将宇津峯御対治御発(向脱)之間、於路地令供奉、到于野
槻城当参令勤仕候畢、仍着到如件、
康永三年六月十八日
「承了(証判)（花押）」

○七一七　断簡※　○相馬市教育委員会寄託相馬岡田文書

大悲山越後守朝胤（花押）
□□□□□□□□

○前号文書の相馬朝胤にかけて仮にここに収める。

○七一八　大般若経巻第六十七奥書　○陸前名取新宮寺所蔵

康永三季六月十八日於宿竹庵本願比丘善快謹筆

○七一九　国魂行泰着到状　○磐城国魂文書

着到
岩城国魂太郎兵衛尉行泰
右、為宇津峯凶徒対治、大将御発向之間、自東海道、御
共仕、令当参上者、為賜御判、着到如件、

康永三年六月　日

「承了（証判）（花押）」

○七二〇　室町幕府引付頭人奉書写　○秋田藩家蔵文書十岡本又太郎元朝家蔵文書

『散位未詳姓名書之写』

（花押影）『其書ノ裏紙ノ継目ノ見ユル所ニ此判アリ、此書ノスヘノ貞和二年正月ノ書ニ又判形アリ、合見スレハ則相応ス』

（朱引）

岡本孫四郎重親申、陸奥国岩崎彦三郎隆俊跡事、重訴状如此、子細見状、就去年八月三日□、又其沙汰□、所詮、不日退隆宗（岩崎）等、任重親所給暦応三年七月二日御下文、厳密可被沙汰付、且遵行実否、載起請詞、可被注申、使節於緩怠者、可有殊沙汰之状、依仰執達如件、

康永三年七月四日　散位（上杉朝定）御判

石堂（塔）少輔四郎入道殿（石塔義慶、義房）

『古キ写ナリ
ゝゝゝゝゝ』

○七二一　大般若経巻第六十九奥書　○陸前名取新宮寺所蔵

康永三年七月十二日　宿竹庵住持本願比丘善快謹書

○七二二　二階堂成藤書状※　○白河集古苑所蔵白河結城文書

（封紙ウワ書）（付箋）「二階堂安芸守　康永三八月九日」
「謹上　白川殿　安芸守成藤　」

無指事候之間、其後不令申候、背本意候、抑一族道信并道照所領等未渡給之由、歎申候、任道理、御沙汰候者、喜入候、雖可被上裁候、可申承之由、契約申候之間、如此令申候、毎事期後信候、恐々謹言、

七月廿一日　（二階堂）安芸守成藤（花押）

謹上　白川殿（結城親朝カ）

○封紙付箋の年次にかけて仮にここに収める。

○七二三　石塔義元軍勢催促状　○磐城相馬文書

伊達郡霊山以下凶徒等、令乱入伊達・信夫両郡之由、注進到来之間、為誅伐所令発向也、早相催一族親類等、不時（カ）日可被馳参之状如件、

康永三年八月廿日　左馬助（石塔義元）（花押）

相馬出羽権守（親胤）殿

○七二四　石塔義慶（義房）推挙状写　○石水博物館所蔵佐藤文書

信夫佐藤十郎左衛門入道性妙（清親）申軍忠事、申状進上之候、且性妙自最前致軍忠之条、無異儀候、若偽候者、日本六十余州仏神御罰於可罷蒙候、以此旨可有御披露候、恐惶謹言、

康永三年九月十日　沙弥義慶（石塔義房）（花押影）

進上　武蔵守（高師直）殿

○七二五　結城氏文書正文目録　○白河集古苑所蔵白河結城文書

被上京都御文書正文目録事

一通　将軍家御教書　暦応四年十一月廿一日
一通　同御教書　同五年四月廿七日
一通　同御教書　康永二年二月廿五日
一通　依上・金原（当知行）・金山郷（当知行）綸旨案　建武二年十月五日正文者、先立輪照預之、
一通　金原国宣　元弘四年二月廿四日
一通　白河上野民部五郎以下跡国宣（各当知行）　建武二年十月一日　岩滑沢（白河庄）以下事、遂（逐）書在之、
一通　白河闕所国宣　建武二年八月十七日
一通　同官符　建武二年十一月十五日
一通　糠部九戸国宣　元弘三年十二月十八日
一通　同七戸国宣　建武二年三月十日
一通　石河・中畠（当知行）・松崎（同）国宣　建武元年四月六日
一通　岩城大須賀二郎入道跡国宣　建武二年五月十二日
一通　白河・高野・岩瀬以下検断事国宣　建武二年十月廿六日

以上拾参通

康永参年九月廿四日

○七二六　岩城隆親打渡状　○岩代三坂文書

打渡
鯨岡孫太郎入道乗隆知行分所領事
任御下文幷御施行之旨、莅彼所、沙汰付乗隆候了、仍渡之
状々（ママ）如件、
康永三年十一月十五日　（岩城）平隆親（花押）
○新編会津風土記巻之五・提要之三・家士古文書・三坂五郎左衛門所蔵に収録された写は十二月とする。

○七二七　石塔義元軍勢催促状　○磐城相馬文書

依有其聞、凶徒与同之輩、所召軍勢也、早来十日以前、可
被催進一族等、若日限違期者、可有其沙汰状如件、
康永三年十二月二日　（石塔義元）左馬助（花押）
相馬（親胤）出羽権守殿

○七二八　平親家打渡状　○陸中中尊寺文書

任去十一月廿三日御教書之（旨脱カ）、莅中尊寺金色堂領（栗原郡）三迫白濱村、
如元渡付寺家雑掌頼盛阿闍梨之状如件、
康永三年十二月十日　（平）左近将監親家（花押）

康永四年 貞和元年・興国六年（西紀一三四五）

○七二九　北畠顕信下文　○南部光徹氏所蔵遠野南部文書

（北畠顕信）（花押）
可令早南部遠江守源朝臣政長領知、陸奥国甘（加）美郡高氏（足利尊氏）跡、事
右、為勲功賞、所被宛行也、早守先例、可致其沙汰之状、
所仰如件、
　　興国六年二月十八日

○七三〇　曾我貞光譲状　○南部光徹氏所蔵遠野南部文書

譲渡
　津軽平賀郡法師脇郷事
右、かの所大方御一こ（期）のほと、ゆつりまい（ら脱カ）せ了、のちにハ
知行すへし、かつハ御かたき（敵）持よせ（寄）のしやう（城）にたてこもり、
ほうき（蜂起）の時、貞光依致忠節、くんこう（勲功）のしやう（賞）として当知
行さうい（相違）なき所也、仍犬太郎にゆつりわたす状如件、
　　康永二年三月十日　　左衛門尉（曾我）貞光（花押）

○七三一　北畠顕信御教書　○盛岡市中央公民館所蔵盛岡南部文書

（北畠顕信）（花押）
度々合戦被致忠節之次第、被聞食及候了、感悦不少、向後
弥可被抽無二之忠、且追可有其賞之由、将軍（北畠顕信）仰也、仍執
達如件、
　　興国六年三月廿六日　　民部権少輔（五辻）清顕奉
　南部左近将監殿

○七三二　北畠顕信官途推挙状　○南部光徹氏所蔵遠野南部文書

「（包紙ウワ書）
　　御書上
　信政一章　興国六年三月廿七日」
「（封紙ウワ書）
南部とのへ　　（北畠顕信）（花押）」
可被挙申　達智門女院（奨子内親王）也、

(北畠顕信)
(花押)
申　右近蔵人
源信政
興国六年三月廿七日

○七三三　北畠顕信官途推挙状写　○陸中中館文書

所被挙申也、
(北畠顕信)
(花押影)
申　兵庫助
刑部丞源信助
興国六年三月廿七日

○七三四　北畠顕信下文　○岩手大学所蔵新渡戸文書

(北畠顕信)
(花押)
可令早平賀蔵人源　　跡領知、通(津軽)賀路鼻和郡内摩祢牛郷
地頭職事
右、為勲功之賞、所被宛行也、早守先例、可致其沙汰之状、
所仰如件、
興国六年三月廿七日

○七三五　北畠顕信下文　○岩手大学所蔵新渡戸文書

(北畠顕信)
(花押)
可令早海老名小太郎源領知、通(津軽)賀路田舎郡内安庶子郷
比田九郎跡、地頭職事
右、為勲功之賞、所被宛行也、早守先例、可致其沙汰之状、
所仰如件、
興国六年三月廿七日

○七三六　北畠顕信下文　○陸中新渡戸文書

(北畠顕信)
(花押)
可令早工藤四郎五郎
領知、陸奥国通(津軽)賀路鼻和郡内大浦郷北方地頭職事
右、為勲㓛(功)之賞、所被宛行也、早守先例、可致其沙汰之状、
所仰如件、

興国六年三月廿七日

○七三七　石塔義慶義房書状　○榊原結城文書

(付箋)「石塔入道状上包康永四年ト有」

依糠部凶徒蜂起事、山路左衛門尉状、委細承候之条、悦入候、自去月其聞候、雖然、今者殊無子細候之間、不及馳向候、如此承候之条、返々悦入候、恐々謹言、

(康永四年)五月廿七日　沙弥義慶(石塔義房)（花押）

謹上　修理権大夫殿(結城親朝)

○七三八　山内時通譲状　○長門山内首藤文書

ゆつりわたす(譲与、)やうしまつわか(養子松若)丸(山内通忠)に

ひんこのくにちひのしやうのうちはら(備後国地毗庄内原)の下むら(村)、たゝしもんてん(但門田)をハのそく、おなしきいよ(伊予)のにしむらのうちはんのやのいんしき(西村内半矢一色)のちとうしき(地頭職)、けんひゐ(検非違)所、くもん(公文)、田所しき(職)、おなしきかうやま(同高山)の新御たうしき(堂職)、ならひにたちまあまかやしきいのしりの田、又くわんおんたう(観音堂)のへつ所(別)の

うち壱反大の仏くてんら(供田等)、ミち(陸奥)の国もんのうのこほりのうち(桃生郡内)よしのゝむら(吉野村)のちとうしき(地頭職)、はわきのくにうたかわのしやう(伯耆国宇多河庄)上のしやうのうちくもんミやうのやしきてんはく(庄内公文名屋敷田畠)、さかミのくにはやかわのしやうのうち(相模国早河庄内)の田四反小、やしき(屋敷)壱所、あしちのあまのあと(尼跡)の田壱ちやう(町)、やしき壱所、同国おなしきはやかわの一とくミやうのうちいや(得名内弥)二郎かさいけ(在家)壱う(宇)、田四反、ミちのくにもんのうのこほりかのまたのしもすへ(鹿又下末)にこし新三郎入道かさいけ壱う、一のとゝめのわたりのあみ(網)一帖事

右の所々ハ、山内きやふさゑもん(刑部左衛門)時なりちうたいさうてん(業重代相伝)の所りやう(領)として、時通かうはのあま(乳母尼)いくわんひろさわのよ三入たう(道)の女房、に、ゑいたい(永代)をかきりてゆつりわたす所に、いくわんか女子あま(尼)にんけんに、時通かちゝ(父)山内五郎通長あいくして(相具)、時通をまうくるについて、うはいくわん時通おさなゝ(幼名)くまつる(熊鶴)、に、ゑいたいをかきりてゆつりたひおはぬ、よってたい〳〵てつき(代々手継)のゆつりしやう(譲状)、ほんあんと(本安堵)の御くたしふミ(下文)已下の正文

をあいそゑて、そうりやう（惣領）山内きやふのせう（刑部丞）（山内通時）の次男まつわか（松若）丸をやうし（養子）として、ゑいたいをゆつりわたす所也、ゆめ〳〵たのさまたけ（他妨）なくちきやう（知行）すへし、この所々ハ一そくのほかちきやうすへからさるあひた（間）、まつわかこ（子）なくハ、そのあにくましゆ丸（其兄熊寿）（通継）ニさうてん（相伝）せさすへき也、もし又時通か子をまうけて候ハヽ、まつわか丸のはからひとして、この所りやうともこと〳〵く三ふん（分）一わけゆつられ候へく候、仍のち（後）のためにゆつりしやうくたんのことし、

貞和元年六月十八日　　時通（山内）（花押）

○紙継目裏に山内時通の花押あり。

○七三九　曾我貞光置文案　○南部光徹氏所蔵遠野南部文書

為永代子孫おき文（置）条々

一貞光子三人之内女子犬夜叉、敵（嫡）女子、二人、犬熊、二女子、男子犬太郎をちやくし（嫡子）として、所々知行分所領等、幷代々御下文・てつき（手継）証文、将又重代太刀・刀・よろい・物具等、重代相伝下人等に至、無残所譲与所実也、

一若貞光之庶子等中、惣領犬太郎ニ異儀令存、不思儀之事令出ハ、故泰光（曾我）、同光称（曾我光頼）之任例、且かのゆいかい（彼遺誡）にまかせて、一分もあと（跡）を不令（可）知行、かのあとニおいてハ、惣領のはからいたるへきなり、守此旨、任恒例御公事等可令勤、仍為永代おき文如件、

康永二年六月廿二日　　左衛門尉貞光（曾我）

○七四〇　相馬親胤打渡状　○磐城飯野文書

打渡

陸奥国岩城郡中平窪（村脱カ）三田彦四郎入道跡事

右、彼所者、飯野八幡宮任御寄進状之旨、伊賀三郎左衛門尉盛光代官打渡之畢、仍渡状如件、

康永四年六月廿七日　　出羽権守親胤（相馬）（花押）

○七四一　畠山国氏書状　○榊原結城文書

（付箋）「畠山状上包康永四年ト有」

為奥州凶徒誅伐、令下向候之処、迹委細示給荒尾掃部助入

道許候之条、喜入候、巨細事等、定彼禅門令申候歟之間、
省略候了、恐々謹言、
（康永四年）七月二日　（畠山）中務大輔国氏（花押）
謹上　結城（親朝）修理権大夫殿

○七四二　伊達行朝書状※ 〇白河集古苑所蔵白河結城文書

候歟、

一先日承候事、□有子細候歟、但合戦中者、可為難儀
候、毎事期後信時候也、恐々謹言、
七月五日　（伊達）宮内大輔行朝（花押）
謹上　結城（親朝）修理権大夫殿

〇結城親朝の修理権大夫官途終見にかけて仮にここに収める。

○七四三　波多野義資代資家重申状 〇岩手大学所蔵新渡戸文書

波多野次郎義資代資家重言上
欲早安藤四郎不知実名、背御奉書、不能参陳、送年序間、去
年十一月十六日仰両御使曾我与一（貞光）左衛門尉・安保小五郎、
雖被封下訴状、猶以不事行条、無謂上者、任被定置法、
急速被経御沙汰、蒙御成敗、陸奥国山辺郡亀山郷事
副進
一通　御奉書案康永元年九月八日先進訖、
右郷者、義資重代相伝知行無相違之処、彼安藤四郎去建武
弐年以来、致非分押領之間、就訴申之、可弁申之旨、康永
元年九月八日雖被成下御奉書、不能参陳之間、去年十一月
十六日仰両御使、雖被封下訴状、猶以不事行之条、無謂之
上者、任被定置之法、急速被経御沙汰、為蒙御成敗、言上
如件、
康永四年七月　日

〇小田時知と富部親信の裏花押あり。

○七四四　大般若経巻第一百二十奥書 〇陸前名取新宮寺所蔵

右志者、奉為逝去四恩七世父母、乃至群類、伏願六塵寂滅、
遂水消一性円明斎月皎捨凡身、而遊即心楽土、倶棄般若之
正因咸悟金剛之種智也、

康永四年大才乙酉初秋　日　謹書之　進珠
（別筆）「一交了」

○七四五　天龍寺供養日記　○白河集古苑所蔵白河結城文書

天龍寺供養日記

康永四年乙酉八月廿九日庚辰、天晴風静、（足利直義）武衛自三条宿館昨夕被渡（足利尊氏）将軍家、被連軒、

先陣

山名伊豆前司時氏帯甲冑、後騎三百余騎、各帯甲冑、召具守護分国輩等云々、

随兵

武田伊豆前司信武　小笠原兵庫助政長
戸次丹後守頼時　伊東大和八郎左衛門尉祐熈
土屋備前権守教遠　（常顕）東下総中務丞
佐々木佐渡四郎左衛門尉秀宗　佐々木近江四郎高秀
大平出羽守義尚　粟飯原下総守清胤
（吉良満貞）上総三郎　高刑部大輔師兼

引馬二疋銀鞍、総鞦、

帯剣

左	右
武田伊豆四郎	小笠原七郎政経
佐竹刑部丞師義	佐々木信濃五郎直氏
小笠原十郎次郎政光	小笠原又三郎宗光
三浦駿河次郎左衛門尉藤村	三浦越中次郎左衛門尉
二階堂美作次郎左衛門尉政直	二階堂対馬四郎左衛門尉
佐々木佐渡五郎左衛門尉高秀	佐々木佐渡四郎高秋
海老名尾張六郎季直	平賀四郎忠経
逸見八郎貞有	小笠原太郎次郎行嗣
設楽五郎兵衛尉助定	設楽六郎助兼
寺岡兵衛五郎師春	同二郎
逸見又三郎師満	逸見源太郎清重
小笠原源蔵人（貞長）	秋山新蔵人（光政）
佐々木出羽四郎兵衛尉	佐々木近江二郎左衛門尉清氏
富永孫二郎左衛門尉	宇佐美三河三郎

清久左衛門次郎泰行　木村長門四郎基綱
曾我左衛門尉師助　伊勢勘解由左衛門尉貞継
帯剣輩在兄弟御車前歩行、自一条還橋辺騎馬、又自薄
馬場前歩行也、翌日卅日、以右為左、以左為右、
御兄弟御車小八葉
雑色　中間　牛童
役人
将軍家
御剣南遠江守(宗継)　御沓長井大膳権大夫(広秀)
御調度佐々木源三左衛門尉(秀長)　御笠和田越前守(宣茂)
三条殿(足利直義)
御剣播磨前司(高師冬)　御沓長井治部少輔(時春)
御調度佐々木筑前三郎左衛門尉(貞信)　御笠千秋三河左衛門大夫(惟範)
布衣
武蔵守(高師直)　弾正少弼(上杉朝定)　伊豆守(上杉重能)
越後守(高師泰)　伊与権守(大高重成)　上椙左馬助
随兵

尾張左近大夫将監氏頼　千葉新介(氏胤)
二階堂美濃守行通　山城三郎左衛門尉(二階堂)行光
佐竹掃部助師義　佐竹和泉守義長
武田甲斐前司盛信　伴野出羽前司長房
三浦遠江守行連　土肥美濃権守高真
直垂次第不同、
土左四郎　里見民部少輔
安芸守(二階堂成藤)　山城守(二階堂行直)
大平六郎左衛門尉　摂津右近蔵人
水谷刑部少輔(貞有)　長井丹後左衛門大夫
長井修理亮　佐々木能登前司
佐々木豊前権守　中条備前守(秀長)
美作守(問注所顕行)　町野加賀守
武田兵庫助　武田八郎
大内民部大夫　結城大内三郎
田中下総三郎(忠氏)　狩野下野三郎左衛門尉
島津下野守　土屋三河権守

薗田美作権守
安保肥前権守（直実）
疋田三郎左衛門尉
寺尾新蔵人
赤松美作権守（範資）

梶原河内守（景広）
小幡右衛門尉
寺岡九郎左衛門尉
須賀左衛門尉
同次郎左衛門尉

後陣

大高兵庫助諸人後騎以下各扈従、
及亥刻入寺門、有衆会乱声、
勅使日野藤中納言資明卿着座、
院司高右衛門佐泰成朝臣
次獣舞此間敷筵道、次撞衆会鐘、
請僧十人南禅寺、建仁寺、東福寺、万寿寺、真如寺、安国寺、臨川寺、崇福寺、本寺道（首）座、清見関長老、
次導師本寺長老入堂、次伝供、次出班焼香、
大衆列拝、次諷経、次賜布施、
誦経布施麻布公家御沙汰、
導師

錦被物一重　色被物五重
綾被物五重　裹物三
横被一帖付折枝、　念珠一連同前、
加布施砂金百両五節裹、
御剣一腰納錦袋、　御衣一領公家御沙汰、
送物十物十代百貫、　鞍馬十疋
銭千貫文
請僧
被物三十重人別三重、　裹物二十人別二、
送物銭六百五十貫大刹三人各百貫、小刹七人各五十貫、
御布施取
飛鳥井権中納言雅孝　大蔵卿雅仲卿
一条二位実豊卿　持名院三位家藤卿
殿上人
難波中将宗有朝臣　二条中将資持朝臣
難波中将宗清朝臣　紙屋河少将教季
持明院侍従盛雅　持明院少将基秀

二条少将雅冬　姉小路侍従基賢

諸大夫

千秋駿河左衛門大夫　星野刑部少輔

佐分佐近大夫

舞楽

万歳楽　地久　採桑老　長保楽

散手　帰徳

左舞人六人

光栄周防左近大夫　朝栄周防判官　行重辻左近将監

葛栄周防左近将監　行継辻左近将監　則重辻左近将監

羯鼓

成秋豊兵衛尉龍秋二男、

笙

龍秋隠岐守　信秋豊左近将監龍秋嫡男、

篳篥

季氏安将曹　季景安新将曹代季持、

笛

景光安芸守依所労進代官山井判官景経、　景朝景光嫡男、

大鼓

景成山井兵衛尉景義二男、

鉦鼓

季秋家田志龍秋猶子、

右舞人六人

久経対馬判官　久成肥前守　久俊周防判官

久仲対馬判官久経一男、　忠春上総将監　久家対馬志久経二男、

三鼓

久邦肥前志久成子、　久種対馬新志

笙

則秋雅楽将監兼秋子、　惟秋今橋兵衛尉脩秋外孫子、

篳篥

茂政雅楽将監　季方安志季氏二男、

笛

長資山井左近大夫代景家、　景茂山井雅楽将曹

大鼓

為成馬允
　鉦皷
晴忠兵庫允
　加衆
笛景重山井将監　同景敦山井将監景重一男、
同景経山井兵衛尉景朝一男、　同景継同名景茂一男、　笙佐秋新兵衛尉龍秋三男、
今日之儀、大略被模建久六年鎌倉右大将(源頼朝)家東大寺供養儀畢、
天下壮観、寺中大会也、
佐々木佐渡○大夫判○官源秀綱、警固門前着床子、家子一人郎等
十人、其外着直垂若党百余人召具、調度懸輩充満于山門与
惣門之間云々、供奉前後陣随兵等、着座于南北廻廊之前、
一族左京大夫満義車、修理大夫高経乗輿、其外公家武家人々
多構桟敷見物云々、御兄弟以仏殿右為桟敷、仏事以後御兄
弟以檀林寺為宿館、経営伊豆守重能致其沙汰、供奉輩等面々
構旅宿訖、
卅日辛巳晴天、如昨日、
御幸

　公卿
竹林院大納言公重卿　左宰相中将忠季卿
　殿上人
鷹司中将宗雅朝臣冬雅卿子、　頭左中弁宗光朝臣資明卿子、
山科少将教言朝臣教行入道子、　日野侍従時光資名卿子、
　北面
中原季教　源康宗　源康兼
安陪親氏　藤原親有　豊原奉長
　召次所
秦久文　秦久幸
　牛飼七人
　御壷召次八人
御幸時分有乱声、(光厳)上皇以仏殿左為御桟敷、自惣門御車為手
引、
　参会公卿
帥公秀　勧修寺前大納言経顕　藤中納言資明

別当隆蔭　春宮大夫実[redacted]夏

殿上人

隆敏

上北面

俊春　定康　俊経　雅俊　知繁

廷尉着座如昨日、未刻兄弟自檀林寺召具布衣帯剣等輩、被参院○御桟敷、々々々、経営三宝院僧正（賢俊）致其沙汰、料足三万疋、為寺家沙汰、

随兵着座如昨日、其後鳴鼓、導師金襴袈裟、自山門入堂、経筵道、両班侍者扈従、

執綱島津常陸前司、佐々木三河前司、執蓋二階堂丹後三郎左衛門尉

左右伶人奏音楽、

其後陞座、前少納言有範朝臣作願文、請僧着座、解華厳経紐、

其後導師幷請僧賜布施、如昨日、

其後舞楽、

蘇香　古鳥蘇　大平楽

狛桙　龍王有荒序、　納蘇利

荒序

舞朝栄　笙龍秋　笛景朝　大鼓太神景茂

戌刻能事既畢、善願漸満、公家武家各被催帰駕訖、

○七四六　吉良貞家預ヶ状　○三河猿投神社文書

陸奥国大会津郡藤原上下村参分壱事、為闕所之間、公方御計之程、為埋嶺城（宇津）凶徒対治兵粮料所、々預置之也、守先例、可致沙汰之状如件、

康永四年九月廿九日　修理権大夫（吉良貞家）（花押）

大河内雅楽助殿

○七四七　乳井寺日行別当季源寄進状　○岩手大学所蔵新渡戸文書

□□□（奉寄進）福王□（寺）四大天王田在家事

合六段半者、参段半柳田、参段柒（漆）崎南方、

右、件田在家者、任亡父之遺言、限於永代奉寄進四大天王処也、随於二坊分者、可被付供僧二人也、経会時者、児一

人・誦衆一人宛可被出也、三日誦勤、四季之大般若経等可被勤行也、若至于季源子々孫々末、此於御寄進、成悩異儀申於出来者、身之魂不可持候也、仍為後日、永代寄進之状如件、

康永二年九月　日

乳井寺日行別当信乃房季源（花押）

○七四八　左衛門尉某・沙弥某・散位某連署奉書　○南部光徹氏所蔵遠野南部文書

曾我余一（貞光）左衛門尉下向之由申候、可被存其旨候也、仍執達如件、

康永四年十月十一日

散　位（花押）

沙　弥（花押）

左衛門尉（花押）

高橋五郎左衛門尉殿

○七四九　北畠顕信御教書　○陸前多田文書

（北畠顕信）（花押）

不相待諸方之形勢、挙義兵、有其功者、玉造郡内富田・三町目両郷事、不可有相違、且存其旨、早可抽忠節者、依仰執達如件、

興国六年十一月四日　民部権少輔清顕（五辻）奉

多田左近将監殿

○七五〇　足利尊氏下文写　○秋田藩家蔵文書十岡本又太郎元朝家蔵文書

（足利尊氏）（花押影）

下　岡本観勝房良円

可令早領知、信濃国中野郷内（高井郡）中野佐藤太跡、地頭職事

右、為勲功之賞、所宛行也者、守先例可致沙汰之状如件、

貞和元年十一月十二日

○七五一　高師直奉書写　○秋田藩家蔵文書十岡本又太郎元朝家蔵文書

信濃国中野郷内（高井郡）中野佐藤太跡、地頭職事、任去月十二日御下文之

旨、可被沙汰付岡本観勝房良円之状、依仰執達如件、

貞和元年十二月六日　　　　武蔵守（高師直）（花押影）

小笠原信濃前司（貞宗）殿

貞和二年・興国七年・正平元年（西紀一三四六年）

○七五二　岡本重親重申状写　○秋田藩家蔵文書十岡本又太郎元朝家蔵文書

『岡本孫四郎重親申状』
『ウハ書如是』
岡本孫四郎重申状 貞和二正廿四

岡本孫四郎重親重言上
欲早乍為岩崎兵庫允隆宗度々降参□□（之身カ）背数ヶ度御教書、押領上者、任御下文・御施□（行）幷御教書旨、仰于当郡御管領畠山殿方、被□御教書、被打渡下地、勲功地陸奥国岩崎郡内□（岩）崎彦三郎隆俊跡内御厩村事

副進

一巻　御下文以下度々御教書案 先進畢、

一通　御教書案

右、於隆俊之跡者、重親一円拝領之条、御下文分明也、而彼隆俊末子隆宗、乍為度々降参之身、以御厩村押領之間、訴申之処、去々年康永二八月　日石塁（塔）彼（殿カ）、於隆宗者、於隆俊末子、依令降参、当村預置之由、就有御注進、被経次第御沙汰後、所詮、任重親所給御下文、可被沙汰付之由、去年康永三七月四日重仰于石堂殿、雖被成御教書、不事行之刻、御管領御下向之上者、急速可被沙汰付之由、被成御教書、為全知行、重言上如件、

貞和二年正月　日

○七五三　岡本重親書状写　○秋田藩家蔵文書十岡本又太郎元朝家蔵文書

『授岡本弥次郎某書 未詳其人』

自何事於国度々御合戦仁、為不変御方、今度又至于埋嶺（宇津）城攻、被致忠節候由承候、目出度存候、諸事下向之時可申談候、恐々謹言、

三月廿八日　重親（岡本）（花押影）

岡本弥次郎殿

（付箋）『信成考岡本孫四郎重親カ』

〇七五四　吉良貞家軍勢催促状　〇磐城飯野文書

所々城墎対治事、為談合、不日可被参苻(府)、若令違期者、可
有其咎之状如件、

貞和二年二月九日　修理権大夫(吉良貞家)（花押）

伊賀三郎(盛光)左衛門尉殿

〇七五五　吉良貞家軍勢催促状　〇磐城相馬文書

所々城郭対治事、為談合、不日可被参苻(府)、若令違期者、可
有其咎之状如件、

貞和二年二月九日　修理権大夫(吉良貞家)（花押）

相馬出羽権守(親胤)殿

〇七五六　大般若経巻第二百十奥書　〇陸前名取新宮寺所蔵

貞和二年三月三日　本願主比丘　紹坦
大檀那　　姫犬

〇七五七　足利直義御判御教書　〇盛岡市中央公民館所蔵盛岡南部文書

参御方致軍忠者、本領不可有相違之状如件、

貞和二年四月十一日　（花押）(足利直義)

南部遠江守(政長)殿

〇七五八　佐藤清親申状　〇石水博物館所蔵佐藤文書

陸奥国信夫佐藤十郎左衛門入道性妙(清親)謹言上
欲早任建武弐年以来諸国所々軍忠所見状等、賜御吹挙於
京都□施弓箭面目、弥励奉公忠節子細事

副進

一巻　軍忠所見状等

右、性妙雖為不肖身、去建武二年斯波奥州(家長)、為当国前宰吏
顕家(北畠)卿追討御発向之時、為御方、子息一族等致軍忠、以来
奥州所々、勢州小屋松、雍州八幡山、摂州天王寺(東成郡)・安部野・
添河・花熊・生田森(八部郡)・摩耶山(莵原郡)、播州山田生(庄カ)丹生寺・谷上・
諏方尾以下合戦、性妙代子息彦左衛門尉行清幷若党等被疵
之条、所見分明也、而間、或預京都御感御教書、或先大将

□預置所々之上、被進御吹挙於京都訖、雖然、於恩賞者、于今遅々、至預所者、悉以相違、余命不幾之間、所歎存也、□大将御下向逢遇悦也、然早任軍忠所見状等、賜御吹□(挙)、浴恩賞、施弓箭面目、弥為励奉公忠節、仍恐々言上如□(件)、

貞和二年四月　日

○七五九　大般若経巻第三百四奥書　○陸前名取新宮寺所蔵

右志者、為過去慈父行念・悲母理心・養父円心・養母妙阿、乃至生々恩取、世々兄第(ママ)、上報四恩、下資三有、法界有情、同円種智、

墳貞和二年五月十一日　宿竹庵住持善快書之

○七六〇　大般若波経巻第三百九奥書　○陸前名取新宮寺所蔵

右志者、為先考行念・先妣理心・養父円心・養母妙阿并生々恩取世々親族、四恩三有、自他法界同登彼岸、貞和弐季五月廿一日　宿竹庵住善快謹筆

○七六一　大般若経巻第三百十奥書　○陸前名取新宮寺所蔵

右志者、為先考・先妣・養父・養母、乃至四恩三有、自他法界平等利益、

貞和弐季五月廿二日　宿竹庵住善快謹筆

○七六二　大般若経巻第一百四十三奥書　○陸前名取新宮寺所蔵

右意趣者、為先考・先妣并養父・養母、生々恩所、世々親族、乃至法界印生平等利益矣、

貞和二禩六月六日　於宿竹庵本願書写比丘善快謹筆

○七六三　大般若経巻第一百四十奥書　○陸前名取新宮寺所蔵

右書写意趣者、為慈父・悲母、四恩、乃至郡(ママ)類援苦与楽願也、

貞和二年丙戌六月十一日　三十巻助筆内　進珠

「(別筆)一交了」

○七六四　畠山国氏書下　○白河集古苑所蔵白河結城文書

奥州郡々検断奉行事、任先例、不可有相違、但於安積郡者、
追可有其沙汰之状如件、
貞和二年六月廿七日　右馬権頭(畠山国氏)（花押）
結城(親朝)大蔵大輔殿

○七六五　左衛門尉経満去状　○磐城飯野文書

岩城郡好嶋庄内新八幡宮神領今新田御事
霊山(伊達郡)・宇津峯御対治間、あつかり(預)所として令知行いへとも、
重所にあらさるよしの注進に依て、御沙汰ある所也、しか
る間、経満向後におきて、いらぬおとゝめさりわたす(去渡)所也、
仍さり(去)状如件、
貞和弐年六月廿九日　左衛門尉経満（花押）
伊賀三郎(盛光)さへもん(左衛門)尉殿

○七六六　大般若経巻第一百四十七奥書　○陸前名取新宮寺所蔵

右旨趣者、為先考・先妣・養父・養母、幷生々恩所、世々
親族、同救済共解脱矣、
貞和二年解制後一日　住宿竹庵小比丘善快書
(別筆)「以正本一交了」

○七六七　中尊寺衆徒等連署書下　○陸中中尊寺文書

□□(当寺カ)僧中不可致権別当之旨、□□(先日カ)一同定置之処、依殊子細、
□(被)補卿阿闍梨頼盛之旨、惣衆一□(同カ)之状如件、
貞和二年七月三日　権少僧都頼実
権少僧都栄順（花押）
法印　公円（花押）

○七六八　大般若経巻第二百六十九奥書　○陸前名取新宮寺所蔵

右意趣者、為法仙　成仏得道、乃至法界郡類(ママ)離、
貞和二年七月六日　四十巻助筆内　進珠上座
右志者、為二親成仏也、　施主道密

大化主紹坦比丘

○七六九　吉良貞家書下　○白河集古苑所蔵白河結城文書

陸奥国白河庄・岩瀬郡・小野保検断事、京都御左右之程、
守先例、可被奉行之状如件、

貞和二年七月十六日　右京大夫（吉良貞家）（花押）

結城大蔵大輔（親朝）殿

○七七〇　沙弥某・左衛門尉某連署奉書　○磐城飯野文書

伊賀三郎左衛門尉盛光代盛清申、陸奥国好嶋庄西方好嶋山
事

訴状具書如此、子細見于状、不日企参上、可被明申之由候
也、仍執達如件、

貞和二年七月廿二日　左衛門尉（光長カ）（花押）
沙　弥（花押）

好嶋新兵衛尉殿

○七七一　沙弥某・左衛門尉某連署奉書　○磐城飯野文書

陸奥国岩城郡好嶋庄八幡宮別当伊賀三郎左衛門尉盛光代盛
清申、当社放生会流鏑馬已下社役等事

好嶋・白土・絹谷・大森・岩城・田富・比佐・富田等村々
地頭・預所中、難渋族在之云々、為事実者、太無謂、所詮、
相馬出羽権守（親胤）相共、任先例、厳密可致其沙汰之旨、面々相
触之、載起請之詞、可被注申、使節更不可（有脱カ）緩怠儀之由候也、
仍執達如件、

貞和二年七月廿二日　左衛門尉（光長カ）（花押）
沙　弥（花押）

加治丹左衛門尉（家頼カ）殿

○七七二　沙弥円西（伊賀光泰カ）置文　○磐城飯野文書

陸奥国岩城郡好嶋庄西方飯野村内今新田義相房在家壱宇・
田壱町事、為式部入道（伊賀光綱）遺跡、円西令相伝彼田在家上者、於

神役以下御公事者、任先例、可致沙汰惣領方之状如件、

貞和二年七月廿七日　沙弥円西（伊賀光泰カ）（花押）

（押紙）「光綱子光泰入道」

○七七三　吉良貞家軍勢催促状　○秋田藩家蔵文書十岡本又太郎元朝家蔵文書

於楢葉郡有合戦之由、相馬出羽権守親胤・桜井野三郎敦重等注進之間、所差遣賀子禅師也、属彼手、可被致忠節之状如件、

貞和二年八月十六日　右京大夫（吉良貞家）（花押）

岡本三郎殿

○七七四　大般若経巻第一百五十七奥書　○陸前名取新宮寺所蔵

右意趣者、為先考行念・先妣理心・養父円心・養母妙阿、次冀上報四恩、下資三有、法界有情、同円種智者、

貞和二年八月十八日　住宿竹庵小比丘善快謹筆

（別筆）「以摺本一交了」

○七七五　大般若経巻第一百五十八奥書　○陸前名取新宮寺所蔵

右旨趣者、為先考行念・先批理心・養父円心・養母妙阿、生々恩所、世々親族、上報四恩、下資三有、法界有情、同円種智者、貞和弐季九月一日　住宿竹庵小比丘善快謹筆

○七七六　大般若経巻第五百十二奥書　○陸前名取新宮寺所蔵

右志者、為奉祈了戒禅尼菩提、所及心源、奉致精誠者也、

願主法孫比丘紹坦敬白

貞和二年九月十五日　（別筆）「交了」

○七七七　散位某・沙弥円西連署奉書　○相馬大胤道氏所蔵悲山文書

□□□（相馬次カ）郎兵衛尉朝胤申、陸奥国□（竹）城保長田村内田畠屋敷事

訴状如此、早企参上、可被明申之由候也、仍執達如件、

貞和二年九月十七日　沙弥（円西）（花押）

散位

留守美作前司殿

○七七八　大般若経巻第五百十四奥書　○陸前名取新宮寺所蔵

右志者、為奉祈了戒禅尼菩提書写而已、　願主紹坦比丘

貞和二年九月十九日

（別筆）「交」

○七七九　大般若経巻第五百十八奥書　○陸前名取新宮寺所蔵

右志者、奉為過去了戒禅尼書写如此、　（別筆）「交了」

願主法孫苾芻紹坦

貞和二年九月廿四日　放牛

○七八〇　大般若経巻第五百二十六奥書　○陸前名取新宮寺所蔵

右意趣者、為奉祈法成禅門菩提所及心源、奉致精誠者也、

願主法孫比丘紹坦

貞和二年九月廿四日

○七八一　大般若経巻第五百二十七奥書　○陸前名取新宮寺所蔵

右意趣者、為奉祈法成禅門菩提為所及心源、奉致精誠者也、

願主法孫比丘紹坦

貞和二年九月廿七日

○七八二　大般若経巻第五百三十一奥書　○陸前名取新宮寺所蔵

右意趣者、為奉祈蓮忍禅尼菩提、所及心源、奉致精誠者也、

貞和二季九月廿七日

○七八三　大般若経巻第五百十九奥書　○陸前名取新宮寺所蔵

右志者、奉為過去了戒禅尼成仏得道、書写而已、

貞和二年九月廿八日　　大願主比丘法孫紹坦

○七八四　大般若経巻第五百二十奥書　○陸前名取新宮寺所蔵

貞和二年九月廿九日、於熊野堂般若庵、為了戒禅尼成仏得道、書写如件、

大願主法孫苾蒭紹坦

放牛

○七八五　大般若経巻第五百三十二奥書　○陸前名取新宮寺所蔵

右意趣者、為奉祈蓮忍禅門菩提所及心源、奉致精誠者也、

貞和二季九月廿九日

法孫比丘紹坦

○七八六　大般若経巻第五百三十四奥書　○陸前名取新宮寺所蔵

右意趣者、為奉祈蓮忍禅尼菩提所及心源、奉致精誠者也、

貞和二年閏九月三日

大願主法孫比丘僧紹坦

○七八七　大般若経巻第五百四十二奥書　○陸前名取新宮寺所蔵

右志者、奉為過去円観禅門成仏得道而已、　大願主紹坦

貞和二年壬九月三日　　放牛

○七八八　大般若経巻第五百三十奥書　○陸前名取新宮寺所蔵

右意趣者、為奉祈法成禅菩提所及心源、奉致精誠者也、

貞和二年壬九月四日　願主法孫比丘紹坦

○七八九　大般若経巻第五百二十四奥書　○陸前名取新宮寺所蔵

右意趣者、為奉祈法成禅門菩提所及心源、奉致精誠也、

願主法孫比丘紹坦

貞和二年壬九月五日

○七九〇　大般若経巻第五百四十四奥書　○陸前名取新宮寺所蔵

奉為円観禅門書写而已、

貞和二壬九月六日　　大願主比丘紹坦

○七九一　大般若経巻第五百三十九奥書　○陸前名取新宮寺所蔵

右意趣者、為祈蓮忍禅尼菩提、奉致精誠者也、

貞和二季閏九月九日

大願主　法孫比丘　紹坦

○七九二　大般若経巻第五百四十六奥書　○陸前名取新宮寺所蔵

右志者、奉為円観禅門炙之位、馳義而已、　放牛

貞和二年壬九月九日　　大願主法孫苾芻紹坦

○七九三　大般若経巻第五百四十奥書　○陸前名取新宮寺所蔵

右意趣者、為祈蓮忍禅尼菩提、奉致精誠者也、

貞和二季閏九月十一日

大願主法孫比丘僧紹坦

○七九四　大般若経巻第五百四十八奥書　○陸前名取新宮寺所蔵

奉為円観禅門炙之位、書写如之、　放牛

貞和二年壬九月十四日　　大願主紹坦比丘

○七九五　吉良貞家・畠山国氏連署推挙状　○石水博物館所蔵佐藤文書

佐藤十郎(清親)左衛門入道性妙申恩賞事、申状幷具書案壱巻令進上候、性妙企参洛、可言上之由雖申之、為凶徒対治留置候之間、進代官候、以此旨可有御披露候、恐惶謹言、

貞和二年閏九月十七日

(畠山)右馬権頭国氏（花押）

(吉良)右京大夫貞家（花押）

貞和二年・興国七年・正平元年閏九月

進上　武蔵守殿（高師直）

○七九六　大般若経巻第五百七十四奥書　○陸前名取新宮寺所蔵

貞和二年丙戌壬九月廿七日

施主洲上明法禅門

大願主苾芻紹坦

放牛

○七九七　大般若経巻第五百七十七奥書　○陸前名取新宮寺所蔵

貞和二年十月五日

施主洲上明法

大願主紹坦比丘

放牛

○七九八　大般若経巻第五百五十六奥書　○陸前名取新宮寺所蔵

右意趣者、為奉性覚禅門菩提所及心源、奉致精誠者也、

貞和二年十月八日

願主法孫比丘紹坦

○七九九　大般若経巻第五百七十八奥書　○陸前名取新宮寺所蔵

貞和二季十月八日

施主洲上明法禅門

大願主比丘紹坦

執筆放牛

○八〇〇　大般若経巻第五百七十九奥書　○陸前名取新宮寺所蔵

貞和二年十月八日

施主明法禅門

大願主比丘紹坦

放牛

○八〇一　畠山国氏軍勢催促状　○石水博物館所蔵佐藤文書

為凶徒対治、所令発向信夫余部也、不日令馳参、可被致忠

節之状如件、

貞和二年十月八日　右馬権頭（畠山国氏）（花押）

佐藤十郎左衛門入道殿（性妙、清親）

〇八〇二　大般若経巻第五百五十七奥書　〇陸前名取新宮寺所蔵

右意趣者、為奉祈性覚禅門菩提及心源、奉致精誠者也、

願主法孫比丘紹坦

貞和二年十月十日

〇八〇三　大般若経巻第五百五十八奥書　〇陸前名取新宮寺所蔵

右意趣者、為奉祈性覚禅門菩提所及心源、奉致精誠者也、

願主法孫比丘紹坦

貞和二年十月十二日

〇八〇四　大般若経巻第五百六十一奥書　〇陸前名取新宮寺所蔵

貞和二年十月十二日　施主一験冥部

大願主比丘法孫紹坦

放牛

〇八〇五　大般若経巻第五百六十三奥書　〇陸前名取新宮寺所蔵

貞和二年十月十四日　施主一験命婦

大化主法孫比丘紹坦

放牛

〇八〇六　大般若経巻第五百六十四奥書　〇陸前名取新宮寺所蔵

貞和二年十月十五日　施主一験命婦

大化主法孫比丘紹坦

○八〇七 大般若経巻第五百八十二奥書 ○陸前名取新宮寺所蔵

右意趣者、為奉祈道密禅門菩提所及心源、奉致精誠者也、

願主法孫比丘紹坦

貞和二年十月廿日

○八〇八 大般若経巻第五百六十八奥書 ○陸前名取新宮寺所蔵

貞和二年初冬廿一日　施主信鏡禅門

大化主紹坦法孫

○八〇九 大般若経巻第五百八十三奥書 ○陸前名取新宮寺所蔵

右意趣者、為奉祈道密禅門菩提所及心源、奉致精誠者也、

願主法孫比丘紹坦

貞和二年十月廿一日

○八一〇 大般若経巻第五百七十奥書 ○陸前名取新宮寺所蔵

貞和第二十月廿三日　施主信鏡禅門

大化主比丘法孫紹坦

執筆放牛

○八一一 大般若経巻第五百九十一奥書 ○陸前名取新宮寺所蔵

貞和第二年十月廿六日　施主妙円禅門

大化(主脱カ)法孫苾芻紹坦

○八一二 有助奉書 ○陸中中尊寺文書

□寺家間事、委細被聞食了、□(抑カ)帯□□補任状事、無先規之
由被申之条、非無不□□雖給補任状、不沙汰任料之由、有
其聞、太不□□、其上当寺務度々雖被下御事書、就□無音
之条、緩怠之至、甚無謂、始而被任□□時者、自往古衆徒
進安堵料之条、無□隠之処、何限当代可被申自由之子細□

旁非據之至極也、雖然、直可賜補任□由依申衆徒、令代官注進之上者、出帯面□来二月十日以前企参洛、可給安堵状□可相触衆中、若又於不叙用族者、及収□所帯幷所職等、載起請之詞、可被注申□□由所候也、仍執達如件、

貞和二年十月廿八日　有助（花押）

中尊寺権別当卿阿闍梨御房（頼盛）

○八一三　大般若経巻第五百八十七奥書

○陸前名取新宮寺所蔵

貞和二年十月廿九日　施主道密禅門

願主法孫比丘紹坦

○八一四　大般若経巻第五百九十三奥書

○陸前名取新宮寺所蔵

貞和二年十月廿九日　施主妙円禅門

大化主比丘法孫紹坦

○八一五　大般若経巻第五百八十八奥書

○陸前名取新宮寺所蔵

貞和弐年十月晦日　施主道密禅門

願主法孫比丘紹坦

○八一六　大般若経巻第五百九十五奥書

○陸前名取新宮寺所蔵

貞和第二霜月二日　施主妙円禅門

大化主紹坦比丘

○八一七　大般若経巻第五百十一奥書

○陸前名取新宮寺所蔵

貞和弐年霜月四日　施主　道密禅門

願主　法孫比丘紹坦

○八一八　大般若経巻第五百九十六奥書

○陸前名取新宮寺所蔵

貞和二年霜月四日　施主妙円禅門

大化主比丘紹坦

〇八一九　大般若経巻第五百九十七奥書　〇陸前名取新宮寺所蔵

貞和第二年霜月五日　　施主妙円
大化主比丘法孫紹坦

〇八二〇　大般若経巻第五百九十八奥書　〇陸前名取新宮寺所蔵

貞和二年霜月七日　　施主妙円禅門
大化主紹坦比丘法孫

〇八二一　大般若経巻第三百三十四奥書　〇陸前名取新宮寺所蔵

貞和弐年霜月九日　　施主日駒国吉
願主法孫比丘紹坦

〇八二二　大般若経巻第三百三十五奥書　〇陸前名取新宮寺所蔵

貞和二年霜月十一日　　施主日駒国吉
願主法孫比丘紹坦

〇八二三　大般若経巻第三百五十三奥書　〇陸前名取新宮寺所蔵

貞和二年中冬十四日　　施主妙心禅尼
大願主比丘法孫紹坦

〇八二四　大般若経巻第三百三十八奥書　〇陸前名取新宮寺所蔵

貞和弐年霜月十六日　　施主日駒国吉
願主法孫比丘紹坦

〇八二五　大般若経巻第三百五十四奥書　〇陸前名取新宮寺所蔵

貞和二年霜月十六日　施主妙心禅尼
　大化主比丘紹坦

○八二六　大般若経巻第三百三十九奥書　○陸前名取新宮寺所蔵

貞和弐年霜月十七日　施主日駒国吉
　願主法孫比丘紹坦

○八二七　大般若経巻第三百五十五奥書　○陸前名取新宮寺所蔵

貞和第二霜月十八日　施主妙心禅尼
　大化主法孫比丘紹坦

○八二八　大般若経巻第三百五十六奥書　○陸前名取新宮寺所蔵

貞和第二霜月十九日　施主妙心禅尼
　大化主法孫比丘紹坦

○八二九　大般若経巻第三百六十一奥書　○陸前名取新宮寺所蔵

貞和弐年十一月廿日　施主了性大徳
　願主法孫比丘紹坦

○八三〇　大般若経巻第三百五十八奥書　○陸前名取新宮寺所蔵

貞和第二霜月念二日　施主妙心禅尼
　大化主法孫比丘紹坦

○八三一　大般若経巻第三百六十三奥書　○陸前名取新宮寺所蔵

貞和弐年霜月廿三日　施主了性大徳
　願主法孫比丘紹坦

○八三二　大般若経巻第三百六十五奥書　○陸前名取新宮寺所蔵

貞和弐年十一月廿七日　施主了性大徳
願主法孫比丘紹坦

○八三三　大般若経巻第三百七十二奥書　○陸前名取新宮寺所蔵

貞和二年丙戌十一月廿七日
願主法孫比丘紹坦
右志趣者、為先考・先妣下脱沉淪上登仏果也、
施主法名道□□

○八三四　大般若経巻第三百二十二奥書　○陸前名取新宮寺所蔵

貞和第二中冬念九日　施主法名恵鏡
大願主法孫比丘紹坦

○八三五　某書状断簡※　○金沢文庫文書

責申候、自使者方も責申候、急速ニ請文ハ可進取候、
□(一カ)田中入道之在所之間事、長世保内千石郷ニ居住之条、勿
論候、千石彦三郎惣領にて候、即彼郷之内ニ、わきやと
申在家ハ、田中入道か給分にて候事、かくれなく候、其
上当年も、彼田畠を作候之条、無其隠候、苅田ハ田中入
道定仏子息総太郎入道奉行として苅て候、子息彦太郎入
道も彦三郎扶持之条勿論事、又寺領次□飛脚を立候之処、
次□(播カ)之作人注文如此候、彼使者申候者、彦三郎扶持令申
候はゝ、注文之人〲ニ可有御尋之由申候、彼人〲ニ
ハ○当年七月十七日面々はせめくり候て、皆□□彦三郎と
かく申［　　　］

○湛睿筆本の紙背文書。湛睿示寂貞和二年十一月三十日にかけて仮にここに収める。

○八三六　大般若経巻第三百七十五奥書　○陸前名取新宮寺所蔵

貞和二年丙戌臘月二日　願主法孫比丘紹坦
右志趣者、為先考・先妣下脱沉淪上登仏果也、
施主法名道□(善カ)女

○八三七　大般若経巻第三百二十五奥書　○陸前名取新宮寺所蔵

貞和第二終冬四日　施主法名恵鏡
大化主紹坦比丘法孫

○八三八　大般若経巻第三百七十七奥書　○陸前名取新宮寺所蔵

貞和二年丙戌臘月七日　願主法孫比丘紹坦
右志趣者、為先考・先妣下脱沉淪上登仏果也、
施主法名道□□(善女カ)

○八三九　足利直義御判御教書　○南部光徹氏所蔵遠野南部文書

参御方、令対治奥州凶徒者、所領事、任申請之旨、可有沙汰之状如件、
貞和二年十二月九日　(足利直義)(花押)
南部遠江守(政長)殿

○八四〇　大般若経巻第三百七十八奥書　○陸前名取新宮寺所蔵

貞和二年丙戌臘月九日　願主法孫比丘紹坦
右志趣者、為先考・先妣下脱沉淪上登仏果也、
施主法名道□□(善女カ)

○八四一　大般若経巻第三百二十八奥書　○陸前名取新宮寺所蔵

貞和第二終冬十一日　施主法名持取
大願主比丘法孫紹坦

○八四二　大般若経巻第二百二十一奥書　○陸前名取新宮寺所蔵

貞和二年丙戌臘月十四日　願主法孫比丘紹坦

施主藤原国重

結縁沙門碧理聡書

○八四三　大般若経巻第三百三十奥書　○陸前名取新宮寺所蔵

貞和第二終冬十五日　施主持取女

大願主法孫比丘紹坦

○八四四　大般若経巻第二百一奥書　○陸前名取新宮寺所蔵

学頭権律師法橋上人位朝慶

為権現増威光、

敬摸一袟十巻、

貞和二終冬十八日　施主明眼比丘

大願主比丘紹坦

○八四五　大般若経巻第二百二奥書　○陸前名取新宮寺所蔵

学頭権律師法橋上人位朝慶

貞和二年十二月十八日　施主姫犬

大化主紹坦比丘

○八四六　大般若経巻第二百五奥書　○陸前名取新宮寺所蔵

学頭権律師法橋上人位朝慶

貞和二年終冬十八日　施主犬母公

大化主紹坦比丘

○八四七　大般若経巻第二百六奥書　○陸前名取新宮寺所蔵

権律師法□□慶

貞和第二十二月十八日□□

大願主比丘紹坦

○八四八　大般若経巻第二百三十二奥書

貞和二年終冬十八日
右志者、為二親成仏道之、　施主度会氏子
大願主比丘法孫紹坦

○八四九　大般若経巻第二百三十四奥書
○陸前名取新宮寺所蔵

貞和二年終冬十八日
右志者、為二親証道之、　施主度会氏子
大願主比丘法孫紹坦

○八五〇　大般若経巻第二百三十五奥書
○陸前名取新宮寺所蔵

貞和二年終冬十八日
右志者、為二親成仏而已、　施主度会氏子
大願主比丘法孫紹坦

○八五一　大般若経巻第　二百三十六奥書
○陸前名取新宮寺所蔵

貞和二年終冬十八日　施主妙意比丘尼
大化主比丘紹坦

○八五二　大般若経巻第二百三十八奥書
○陸前名取新宮寺所蔵

貞和二年終冬十八日　施主比丘尼妙意
大化主紹坦比丘

○八五三　大般若経巻第二百三十九奥書
○陸前名取新宮寺所蔵

貞和第二晩冬十八日　施主比丘尼妙意
□□紹坦比丘

○八五四　大般若経巻第二百五十四奥書　○陸前名取新宮寺所蔵

貞和二年十二月十八日　施主藤原行吉

願主比丘紹坦

○八五五　大般若経巻第二百五十五奥書　○陸前名取新宮寺所蔵

貞和二年十二月十八日　施主藤原行吉

願主紹坦比丘

○八五六　大般若経巻第二百五十九奥書　○陸前名取新宮寺所蔵

貞和二年終冬十八日　施主源藤三郎

大願主紹坦比丘

○八五七　大般若経巻第二百六十二奥書　○陸前名取新宮寺所蔵

貞和二年終冬十八日為二親成仏已、　施主道密

大化願主比丘紹坦

○八五八　大般若経巻第二百六十三奥書　○陸前名取新宮寺所蔵

貞和二年晩冬十八日為二親成仏而已、　施主道密

大化主紹坦比丘

○八五九　大般若経巻第二百六十五奥書　○陸前名取新宮寺所蔵

貞和二年終冬十八日為二親成仏道也、　施主道密

大化主比丘紹坦

○八六〇　大般若経巻第二百六十六奥書　○陸前名取新宮寺所蔵

貞和二年終冬十八日為二親成仏也、　施主道密

大願主比丘紹坦

○八六一　大般若経巻第二百六十八奥書　○陸前名取新宮寺所蔵

貞和二年十二月十八日為二親成仏也、　施主道密
　　　　大化主比丘紹坦

○八六二　大般若経巻第二百四十一奥書　○陸前名取新宮寺所蔵

貞和二年終冬廿日　施主道意
　　　　大化主比丘紹坦

○八六三　大般若経巻第二百四十二奥書　○陸前名取新宮寺所蔵

貞和第二終冬廿日　施主道意
　　　　大化主比丘紹坦

○八六四　大般若経巻第二百四十四奥書　○陸前名取新宮寺所蔵

貞和二終冬念日　施主道意上坐
　　　　大化主比丘紹坦

○八六五　大般若経巻第二百四十九奥書　○陸前名取新宮寺所蔵

貞和二晩冬念日　施主尼唯心
　　　　大化主比丘紹坦

○八六六　大般若経巻第二百五十奥書　○陸前名取新宮寺所蔵

貞和二晩冬念日　施主尼唯心
　　　　大化主紹坦比丘

○八六七　大般若経巻第二百八十二奥書　○陸前名取新宮寺所蔵

（梵字）□　（別筆）「一検了」

貞和二晩冬念日　施主浄心

大化主比丘紹坦

○八六八　大般若経巻第二百八十三奥書　○陸前名取新宮寺所蔵

貞和二晩冬念日　施主浄心

大化主比丘紹坦

（別筆）「以摺本一校了」

○八六九　大般若経巻第二百八十四奥書　○陸前名取新宮寺所蔵

貞和二晩冬念日　施主浄心

大化主比丘紹坦

（別筆）「以摺本一校了」

○八七〇　大般若経巻第二百八十五奥書　○陸前名取新宮寺所蔵

貞和二晩冬念日　施主妙空

大化主比丘紹坦

（別筆）「以摺本一校畢」

○八七一　大般若経巻第三百十一奥書　○陸前名取新宮寺所蔵

貞和二晩冬念日　施主犬子

大願主比丘紹坦

○八七二　大般若経巻第三百十二奥書　○陸前名取新宮寺所蔵

貞和二晩冬念日　施主犬子

大□主比丘紹坦

○八七三　大般若経巻第三百十三奥書　○陸前名取新宮寺所蔵

貞和二晩冬念日　施主寂禅

大化主比丘紹坦

○八七四　大般若経巻第三百十五奥書　○陸前名取新宮寺所蔵

貞和二晩冬念日　施主杢女
大化主比丘紹坦

○八七五　大般若経巻第三百十九奥書　○陸前名取新宮寺所蔵

貞和二晩冬廿日　施主比丘玄証
大化主比丘紹坦

○八七六　大般若経巻第四百八奥書　○陸前名取新宮寺所蔵

貞和二晩冬念日　施主次郎三郎
大化主比丘紹坦

○八七七　足利尊氏御判御教書案　○陸前斎藤文書

貞和二年・興国七年・正平元年十二月

南部遠江守(政長)降参事、就注進状所成御教書也、此上之儀、宜有計沙汰之状如件、

貞和二年十二月廿一日　御判(足利尊氏)

右京大夫殿(吉良貞家)
右馬権頭殿(畠山国氏)

○八七八　小笠原貞宗書状※　○陸中新渡戸文書

南部六郎(政長)まいるへきよし、御教書申くたして候、進之候、つかハさせ給へく候、

一鹿をくすりにくひ候、この雪にハ、さためてとられ候わん、かまへて〳〵給へく候、くつのこしかハの給に、ぬのかハの候よし、うけ給候、給へく候、なをもとられ候は丶、地かハせう〳〵給へく候、

一是にて、複々申候しかハうそとられて候て、あひかまへて〳〵給へく候、又大いぬのほねもほしく候、かハも御やくそくに候なと、御はうす(坊主カ)申し候、返々たいようにて候、御たつね候て給へく候、恐々謹言、

二月廿九日　前（小笠原）信濃守貞宗（花押）

謹上　山中殿

○前号文書の南部政長にかけて仮にここに収める。

○八七九　大般若経巻第三百八十七奥書　○陸前名取新宮寺所蔵

貞和弐年十二月廿四日　施主成仏禅門

大願主法孫比丘紹坦

○八八〇　大般若経巻第二百二十四奥書　○陸前名取新宮寺所蔵

貞和二年丙戌臘月廿六日　願主法孫比丘紹坦

施主藤原国重

奉結縁　沙門理聡書

○八八一　大般若経巻第四百奥書　○陸前名取新宮寺所蔵

貞和二年極月廿八日　大願主比丘紹坦

右志者、為学頭御坊之、

○八八二　大般若経巻第二百二十五奥書　○陸前名取新宮寺所蔵

貞和二年丙戌臘月晦日

願主法孫比丘紹担

檀越　藤原国重

奉結縁　沙門理聡書

○八八三　鎌倉府御料所所課条々事書※　○国立公文書館内閣文庫所蔵諸国文書

条々

一鶴岳八幡宮御修理料足事

所被向陸奥国召米貞和二年分也、次可宛課関東分国除伊豆国、公
田段別拾文、所課両条加厳密催促、急速可終其功、寄事
於左右、不可致狼藉之由、可被仰諸国守護人、次召米京
庫納分、所被載（注）註文也、

一御家務料足付、御台所御方贄殿分、事

元弘以後新恩之地年貢在註（注）文二通、幷本御領足利庄・市東西両郡・朝平南郡・広沢・大佐貫・愛甲庄等年貢参分壱三分弐御免、可被検納之、次元弘以後注文二通内一通者、被載年貢員数了、一通者、少所年貢支配無左右不事行之間、於関東相尋分限、有支配、可被検納、但在京奉公之仁所領者、本新共可為京庫納、次武州夏物事、雖被載注進状、追可有其沙汰、

一上総国伊北庄三分弐、鎌倉進年貢下地事

為和泉右衛門尉兼政使節、可分渡之、次塩谷庄内大蔵崎郷事、惣庄一具有其沙汰、追可被仰之、

一武州太田庄帖絹幷綿事

為京進貢馬時、御物之間、被検納之、早速可被京進、

一陸奥国信夫庄以下帖絹・綿・染物以下事

同為公家御物足之間、以召米催促之次、検納之、可被京進之条、同前、

一召米以下済物事

貞和二年・興国七年・正平元年十二月

可京進之由、可催促之旨、去午以奥州両管領（吉良貞家・畠山国氏）、被成奉書畢、若去年分令検納哉否、相尋之、可被注進之、

○第一条より貞和二年頃のものと判断し貞和二年末に収める。

大石直正
一九三二年、東京生まれ。

東北大学大学院文学研究科博士課程単位取得退学。

現在、東北学院大学名誉教授。

著書に、『奥州藤原氏の時代』吉川弘文館、二〇〇一年、『中世奥羽の世界』東京大学出版会、一九七八年など。

七海雅人
一九六八年、宮城県生まれ。
東北大学大学院文学研究科博士課程修了。
現在、東北学院大学文学部准教授。
著書に、『鎌倉幕府御家人制の展開』吉川弘文館、二〇〇一年など。

南北朝遺文　東北編
第一巻

二〇〇八年九月二〇日　初版印刷
二〇〇八年九月三〇日　初版発行

編　者　大石直正
　　　　七海雅人
発行者　松林孝至
印刷所　株式会社三秀舎
製本所　渡辺製本株式会社

発行所　株式会社　東京堂出版
東京都千代田区神田神保町一－七（〒101－0051）
電話　03－3233－3741　振替00130－7－270

ISBN 978-4-490-30655-2 C 3321
Printed in Japan